日本中世の山野紛争と秩序

小林一岳 編

同成社

目　次

序章　日本中世の山野紛争と秩序について

小林一岳

はじめに

二一世紀の人類にとって最大の課題は、戦争と環境問題であるといえよう。この二つの問題は、一見別々の問題であるかのように見えるが、「資源」という人間の側からの自然への働きかけ（開発・利用）をなかに入れて考えるならば、実は密接に関係している問題であることは明らかである。そして、歴史的な視点に立った場合も、この二つは密接に関係している。

本書が扱う日本の中世社会は、戦争の時代ということができる。もちろん中世社会全体を見れば、比較的平和な時期も存在したが、その平和＝秩序も紛争・戦争を前提としながら形成されていた。そしてそのような状況は、在地社会から国家レベルまでを覆っていたのである。このような紛争と秩序形成との関係について明らかにすることは、中世社会研究の最も重要な課題の一つである。

中世社会の戦争や紛争は、村という共同体を最も基礎的な単位として現れる。そしてその紛争の最も大きな原因が、山野をめぐる紛争であるということができよう。中世の山野は、村の再生産のためには欠くことができないエリアであるというのにとどまらず、その資源は流通を通して商品化され、都市部で大量消費されていたのである。その山野資源も用木という建築用材にとどまらず、薪炭というエネルギー資源、鉱山資源、肥料としての草等にも及び、多様で重層的な資源利用がなされていた。中でも薪炭等のエネルギー資源は、社会全体にとって大きな意味を持ち、山野はまさに現在の石油産出国と同じような重要な資源地帯であったのである。そのため、その資源をめぐる紛争は熾烈にたたかわれ、また逆にその紛争を通じての秩序も地域から形成されていった。

本書は、このような資源をめぐる山野紛争と秩序形成に注目し、そこから中世社会の特質について考察しようとするものである。

第一節　中世山野紛争の研究動向

まず、中世の山野紛争に関する研究動向について三つの点からまとめておきたい。なお山および山野については、古代から近世・近代に至るまで多くの研究が存在し、そのすべてを挙げることはできない。ここでは、特に中世の山野紛争に直接関わる主要なものに限って述べることにする。

一　山野紛争と荘園・村落論

中世社会における山野や山野紛争の持つ意味について、最初に重要な提言をしたのはやはり黒田俊雄であろう(1)。黒田は、荘園の紛争に関する史料の分析の中から、荘園近隣の「山」を在地住民の「主体性」により確保されたものと考え、習慣的に「占拠・利用」され、荘の住民に「共用」されるとともに、他荘の者の利用を「排除」するエリアであることを指摘し、そこから中世前期の村落を見通したのである。さらにほぼ同時に戸田芳実は、住民の民俗慣行や地主神への信仰意識などから、権門領主による山野の領有とは異なり、それに「抵抗」する、山野の「集団的所有」の主体としての「中世初期村落」の存在を指摘した(2)。黒田・戸田の議論により、「山野」は荘園制支配と「村落」を形成する住民とが鋭く切り結ぶ「場」として浮上したのである。

この問題を、荘園制および中世村落の「形成」に結びつけていったのが小山靖憲である(3)。小山は、中世荘園の形成を院政期の一二世紀前半と考え、そこで形成される荘園を一定の領域を持つ荘園とし、その領域の特徴を耕地(田畠)・集落(村落)とともに「山野」河海を包括し、それらを有機的に統一した「領域型荘園」であるとした。さらに、その領域形成の背景に隣接荘園との紛争があることを指摘した点は重要である。一二世紀以降、荘園の「境界領域」にある住人の帰属をめぐっての紛争が多発し、その結果、紛争をより優位に進展するために「領域型荘園」に変化していったというのである。小山の指摘した「境界領域」こそが、まさに山野であろう。山野紛争と領域型荘園の成立、さらには中世村落の形成は分かちがたく結びついているのである。

近年いわゆる「立荘論」が提言され、中央の権門領主層が「立荘」、つまり荘園形成の主体となったことが重視されているが、荘園形成を在地や地域から考える小山等の視点は決して忘れられるべきではない(4)。

二　山野紛争と山野領域・生業・環境論

小山の提言を受け、さらにそれを進展させたのが水野章二である(5)。水野は小山の領域型荘園の「領域」の具体像について、特に村落領域と荘園領域の相関関係について研究を進めた。荘園という「支配単位」に実体的に領域性を付与しているのは村落領域であるとして、荘園領域の前提としての村落領域についての検討を進めたのである。村落の住人による自然への働きかけの結果、それにより獲得された生活と生産のための諸条件は、客観的には村落の領域という形をとって現象するとした。そして村落領域の実態を同心的構造として把握したのである。

その構造は、中心から住人・百姓のイエによって構成される集落（①）、日常的な労働が繰り返され、さらに共同労働が組織されて、個々のイエの農業生産が実現される耕地（②）、原則的に村落全体の関与の下にあって、薪炭・肥料あるいは狩猟・採集などの用益が実施される部分である近隣山（③）、村落構成員が存在については認識しているものの、日常的には用益することのない部分である奥山（④）から成り立っていた。この構造は固定的なものではなく開発等を通じて流動的に変化し、特に山林開発は③の拡大、④の③への包摂という過程となる。

そして、この村落領域への荘園領主の関与については、④の奥山に外枠を与えるのが荘園公領制的四至であったとされ、荘園領主は村落上層を荘官・名主などに編成して領主権力の末端に組織するとともに、村落が確保している領域も含めて四至を画定し、村落住人・百姓の活動を規制・保証することで領主支配の安定化をはかるとともに、逆に村落の側も自らに有利な四至を設定することで、自らの活動領域に公的な根拠を獲得することになる。

このように、村落の動向を基礎としながらも、荘園領主支配の展開も含み込んだ、いわば同時進行的でダイナミックな変化を指摘したのである。この変化において特に問題になるのが、近隣山（③）と奥山（④）であり、その位置づけが問題化し、そこが紛争の場となることは明らかである。領域型荘園形成期の山野紛争は、このメカニズムの中で勃発したと考えることもできよう。

なお水野の奥山については、それを「黒山」と位置づけた黒田日出男の研究もある(6)。黒田は人の開発の手が入らない未開の山地が「黒山」として認識されていたことを指摘した上で、この「黒山」への中世的山地開発の進展が生み出したのが「中世的堺相論」、つまり山野紛争であることを述べる。さらに「黒山」は開発予定地でもあり、そこに仏神を中心とする聖的な「別所」を構えることで、開発が進展することを指摘する。特に、この山地開発と仏神との関係は重要な指摘であろう。

山野領域については、戸田の研究を継承する形で、「山野の共同体的占取」の内実の糺明を目指した田村憲美の研究も重要である。(7) 田村は水野を批判する形で、その同心円的構造を近世・近代の村落のイメージを投影しているとして、中世初期独自の山野の「占取」とはどのようなものであるかを、明らかにしようとしたのである。

その結果、田村は法人格として未熟な中世初期村落の山野占取は、史料に「進止」や「御領」と表現される法的な占取、いわば占有権と、「採踏」と表現されるような日常的な用益活動の積み重ねによって事実として占取される二つの形態が存在し、後者を〝テリトリー〟的な領域として位置づけた。水野や黒田が想定した「奥山」や「黒山」はその〝テリトリー〟的領域であり、古代村落以来村落が自ら占取していた山野は「奥山」、つまりテリトリーであったと水野の議論を逆転させるのである。

そして、中世的山野占取の特質は、前者の法的な占有権の成立に特徴づけられ、その中核に村落上層を含む地主の私領主権を想定し、さらにその展開として領域型荘園の成立を見通す。この田村の議論は、山野の空間領域論を地域住民の動向を入れた形でさらに具体化し、また中世後期村落との段階差を意識した議論として位置づけることができよう。また特に、住民の「日常的な用益活動」の積み重ねを重視した点は重要であり、これは山野における具体的な生業を重視する議論へと接続する。

水野や田村の議論をさらに生業論や環境論も含めて進展させたのが高木徳郎である。(8) 高木は、海老澤衷や飯沼賢司らの荘園景観の復原をベースにしつつ[9]、さらに春田直紀が提言した生業の実態論を援用しながら議論を展開する[10]。高木の研究によって明らかにされた点は多岐にわたるが、山野が多様な資源を重層的に内包する「領域」であり、資源の分有システムとしての荘園制の特質と深く関係しているとの指摘は特に重要であろう。山野の持つ多彩な生業と紛争とは、実は深く関わっていたのである。

高木は鎌倉期の山野紛争の代表的な地域といえる、琵琶湖西岸の比良山系地域の葛川・伊香立荘紛争や大和国平野殿荘等の紛争を詳細に扱い、山野用益が地域の植生や具体的な生業と密接に関係しながら展開し、荘園制支配や流通とも関係しながら用益に伴う競合が生まれ、それが山野紛争へと繋がっていったことを明らかにした。高木の研究によって山野紛争を単純な紛争ととらえるのではなく、その豊かな内実も含めて検討する必要が生まれたということができよう[11]。

三　山野紛争と戦争・平和論

山野紛争と荘園・村落領域との関係についての研究とともに、紛争そのものを具体像から考えようとする研究も進展した。

山野紛争と中世村落形成との関係について蔵持重裕は、近江国葛川・伊香立荘紛争の検討から、隣接する「惣村」が共同体間の堺相論を起こしたのではなく、堺相論が惣村というスタイルを要求した、つまり紛争が「自覚的で戦闘的な村落を創世したのである」と述べる。この指摘は重要であろう。中世後期のいわゆる「惣村」の成立について、従来の生産力増加による発展段階的な説明ではなく、山野紛争をその要因とみる見方が提示されたのである[12]。

早くから村落間相論に注目して、研究を進めてきたのが酒井紀美である[13]。村落を支配する領主、または領主に抵抗する村落という、いわばタテ方向で中世社会をとらえてきた七〇年代までの研究状況を、村落「間」という、ヨコ方向で社会をとらえたのである。これは、日本中世史研究のコペルニクス的転回ともいうべき大きな転換だったということができよう。

酒井は、山野紛争にみられる「在地の習俗」ともいえるものを具体的に抽出する。そしてそれは、主に、狼藉→路次を塞ぐ→堺相論と号す→傍示を打つ→合戦・合力→中人→起請・和与、という形で展開するという。中世社会では山野紛争が日常的に行われ、そしてそこには勃発から解決、いわば紛争から秩序形成に向けての「作法」＝ルールが存在していたことが明らかにされた。またこの山野紛争のルールについて坂田聡は、南北朝期の葛川と山城国久多荘との紛争を「村の自力」の視点から分析し、紛争をめぐる一連のシステムが完成するのは、一四世紀中盤の南北朝内乱の時期であることを指摘している[14]。

山野紛争を中世社会の戦争と平和形成、そして近世国制成立の問題に結びつけたのが、藤木久志による豊臣平和令に関する研究である[15]。藤木は戦国時代の戦争を「国郡境目相論」と位置づけ、戦国大名の同盟（国分け）の分析から、領土紛争が解決される際の領土確定の単位が一国・半国または郡であったことを指摘した。いわば中世の伝統的な地域区分に準じて、領土確定が行われていたとしたのである。そのため、国分けは正当性があるものとして位置づけられ、当事者大名のみではなく、当事者を超えて保障されていた。豊臣政権は、この大名相互の領土確定方法を発展させた「惣無事令」という法令発布による解決を行っていたという。さらに山野紛争については、中世～織豊期～近世初期の紛争の詳細な検討を行い、紛争及び紛争解決の体系には村落の過酷な犠牲が伴い、豊臣政権は「喧嘩停止令」を発布することで、山野紛争を含む村落間の紛争を抑止したという。

藤木の議論を地域社会からさらに検討した稲葉継陽は、戦国大名の国分けから惣無事令にもとづく国郡の境界設定、さらには近世の元禄期の国絵図作成までを検討し、いずれの領域秩序においても最初から「国郡境目」が確定されているわけではなく、その境界は国境地帯の山野に関する村落間紛争を通じて形成された自律的な秩序に規定されていたことを指摘している。(16)「国郡境目」、つまり国境という国制の問題が、山野紛争を通じて考察されているのである。山野紛争は、中世～近世移行期の国制を考える際の重要な問題に位置づけられているということができよう。

なおヨーロッパ史では、藤木の議論に注目した服部良久によって、ティロル地方における村落間の紛争についての検討から、紛争と秩序形成から国制を見通す議論がなされていて、比較史的な検討も進められている。(17)

第二節　中世山野紛争に関する論点

それではここで、今までの研究動向を踏まえながら、中世の山野紛争についての論点を整理しておくことにする。なお、科学研究費の補助を受けて中世の山野紛争関係史料を収集し、データベース化を実施した。(18)作成したデータベースを基礎にした中世の山野紛争の全面的な検討については今後の課題としたいが、ここではデータベースを概観しながらいくつかの論点を提示しておきたい。

一　山野紛争の時期的・地域的特徴

まず最初の論点は、中世の山野紛争に時期的または地域的特徴があるのか、ということである。これは、データベース作成の大きな目的であった。まず山野に関する紛争の件数の時期的特徴であるが、一二世紀の一一〇一年から一六世紀の一六〇〇年までの五〇〇年間の発生件数を四半世紀ごとにみると次のようになる（村落間紛争以外のものも含めた)。

一二世紀
第1四半世紀-三五　第2四半世紀-二九　第3四半世紀-四三　第4四半世紀-一四
一三世紀
第1四半世紀-八　第2四半世紀-七　第3四半世紀-一一　第4四半世紀-三五
一四世紀
第1四半世紀-二五　第2四半世紀-四五　第3四半世紀-一三　第4四半世紀-八
一五世紀
第1四半世紀-四　第2四半世紀-五　第3四半世紀-五　第4四半世紀-九
一六世紀
第1四半世紀-四　第2四半世紀-九　第3四半世紀-八　第4四半世紀-二〇

史料の残存状況や紛争件数のとらえ方、史料収集作業における差もあるのであくまで概算であるが、一二世紀と一三世紀後半～一四世紀前半に山野紛争のピークがあり、また一六世紀後半にも増加していることを看取することができる。一二世紀の山野紛争は、従来の研究でも注目されている領域型荘園の形成と関係している可能性が高い。一三世紀後半～一四世紀は鎌倉後期～南北朝内乱期にあたり、村落の変化や悪党活動の勃発、地域における戦争の活発化の時期であり、山野紛争もそのような動向と密接に結びついていることが考えられる。また、一六世紀後半は、山野紛争に対応する「喧嘩停止令」等の統一政権の動向と関係している可能性があろう。

それにくらべて、一三世紀前半や一五世紀に山野紛争が少ないことをどのように考えたらよいであろうか。他の時期に比べて鎌倉幕府や室町幕府よる平和が形成されていた時期ということもできるが、幕府の紛争抑止政策やまた幕府裁判による解決が在地に及んでいたのか、逆に在地側で紛争を未然に防ぐ方法が形成されていたのか、今後の課題としておきたい。

次に山野紛争発生件数の地域的特徴をみると、次のようになる。

東北―七　関東―三　北陸・東海―八七　畿内―九〇　中国―五二　四国―二〇　九州―五一

これも概算であり、史料の残存状況や史料集の刊行状況に左右されるものの、やはり畿内の発生件数が多いことは看取できる。また北陸・東海や中国地域で山野紛争が多く勃発しているのは、伊賀国と播磨国であり、山野紛争は畿内・近国の発生が多いと考えることができよう。これは、荘園や村落の地域的差異や材木・薪炭等の流通構造と関係しているとみることもできるが、この点についても詳しくは今後の課題である(19)。

二　山野紛争と暴力

次の論点としては、山野紛争における暴力の特徴である。どの程度の暴力が紛争に関する武力行使の際に実施されたのかという点である。山野紛争の当事者は近隣村落や近隣荘園であり、紛争がなければ日常的な交流をしていることが想定され、その相手同士で無制限な暴力が行使されているとは考えにくい。どの程度の暴力がどのような状況の下で、一定の「ルール」の下で行使されていたのか、重要な論点であるといえる。

山野紛争で武力が行使された初期の例として、鎌倉前期の近江国古賀荘・善積荘と木津荘の紛争がある。そこでは、「奪取鎌斧之上、剰令蹂躙」と述べられる（『鎌倉遺文』―一二五四、本章では以下『鎌』とする）。山野紛争の特に勃発の際に鎌・斧等の山道具を奪取することについては、すでに藤木久志が事例を収集し、山の当知行（占有）を示す行為とされている。[20]その際に暴力が行使されたわけであるが、それは基本的には「蹂躙」という、道具を奪う際の小さな暴力であったとみることができよう。

しかし、この鎌取行為が同時期の山城国大住荘と薪荘の紛争の際には「任自由引率数多人勢…取斧鎌欲致押妨」（『鎌』—四八六〇）という形で集団化してしまう。集団化した場合さらに暴力は拡大し、鎌倉後期の山城国禅定寺・曽束荘紛争のように「率数多人勢、刃傷当荘百姓等、…奪取百姓等所持物」（『鎌』—二三三二六）というように、係争地で用益を行っている相手方の百姓の所持物を集団で奪取する形になる。そして最終的には大和国平野殿荘と吉田荘・安明寺の紛争のように、鎌取行為を越えて「率数百人々勢、帯甲冑、捧弓箭、乱入当御領、伐山木苅萱草間、加制止処、剰被致打擲・刃傷畢」（『鎌』—一八一〇一）というように、集団武装して山木や萱草を苅るといった行為に至るのである。その際には、甲冑・弓箭といった武器使用が行われ、そのため被害も「刃傷」という大きなものになる。

史料では訴訟を有利にするために相手の暴力を過大に表現している可能性もあり、在地社会で形成された暴力を抑制するなんらかのルールを見出すことはかなりむずかしい。それでも、暴力そのものが目的なのではなく、相手の係争地での用益を妨害・排除するため、または自己の用益の正当性、つまり当知行の正当性を主張する行為に暴力が付随していることは明らかである。また、集団での暴力行使のわりには、鎌倉期の場合には「殺害」にまで至る例はそれほど多いわけではなく、前述の平野殿荘の事例で傷を受けた者が「将及死門」といった例や、山城国光明山寺・古河荘紛争で寺僧が殺害された例（本書第三章参照）等である。実際の武力行使の場面では、「殺害」にまで至らないような規制が行われていた可能性も考えられよう。従来の研究で「過酷な犠牲」とされる、[21]中世後期の事例との比較も研究の課題であろう。

暴力が集団化し拡大する際の鍵になるのが、荘官の参加であると考えられる。紀伊国丹生屋村と名手荘紛争の際には山野紛争が山畑の紛争に展開し、その際には「荘官等着甲冑帯弓箭、率数百騎勢、令苅取彼畑作麦」とある（『鎌』一五九一〇）。実際にこの行為が行われたかどうかは訴訟の争点となっているが、荘官が武装して山野紛争に関与することが社会的に認識されていたことは確実であろう。また、平野殿荘紛争の際には刃傷狼藉の交名が作成され、そこには相手方の吉田荘下司・安明寺下司以下の殿原とみられる人物の名が載せられている（『鎌』一八五一二）。荘官や殿原は荘園の侍であるとみられ、特に山野紛争が荘園の境界紛争に転化した場合は、彼らの武力は荘民の武力とともに発動され、紛争は拡大していくものと考えることもできよう(22)。

三　紛争解決と秩序形成

次の論点は紛争解決の方法である。山野紛争について荘園領主や朝廷・幕府への訴訟が行われ、裁許がなされる事例も多い。データベースでそのような事例が多く見られるのは、関係史料が訴訟関係のものが多いことからとも考えられる。ただ裁許が出された場合も、それで完全に決着するのではなく、訴訟が繰り返される場合も多い。山野紛争解決には、裁許だけではなく、やはり地域での当事者相互の合意形成が重視されているとみられる。

また、裁許の場合も上からの強制的な解決ではなく、和与の形をとる場合が多く見られる。たとえば淡路国鳥飼別宮における雑掌と地頭の相論については、「山河海得分半分」という形で和与がなされている（『鎌』一三三二八）。また、安芸国三田新荘の上村と下村の山野紛争の場合は、上訴されたようだが、最終的に和与がなされて、山野に境界が設定されることで解決が図られている（『鎌』一九六九七）。この紛争の場合、立てた堺に違乱があった場合には上裁として所領を一方に付すとされていて、在地の紛争解決と上裁がリンクしながら解決が図られている。

中人の調停・仲介によって和与がなされる場合もある。著名な例であるが、近江国大石荘と龍門荘の山野紛争の場合は、近隣の宇治田原の住人が口入しての和与により解決が図られている[23]。この場合、中人の調停・仲介に応じないときには相手方に合力するとしていて、調停・仲介の背後に合力による武力行使の強制力があり、紛争と紛争解決の武力（暴力）は実は表裏の関係にあることが興味深い。そして、和与での解決が不調に終わった場合は、湯起請や鉄火起請等の神裁で解決が図られる場合もある[24]。

これらの在地で形成された解決方法は、その解決の結果については、地域社会全体で認証され、合意が形成されていたものとみることができよう。それにより地域社会には、いわば個別の紛争解決の集積としての、「ゆるやかな地域秩序」が形成されていたと考えることもできる。

さらに、紛争解決と山野の用益・利用形態との関係についても重要な論点であろう。山の用益については、棲み分け的な重層的山利用や入会、相手方に山手を払う請山等、多彩な共同用益の慣行がある。これらが、紛争解決によって形成された地域秩序とどう関係しているのか、考察する必要があろう。

四　山野紛争と荘園・村落

先に研究動向でみたように、中世の山野紛争は荘園制と関係させて議論がなされてきた。たしかにデータベースを通覧すると荘園の境界で山野紛争が勃発する事例は数多く、しかも紛争が長期化し過激化する場合が多い。鎌倉期の著名な山野紛争である、紀伊国名手荘・丹生屋村紛争、山城国禅定寺・近江国曽束荘紛争、近江国葛川・伊香立荘紛争、大和国平野殿荘・古川荘紛争等もすべて荘園境界の山野に関する紛争である。

それに比較して、荘園内の村落相互の山野に関する紛争は、史料上あまりみられない。実際には紛争は起こっていたと考えられるが、この場合は、荘園内の寄合等で解決される場合が多いとみることができよう。荘園は、集落と耕地の周辺に再生産のために必要な山野を囲い込んだ一定の領域を持っている。荘園は山野の囲い込みをその目的として形成された、と考えることも可能である。この山野を囲い込んだ「枠組み」が、紛争という形で表面化していくのであろう。

しかし最近では、荘園という「枠組み」を所与の前提とするのではなく、その「枠組み」を相対化させようとする研究が進んできた。田村憲美は初期の中世村落に「随近在地」という、ほぼ近世の大字単位で広がる、相互保証のための隣保関係を発見した(25)。中世社会には、荘園の「枠組み」とは異なる地域社会独自のもう一つの「関係性」が存在したのである。

たしかに紛争は、主に「枠組み」の境界で発生するが、この「枠組み」と地域社会の「関係性」がどう関わっているのか、さらに考えていくことが必要であろう。その点先述した山野紛争とその解決のなかから形成された、「ゆるやかな地域秩序」の具体的解明が、この問題を考える際の手がかりとなるかもしれない。

五　山野紛争と仏神

また四の論点に関連して、仏神の位置づけも重要であろう。戸田芳実は、中世初期の村落が上からの山野占有に対して地主神の怒りという宗教的形態をとって抵抗したことを指摘している(26)。紛争に際しても、仏神が村落住民内部の自力を放棄させる機能を果たすとともに、より大きな集団的自力の媒介をすることも考えられよう。さらに仏神が、紛争の結果形成された地域秩序を保証することも想定される。また、葛川に代表されるように山野紛争の当事者が仏神を中心とする霊場である例も多い(27)。このような山野紛争と仏神の関係についても重要な論点となるであろう。

六 山野紛争と権力・国制

最後の論点は、山野紛争と権力との関係である。先述したように、山野紛争が荘園領主のみならず、朝廷や幕府等の上級権力へ訴訟される例は多い。残されている関係史料も、ほとんどが訴訟に関する文書であるということもできる。また、南北朝期の日向国真幸院では、山野・用水紛争が守護権力に持ち込まれ、一方当事者を「敵方」（南朝方）と認定することで公戦が発動され、大規模な戦争に拡大することで解決が図られた事例もある(28)。

在地での紛争がどのような段階・状況になったときに権力に持ち込まれるのか、また在地社会の紛争解決と上級権力による紛争解決はどのような「関係」にあるのか、考察する必要があろう。最近の研究では、在地社会による秩序形成と上級権力・国家による秩序形成は対立するものではなく、両者が絡まり合いながら秩序が形成されていくことが指摘されている(29)。この問題を山野紛争から考えることは重要な論点である。

また、山野紛争が荘園の境界紛争に止まらず、国境紛争に展開していく事例もある。データベースをみると、特に伊賀・近江国境、近江・山城国境、摂津・播磨国境で紛争が多発している。伊賀・近江国境では、伊賀国五ケ荘（玉瀧・鞆田・槙山・湯船・内保）と近江国池原杣の紛争であり（『鎌』―一六四七四等）、近江・山城国境では先にも挙げた山城国禅定寺・近江国曽東荘の紛争（『鎌』―一三〇四六等）、摂津・播磨国境では播磨国淡河荘と摂津国山田荘の紛争である（『鎌』―一二三六七および「醍醐寺文書」『兵庫県史』史料編中世七、三七二頁）。

これらの紛争は、いずれも上級権力に訴訟がなされるものの簡単には解決できず、紛争は長期化していく。なかでも淡河荘・山田荘紛争の場合は、「両国境」ということで鎌倉期には「公家御沙汰」、つまり朝廷の裁判となったが、それによって解決がなされたとは考えられず、室町期にはより過激化して再発している（本書第十章参照）。つまり、中世国制のもとでの裁判では、山野紛争が国境紛争に転化した場合は解決が困難なのだということができよう。この問題を克服しようとしたのが統一政権をはじめとする近世国制ということになるが、この点についてもその実現可能性や中世と近世の山野紛争の比較なども含めて重要な論点となるであろう。

第三節　本書の構成

本書は、先に述べた中世の山野紛争と秩序に関わる六つの論点を意識しながら構成されている。もちろんすべての論点を網羅することはできないが、以下、三部にわたって考察を進めることにする。

第Ⅰ部は「山野紛争と荘園・村落」として、山野紛争と荘園や村落の関係についてである。従来の山野紛争に関する研究で最も中心となるテーマであり、また主に先に掲げた論点四に関するものとなる。

第一章「初期中世における山利用の性格―プロト「村の山論」を念頭に―」（蔵持重裕執筆）は、山野紛争以前を意識しながら山野紛争の持つ意味を浮かび上がらせたものとなる。そもそも山の利用は周辺の人々にオープンであり、田地などのような土地所有の排他性とは、利用の上でも、意識の上でも次元が異なっていたという。そして田村憲美の研究を批判的に継承しながら、山野の「利用」には、山野の「所有」とは異なる在地社会の相互認証が行われていたことを指摘する。表面に現れた紛争の背後にあるものをとらえようとした章である。

第二章「領域型荘園の成立と奉仕者集団―禅定寺寄人を事例として―」（朝比奈新執筆）は、領域型荘園の形成と山野との関係についての章であり、従来の研究の主要テーマをさらに推し進めようとしたものである。著名な国境の山野紛争である禅定寺・曽束荘紛争に関連して、特に禅定寺の奉仕者集団である「寄人」に注目し、彼らと領主禅定寺や平等院・中央貴族層との関係や、「杣山」における山野利用に注目して、領域型荘園としての「禅定寺荘」の成立を描き出す。「杣」・「寄人」・「荘園」・「荘民」の複雑な関係から領域型荘園の成立を見通した点は重要であろう。なお、禅定寺周辺地域については科学研究費による共同調査を実施し、先の報告書の一冊目に調査報告としてまとめられている(30)。

第三章「堺相論の争点―山城国古河荘の場合―」（櫻井彦執筆）は、鎌倉期の堺争論＝境界紛争であり、寺僧の殺害に至るまで武力衝突が過激化する、山城国光明山寺・古河荘紛争について扱った章となる。一一世紀初頭に東大寺末寺、また摂関家の祈願寺として成立した光明山寺に寺領の四至が設定され、その内部における山野利用が禁止されたため、周囲の古河荘等と紛争が生まれた。この紛争の訴訟文書の検討から、田地における農業活動権と山野用益権という異なった二つの争点を指摘し、古河荘側の山野用益権奪回に紛争の原因をみる。この農業活動権と山野用益権の論理の違いや相互関係については、山野紛争が勃発し、また用益紛争から領域紛争へと展開する際の重要な論点であろう。

第四章「一四世紀国境地域の山野紛争と荘園村落―東大寺領伊賀国玉滝荘の「五个一味」をめぐって―」（渡邊浩貴執筆）は、鎌倉後期の山野紛争と国境紛争がリンクする、伊賀・近江国境地域を扱った章である。国境地帯の伊賀国玉滝荘に存在し、従来の研究でも「村落結合」として注目されていた「五个一味」について、新たな位置づけを行う。その上で、玉滝荘と近江国の杣との紛争経過の詳細な復元を行い、そこにみられる多様な位相における論理を慎重に腑分けした結果、地域社会に存在した紛争解決のルールを「発見」するのである。荘園領主の在地支配の「枠組み」とは異なる、地域社会独自の「在地秩序」の発見、という論点四のみならず、論点三の問題に正面から取り組んだものとなる。

第Ⅱ部は「山野紛争の基層―荘園・村落と仏神」として、紛争の当事者となる荘園・村落について、その「共同」

のあり方を、荘園・村落の中核にある仏神と関係させて考察したものとなる。各章は、論点五の問題を考える際の基礎や前提となるものといえよう。

第五章「中世山城多賀郷の宮座について—郷鎮守の本殿造替との関係を中心に—」（根本崇執筆）は、山城国多賀郷をフィールドにして、郷鎮守高神社の本殿造替事業に郷住民がどのように関わったのか、鎌倉期と戦国期を比較しつつ考察したものである。多賀郷については、鎌倉期に近隣との山野紛争があり、その際の「兵乱米」を「神物」に寄進し、それを原資として貸し付けて増資していることが知られる興味深い事例であり、従来から注目されている。なお、多賀郷については科研費による共同調査を実施し、先の報告書の二冊目に調査報告としてまとめられている(31)。

第六章「村の出挙」（窪田涼子執筆）は、近江国大嶋奥津島神社、大和国下田村の村堂、山城国多賀郷高神社を素材にして、一三世紀半ばから一四世紀半ばの在地の寺社で行われていた、出挙のシステムを検討したものである。寺社で行われた出挙の結果、「公共」的な村の「共有財」が形成されるとする。自力の村を支える経済的側面を明らかにした章ということができよう。

第七章「中世村落における「仏」についての基礎的考察」（松本尚之執筆）は、中世の村堂の事例として著名な紀伊国相賀荘柏原村の西光寺文書を素材にして、史料上に出てくる「仏」について検討したものとなる。柏原村民と「仏」との関係分析から、村民と「仏」との緊張関係を見出し、経済的負担を強いる側面が「仏」—村民らの物件取引の間に存在していたことを明らかにし、「仏物」としての「仏物田」（惣有田）の形成と性格について考察するための基礎作業を行う。

第Ⅲ部は、「山野紛争と権力」として、山野紛争における在地社会と上級権力との関係を考察するものであり、主に先の論点六と関わる。

第八章「近江永源寺領における戦争と寺領保全」（深谷幸治執筆）は、近江国永源寺の寺領保全に関する、幕府や守護権力との関係を示す史料を分析したものである。そこから、戦国期における山野を含む寺領の押領などの紛争に際し、寺社がどのようなルートを通じ、どういった機会・手段を使ってその確保・安堵、また所領支配権の再確認や再獲得を実現していたのかを検討する。

第九章「戦国期東国の境界相論と大名権力」（則竹雄一執筆）は、比較的史料の少ない東国の戦国期の山野紛争の事例を検討した章である。山野紛争に領主や大名権力がどのように関わり、在地社会の秩序形成とどのような関係を持っていたのかを考えるものとなる。

第十章「摂津国山田荘における山野紛争と摂津・播磨国境紛争」（徳永裕之執筆）は、山野・荘園・国境紛争として、長期間に渡って紛争地帯となる、摂津国山田荘・播磨国淡河荘紛争を扱った章となる。室町期の紛争に幕府や摂津・播磨守護がどのように関与したのか、またその裁許が近世になってどのように「再生産」されていくのかを明らかにした。なお、この地域についても科研費による共同調査を実施し、本章の基礎となる論考が先の報告書の二冊目にまとめられている(32)。

以上、三部十章にわたって、中世の山野紛争と秩序形成について考察することになる。なお本書は、執筆者らが参加する「村落交流研究会」における共同調査・研究と、研究会における議論をまとめたものである。

註

（1）黒田俊雄「村落共同体の中世的特質」（同著『日本中世封建制論』東京大学出版会、一九七四年）。

（2）戸田芳実「山野の貴族的領有と中世初期の村落」（同著『日本領主制成立史の研究』岩波書店、一九六七年）。なお、関連して保立道久「中世における山野河海の領有と支配」（『日本の社会史第2巻　境界領域と交通』岩波書店、一九八七年）参照。

（3）小山靖憲「荘園制的領域支配をめぐる権力と村落」（同著『中世村落と荘園絵図』東京大学出版会、一九八七年）。なおこれは、中世の山野・堺相論を後期まで含めて通時的に見通した論文であり、本書のテーマと密接に関わる重要な研究業績である。同著『中世寺社と荘園制』（塙書房、一九九八年）も参照。

（4）立荘論については川端新『荘園制成立史の研究』（思文閣出版、二〇〇〇年）、および高橋一樹『中世荘園制と鎌倉幕府』（塙書房、二〇〇四年）。また、領域型荘園の形成についての小山説への批判は、鎌倉佐保『日本中世荘園制成立史論』（塙書房、二〇〇九年）。なお、立荘論に対して、地域社会と荘園制の関係性等荘園制そのものを再検討したものに、遠藤ゆり子・蔵持重裕・田村憲美編『再考　中世荘園制』（岩田書院、二〇〇七年）、荘園を「生活の場」として、その中で生活していた人々の生活空間から考えようとしたものに、悪党研究会編『中世荘園の基層』（岩田書院、二〇一三年）、村落・地域社会と荘園制の問題に正面から取り組んだものに、荘園・村落史研究会編『中世村落と地域社会―荘園制と在地の論理』（高志書院、二〇一六年）があり、本書と多くの問題意識・議論を共有している。

（5）水野章二『日本中世の村落と荘園制』（校倉書房、二〇〇〇年）。また同著『中世の人と自然の関係史』（吉川弘文館、二〇〇九年）、同著『里山の成立―中世の環境と資源―』（吉川弘文館、二〇一五年）参照。

（6）黒田日出男「広義の開発史と「黒山」」（同著『日本中世開発史の研究』校倉書房、一九八四年）。同「「荒野」と「黒山」―中世の開発と自然―」（同著『境界の中世　象徴の中世』東京大学出版会、一九八六年）。

（7）田村憲美『日本中世村落形成史の研究』（校倉書房、一九九四年）。なお、同著『在地論の射程―中世の日本・地域・在地―』（校倉書房、二〇〇一年）、同「荘園制の形成と民衆の地域社会」遠藤ほか編前掲註（4）著書所収も参照。

（8）高木徳郎『日本中世地域環境史の研究』（校倉書房、二〇〇八年）。

（9）海老澤衷『荘園公領制と中世村落』（校倉書房、二〇〇〇年）。飯沼賢司「荘園村落遺跡調査と開発史」（佐藤信・五味文彦編『土地と在地の世界をさぐる』山川出版社、一九九六年）。

（10）春田直紀「中世の海村と山村―生業村落論の試み―」（『日本史研究』三九二号、一九九五年）。同「歴史学的山村論の方法について」（『民衆史研究』七〇号、二〇〇五年）等一連の研究。

（11）山野紛争と山野の生業や環境に関わる研究として、主に以下のものがある。白水智「山地の資源とその掌握」（笹本正治・萩原三雄編『定本　武田信玄』高志書院、二〇〇二年）、同「山の世界と山野相論―名手・粉河相論をてがかりに―」（峰岸純夫編『日本中世史の再発見』吉川弘文館、二〇〇三年）、同「山村と歴史学」（『民衆史研究』六九号、二〇〇五年）等一連の研究。米家泰作『中・近世山村の景観と構造』（校倉書房、二〇〇二年）。国立歴史民俗博物館編『生業から見る日本史―新しい歴史学の射程―』（吉川弘文館、二〇〇八年）。盛本昌弘『中近世の山野河海と資源管理』（岩田書院、二〇〇九年）、同『草と木が語る日本の中世』（岩波書店、二〇一二年）。西川広平『中世後期の開発・環境と地域社会』（高志書院、二〇一二年）。井原今朝男編『環境の日本史3　中世の環境と開発・生業』（吉川弘文館、二〇一三年）。菱沼一憲「生業と合戦―大和国平野殿荘の松茸山をめぐって―」（高橋典幸編『生活と文化の歴史学5　戦争と平和』竹林舎、二〇一四年）。橋本道範『日本中世の環境と村落』（思文閣出版、二〇一五年）。結城正美・黒田智編『里山という物語―環境人文学の対話―』（勉誠出版、二〇一七年）。二一世紀に入っての環境論の盛行に伴って、山野・山村研究の活発化がうかがわれる。

（12）蔵持重裕『中世村落の形成と村社会』（吉川弘文館、二〇〇七年）。同編『中世の紛争と地域社会』（岩田書院、二〇〇九年）。なお、若林陵一「中世後期の村落間相論にみる村社会と枠組」（高橋典幸編『生活と文化の歴史学5　戦争と平和』竹林舎、二〇一四年）も参照。

（13）酒井紀美『日本中世の在地社会』（吉川弘文館、一九九九年）。

（14）坂田聡『日本中世の氏・家・村』（校倉書房、一九九七年）。なお、葛川・木戸荘紛争を扱った拙著『日本中世の一揆と戦争』（校倉書房、二〇〇一年）や、山城国禅定寺・近江国曽束荘紛争を扱った拙稿「山野紛争と十四世紀地域社会」蔵持編前掲註（12）所収も、一四世紀の社会変動や内乱と山野紛争との関係を意識している。

（15）藤木久志『豊臣平和令と戦国社会』（東京大学出版会、一九八五年）、同「境界の裁定者」『日本の社会史第2巻　境界領域と交通』（岩波書店、一九八七年）。なお、戦国期の山野紛争を扱った黒田基樹「戦国大名権力と在地紛争―農村における立山・立林―」同著『中近世移行期の大名権力と村落』（校倉書房、二〇〇三年）や、戦国期の山野紛争を地域権力・惣国一揆と関係させて扱った、長谷川裕子『戦国期の地域権力と惣国一揆』（岩田書院、二〇一六年）も参照。

(16) 稲葉継陽『日本近世社会形成史論―戦国時代論の射程―』（校倉書房、二〇〇九年）。なお、遠藤ゆり子『戦国時代の南奥羽社会―大崎・伊達・最上氏―』（吉川弘文館、二〇一六年）によれば、南奥羽においても郡の境界はファジーな空間であったとされる。

(17) 服部良久『アルプスの農民紛争―中・近世の地域公共性と国家―』（京都大学学術出版会、二〇〇九年）。なお、中世の紛争に関するヨーロッパ史との比較研究は、藤木久志監修／服部良久・蔵持重裕編『紛争史の現在―日本とヨーロッパ―』（高志書院、二〇一〇年）を参照。

(18) 作成したデータベースが所収される報告書は、以下の二冊である。研究代表者小林一岳『日本中世における紛争と秩序形成に関する研究―山野紛争関係史料の収集と体系化―』平成一八〜平成二一年度科学研究費補助金（基盤研究C）研究成果報告書（課題番号18520514）、研究代表者小林一岳『中世後期の山野紛争データベースの作成による地域社会形成に関する研究』平成二五年度〜平成二七年度科学研究費補助金（基盤研究C）研究成果報告書（課題番号25370798）。

(19) 京都近郊地域の地域的特質については、藤木久志編『京郊圏の中世社会』（高志書院、二〇一一年）参照。

(20) 藤木前掲註（15）著書。なお、田村憲美「中世「材木」の地域社会論―仕事の場からみる材木の諸相―」（『日本史研究』四八八号、二〇〇三年）、同「中世における山仕事の道具について―中世林業技術史をめぐるノート―」（佐藤和彦編『中世の内乱と社会』東京堂出版、二〇〇七年）参照。

(21) 同前藤木著書。

(22) 荘園の侍としての殿原については、拙著前掲註（14）参照。なお地域社会における「地域名士」としての殿原については、田村憲美「荘園制の形成と民衆の地域社会」遠藤ほか編前掲註（4）所収、同「中世前期における民衆の地域社会―地域・村落の〈名士〉層と荘園制―」（『歴史評論』七二一号、二〇一〇年）がある。荘官と殿原の差異や紛争への関わり方については、今後さらに議論すべき論点であろう。

(23)『禅定寺文書』二四号（古代学協会編、吉川弘文館、一九七九年）。なおこの紛争については、酒井前掲註（13）著書を参照。
(24) 神裁については、藤木前掲註（15）著書及び清水克行『日本神判史』（中公新書、二〇一〇年）を参照。
(25) 田村前掲註（7）著書。
(26) 戸田前掲註（2）論文。
(27) 近江国葛川については研究が数多いが、坂田前掲註（14）著書を参照。
(28) 拙著前掲註（14）参照。
(29) 市沢哲「一四世紀政治史の成果と課題―社会構造の転換期としての一四世紀をどうとらえるか―」（『日本史研究』五四〇号、二〇〇七年）。
(30) 前掲註（18）。
(31) 同前。
(32) 同前。

第Ⅰ部　山野紛争と荘園・村落

第一章　初期中世における山利用の性格

――プロト「村の山論」を念頭に――

蔵持重裕

はじめに

詩人・童話作家であり、農業技師であった宮沢賢治（一八九六〜一九三三）の作品に「狼森と笊森、盗森」がある。「人と森との原始的な交渉で、自然の順違二面」（刊行時の賢治自筆の広告文）を描いたものである。それは、狼森・笊《ざる》森・黒坂森・盗森という不思議な森の名の由来譚を「黒坂森のまんなかの大きな岩」が語る、という体裁を取っている。

岩手山がなんべんも噴火し、やっと静まると、草や松が生え、四つの森ができた。名前はない。ある日「山刀や三本鍬や唐鍬や、すべて山と野原の武器をかたくからだにしばりつけ」た四人の百姓が、森にかこまれた小さな野原にやってきて、畑はすぐに起こせるし、森も近いし、水もあり日当たりが良いと、この野原の開発を相談する。「しかし地味はどうかな」と、指でこね、なめて、「よし、そう決めよう」となった。

家族等を集めて、四人の男たちは声をそろえて、森に向かって「ここに畑起こしてもいいかあ」「家建ててもいいかあ」「木をもらってもいいかあ」と叫ぶ。森は一せいに「ようし」とこたえた。

冬・春・秋がすぎて小屋が三つになったときのある夜、子供九人のうちの四人が見えなくなった。みんなはあちこちとさがし、狼森にはいると、そこで、火をまんなかにしておどる狼たちと、焼いた栗や初たけを食べ、楽しんでいる四人をみつけた。家に連れ帰ってから、みんなは「粟もちをこしらえて、お礼に狼森におきました」。

子供が一一人になった秋、農具が見つからなくなった。笊森にいくと大きな笊のなかから農具と山男を発見した。山男がほしがるので、あとで粟もちを森においてきた。

馬が三疋になった次の年の冬、納屋の粟がなくなった。狼森の狼、笊森の山男、黒坂森に教えられ、松でまっ黒な盗森で、百姓らは「まっ黒な手の長い大きな男」を相手に「粟を返せ」とどなり、男は「ぜんたいなんの証拠があるんだ」と叫び、問答をするが、「恐ろしくなったりして、おたがいに顔を見合わせて逃げだそうとした」時に、頭の上から「いやいや、それはならん」というおごそかな声がして、岩手山が仲裁に入った。そして山は「みんなもう帰ってよかろう。粟はきっと返させよう」、「盗森は、じぶんで粟もちをこさえてみたくてたまらなかったのだ」と言い、裁いた。百姓らが家に帰ると、粟は納屋にもどっていた。みんなは粟もちを四つの森に配った。「さてそれから森もすっかりみんなのお友だちでした。そして毎年、冬のはじめにはきっと粟もちをもらいました」という(1)。

この話は一九二一年、賢治二五歳のときのまったくの創作である。歴史研究で文芸内容にコメントする愚は承知しているが、農業の専門家であり、地元の歴史風土に育った賢治の作品となると無視はできない話である。

まず、御百姓さんは森・自然に対して畏敬の念を持っている。礼をつくしている。その上で彼らは森と相互交流を行い、その交流が森の神への供物の始原譚となっている。

また、四つの森のうち、一番奥の森が黒山—黒田日出男氏や田村憲美氏の検討されている—に相当するとの想定が立つ。それとの対比でいえば、子供が直接関わる—出入りする—狼森は里山かとの想定もあり得よう。いろいろとイメージを湧かせてくれる話である。

歴史資料は、これほどはっきりしたイメージは与えてはくれないが、なにほどかの探りを入れてみたい。

近年の、中世の村の山論・境相論の研究の発展は、時代としては中世後期・戦国期、さらには近世の初期までを主な舞台としている。これに反し—共に移行期ともいえる—初期中世の村の山論は、事例としても限られており、開発論の一環、所有論として初期村落論の一環に組み込まれていて、後期ほどの研究の盛行はない。そこで、現在の研究の到達点である田村憲美氏の論に学びながら初期中世における「村の山論」を見、原点にかえって考えてみたい。

第一節　山野にまつわるエピソード

一　沙石集

鎌倉時代、弘安六年（一二八三）に成立されたとされる仏教説話「沙石集」に、「盲目ノ母ヲ養ル童事」という話がある。その前半の概略を示す。

東大寺の再建を目指す俊乗房重源は、安芸・周防の山に杣を作り、「食物ノタワラ多ク打積テ置タリケルヲ、アル時俵ヲ盗テ逃ケル物ヲ見付テ搦テケリ、」この犯人は「痩カレタル童」であった。上人が問い詰めると、「云甲斐ナク、貧キ者ニテスギ佗テ侍ル上、盲目ナル老母ノ一人候ヲ、薪ヲ取テ遙ナル里ニ出テ、替テ養ヒ育ミ候ヘドモ、身モ若シ、力モ盡テ、」杣の食は多くあるので「少分盗テ母ヲ扶バヤト」思い盗んだと白状し、さめざめと泣いた。

上人はその実否を確かめるために、使を母の居場所に尋ねさせる。「山ノ麓ニ小キ庵」に住む母の話も、「薪ヲ取テ遙ナル里ニ出テ」るという童の白状と一致するものであった。上人は「孝養ノ心」に感じ入り、「杣作ノ間ハ童召シツカイヒケリ」という。(2)

童の食料—米であろうか—盗みは、当然、詮議されているが、ここでは「薪取り」は一向に問題とされていない。この薪は柴などの燃料、焚き物であろうが、柴刈りの場は、この童家の所持する土地・山とはとうてい思えない。つまり、自由に薪は取って里で売りさばいていたと考えるほかはない。

二　さんせう太夫

中世からの由来もあり、近世初期に流行した説教節の「さんせう大夫」の次の部分に注目しておきたい。

人買商人によって丹後国由良の長者山椒太夫に売られた安寿と厨子王丸は、太夫より忍と忘草という名を与えられ、奉公させられることになる。「先づ姉の忍は、明日にも成らば、浜路に下がり、潮ほ汲んで参るべし、まつた弟の忘草は、日に三荷の柴を刈りて参りて、大夫を良きに育まい」と命じられる。

明け方から、それぞれ桶と柄杓、鎌と朸《おうこ》を与えられた姉弟は浜と山とに分かれて働くことになる。

山の厨子王丸は姉の苦労を思い、慣れない柴刈りに途方に暮れていた。

「か丶りける所に、里の山人達、山より柴を刈ってお戻りあるが、「これなる童はさんせう大夫の身内成、今参の童にてあるが、山へ行き、柴を刈らいで戻るならば、邪見なる大夫、三郎が責め殺そうは一定也、人を助くるは、菩薩の行と聞く、いざや柴勧進をしてとらせん」」と、柴を少しずつ刈って、漸柴を三荷程刈り寄せてくれる。柴の切り口と束ねの見事さを見て、太夫はさらなる柴の数を増やす。しかし、昨日の柴は「里の山人共」が、手助けしたものと知り、太夫は「由良千軒」に、手助けした者は罪科に処すと触れる。その後、しかたなく山人は厨子王丸に「斯う持つて斯う刈る物よ」と「鎌手」を教えてはくれたが、刈った柴をくれるようなことはなくなったのである(3)。

ここで注目したいのは、太夫は長者・富裕の者で「由良千軒」への影響力は限りなく強いが、山を、「里の山人」と太夫の「身内」も共に柴刈りに利用していたことである。柴刈り自体に太夫からの規制は感じられない。また、「里の山人」は厨子王丸を「大夫の身内」と称しているから、彼ら自身は太夫とは隷属的な関係にはない。しかし、太夫から山人に、「手助け禁止」という命は出されたが、これも一方の当事者、厨子王丸が太夫の身内であるからであろう。そのように考えれば、やはり山での柴刈りは由良千軒の人々、少なくとも「山人」とされる人々との間で共同利用されていたというべきであろう。

三　建保四年（一二一六）の延暦寺政所下文

延暦寺政所下文案(4)

延暦寺政所

可早停止古賀・善積自由濫妨、任舊例、令打定牓示事

右當庄者、鳥羽院御時、保延年中之比、被寄附山門領刻、為後代被定置四至畢、南十三条、西追分、北十八条、多年之間、敢無違乱之處、近来自南古賀・北善積庄、後山雖令押領、自然送年月之間、彼両荘住人等、件四至内不入當庄民、奪取鎌・斧之上、剰令蹂躙云々、所行之旨、甚以不当也、且以庄民解状、触廻三塔之處、早任舊例、可令打定牓示之由、大衆僉議已畢、凡一天下甲乙之輩、恐医王山御威、於末寺荘園、敢不令忌點之處、近年立妨庄民、触事現奇怪之条、不知其子細歟、早任舊例、且依先規、可令牓示之状、如件、以下

建保四年八月三日　　小寺主法師　應俊
寺主　大法師（在判）
都維那　大法師
修理別当法橋上人位奉之
上座法橋上人奉之

延暦寺政所は「當庄」の四至に改めて牓示を打つことを決定した。この「當庄」は文中には明示されていないが、「自南古賀・北善積庄」ということから木津庄である。牓示を打つ理由は古賀庄と善積庄が南北より木津庄「後山」を押領しているからだという。

木津庄とこの文書については水野章二氏の研究がある。(5) 氏によれば「この場合の後山は、具体的には木津庄西部の饗庭野《あえばの》丘陵（近世の熊野山《くまのやま》）をさしており、饗庭野には周辺諸荘から人々が入り込み、領有を強めていたのである。村落の多くが開発の進んだ条里地割地帯に立地する木津荘域では、各村落が単独で内部にまとまった山野を有することはなく、荘全体で後山を確保していた」（註（5）論文三九頁）、とする。

そして「後山は村落の里山空間を指すことが多い」（同一二一頁）と、氏は後山を里山とする。平安・鎌倉期の史料事例を二七点を挙げ検討され、「日常生活に不可欠な薪炭や肥料の獲得、狩猟・採取などのさまざまな用益が行われる山は、むしろ後山《うしろやま》という表現で登場する」（同三〇頁）とする。そして後山・近隣山と「人々が日常的には関わってはいない」（同三二頁）、「村落成員が存在については認識しているものの、日常的には用益することのない」（同二七頁）奥山とを区別する。二七点の史料のなかには、一般名詞的な後の山と思われるものもあるように思うが、永年、地理的な現地調査を積み重ねてきた氏の指摘は信のおけるものである。

しかし、ここで注目しておきたいのは史料傍線部の記述である。あくまで延暦寺政所の視点であるが、これを意訳すると、「後山が押領されたが、承知の上で見過ごしていた」という程の意になろう。含意は、押領が「後山」であったのでそれほど問題とせずに、放っておいたが、ということであろう。おそらくこれは住人たちの認識とは異なるのであろう。ただし、その場合、住人たちの間でも、荘・村は異なっても、人々は後山を共同利用していたのであり、争いは発生していなかった。

延暦寺は、傍点部「不入當荘民、奪取鎌・斧之上、剰令蹂躙」という事態になって、はじめて対応処置として牓示を打つことになったのである。ここに到って住人の間でも紛争になったのである。つまり、ここでは後山は所領内であるが他所の人々が入っても―山利用しても―それほど問題にならない地であったのである。慣習的には後山は近隣入り会いといってもよいかもしれない。山利用と領（所有）とは次元が違うことを示していよう。

なお、水野氏が、この事態を「山野を有することはなく、後山を確保」（同三九頁）「日常的な共同利用下」（同一一二頁）と表現されるのには賛成であるが、「荘域の人々の共有山」（同四一頁）・「共有の山野」（同一一一頁）という記述には私としては慎重でありたいと思う。所有の性格に関わるからである。

四　某広成書状　西山地蔵院文書

応安元年（一三六八）に細川頼之が京都西郊に建てた西山地蔵院は細川家の菩提寺であった。このなかに残されている、年未詳の書状を紹介する。(6)

地黄御薗与長町庄山堺事、自往古当知行之堺、且任御教書之旨、自守護殿渡給候、就其彼山草柴なとハ、からせられ候ハん事、寺領御事候へハ、不可有子細候、於嗷々之儀者、能々可有御下知候、御領与当庄隣郷事候、百姓

等互ニ成水魚之思□ハん条、尤可然候、此分能□可加下知候、又御領内百姓ニも能々可被仰含候、恐々敬白

九月卅日　　　　広成（花押）

地蔵院方丈

長町庄は摂津にあり、一三七三年に地蔵院に寄進されたという。広成は不明であるが、文面から「地黄御薗」の領主・雑掌であろうか。

書状は、地黄御薗と地蔵院領長町庄との山堺相論につき、広成よりの進言である。長町庄は摂津能勢郡とある（『西山地蔵院文書』六―一一）。具体的な展開はこの書状からはわからないが、永徳元年（一三八一）室町幕府管領斯波義将奉書案では長町庄内西倉村にたいし能勢上野守の濫妨が知られるので、あるいはこうした事態と関係するのかも知れない（同三―三四）。なお、貞和二年（一三四六）の明浄から青木太夫に宛てた長町荘野間村預所職宛行状では「一新田・新畠・山野等のことハ領（預）所給分たるへき也」（同一―四）とある。

書状文意は、「往古からの当知行の領の堺について、将軍からの裁許を守護を通じていただいた。この件についてですが、当該山の草や芝を百姓等が苅ることは、寺領としては問題ないのではないでしょうか。騒動に発展することは、十分配慮して下知して下さい。地蔵院領と私共の荘園は隣り合っていますので百姓等は互いに仲良くすべきです。その旨、私共の百姓等に命じておきますが、そちら様の領内の百姓等にも同様に指示され、納得させて下さい」というものであろう。

この進言は、和解の提案ともいうべきもので、相論の一方の当事者からのものであるから、柴草刈りの自由という「身勝手さ」を含んではいる。しかし、山の領主、まして寺院では百姓等が「彼山草柴なとハ、からせられ候ハん事」は決して実害の多くないこと、また当然の慣例であるとの示唆を与えているように思う。

冒頭の宮沢賢治の創作も含めると、これらのエピソードからは次のようなことが知られよう。

ⅰ　人々は山・森という自然と資源にたいし、尊敬の念と友情をもち、定期的にお返しをする付き合いをしている。

ⅱ　その森との付き合いは、居住地周辺で、子供でも出入りできる山から、黒い遠い森まで段階的な周辺を形作っている。

ⅲ　山での柴刈り自体は山人・里人を問わず、麓の集落の人々は自由に行え、自分の家の燃料の獲得やそれの販売もできた。

ⅳ　山は寺社や荘園領主の所領内に取り込まれてはいるが、実際には周辺の村々が柴草の刈り場として互いに入りあい利用しあっている。

ⅴ　領主もそのことは承知の上で、入りあいにトラブルが生じない限り、口出しはせず、建造物の修理・建造の材木が獲保できれば実害はないとしている。

すなわち山の利用は周辺の人々にオープンであり、私領内であっても、田地などのような土地所有の排他性とは、利用の上でも、意識の上でも次元が異なっていた。この状態が保たれる限りにおいて村の山相論は起こりえなかった。エピソードは時代の幅はあるものの、山利用のプロット（原型）であり、「村の山論以前」の様子を示していよう。

第二節　山利用と村論の流れ

一　八〜一一世紀の山論

ところが、事実はエピソードのようには展開していない。すでに先学よって示されているように「類聚三代格　巻

十六　山野藪沢江河池沼事」には八世紀から山をめぐる騒動が社会問題化していることが示されている。[7]古代律令社会においては山利用の問題状況を表すのに、「山川藪沢公私共利」の法理を以て示されることが多い。これは雑令九条に規定があり、原理的には中世以降にも引き継がれているはずである。この法理が厳格に活きているならば先のエピソードのように、本格的な争いには発展しないか、解決の仕方は示されている。

実際、「類聚三代格」で確認できる事例では、院宮王臣家・寺社が、所領内の山などに百姓らが入ることを規制することがあり、太政官は百姓らの農業の妨げになるからとこれを禁止している。院宮王臣家・寺社は如上の雑令の意を解していないことになる。または、それを承知していて無視したことになる。

こうした史料から、六〇年代の山野利用の研究は「土地所有論」と、関連して「村落論」へと展開された。紛争の性格を、一体誰に山＝土地の権利があるか、所有権の所在が問われている、と受けとめた。そして、百姓らの視点から、山は生業・生活に不可欠の地であり、百姓ら共有の地として所有しているならば、その主体として村が措定される、と考えたのである。

こうして、山利用の異階級間紛争は所有論となり、貴族層と闘う住人結合は村落論へと展開することになっていった。

二　〝テリトリー〟――田村憲美説――

しかし、「土地所有論」の研究は、村の山所有そのものを論証できなかった。

こうした段階を経て、田村憲美氏の研究に到達するが、それを概観しよう。[8]

①古代村落の山野占有形態

弥永貞三・関和彦・藤井一二氏の研究より、田村氏は、村は一定の山野に対して一種の領域的用益権を有していたと考えてよいとする。「しかしこれらの研究は村落の排他的山野独占が村落の所有権に基づくことを論証しているわけではない。むしろ、このような山野は在地の共同体が自然に対して取り結ぶ本源的関係の顕れとして理解すべきもののように考えられる。このような古代村落の共同用益地を〝テリトリー〟という用語で表現」された（テリトリー論、註（8）論文二七四―五頁）。

②初期中世村落

古代の〝テリトリー〟的山野利用を脱し、「中世的土地所有体系（農民的土地所有・地主的土地所有・荘園制的土地所有、同二八〇頁）のもとで山野占取を実現し得た」（同二七六頁）、「〝テリトリー〟的なものと法的占有権に基づくものの二種類があり、後者が村落の中心近傍に位置して、前者がその外縁に存在するという空間構成を復元してみることができよう」（同二七九頁）。古代、中世の違いは「〝テリトリー〟の中核に法的な山野占有（所有）を有するか否かに有るのである」（同二八〇頁）と指摘する。

また「初期中世の村落は法的人格を持たなかったので、〝テリトリー〟的所有は法的所有までたかめられなかったので、権門のイエ支配に包摂されて、荘園制的土地所有の一部と主張するしかなかった」（同二八三頁）と史料事実の理解を深める。

田村の理解は、初期中世において村と山との関係を、原理的、論理的に描き出すことに成功していると思う。特にその〝テリトリー〟論は安易な所有論の適用を回避し、山利用の実態にも迫る受け入れやすいものである。

重要なことは、ここで〝テリトリー〟論という本源性＝プロトと土地所有体系という公法（国法）との二重性を事実上想定していることである。これはエピソードでも示したような山利用の実態にも迫り、公法・国法上の史料から中世の在地実態を探るしか、研究法がない文献史学の然らしめるところでもある。

ところが、田村はこれを中心、外縁という表現をしたために、氏の真意かどうかは分からないが、同一平面の、つまり単層の空間構成に展開してしまっているように思える。結局のところ、村の所有の中心から外へと、平面的、法的進展度とする所有論の枠内にあると見られても仕方がないことになる。

③棲み分け論──藤木久志の社会集団論──

周到な苦心をしながらも、「所有論」の枠組み、残滓を引きずっている田村論に対し、ドラスチックに、つまり所有という言葉を使わずに言い当てたのが藤木久志氏の「棲み分け」論(9)であった。

「山野河海は棲み分け的な共同の場であった。古代律令制の「雑令の「山川藪沢の利は公私共にせよ」の原則そのものが、じっさいには、官人の狩猟（鷹雉）・領主の杣（山林）・農民の採草（草木）など、一つの山野の空間にさまざまな階層のさまざまな利用形が同時に成立していることを前提に、それらが互いに共存し、他を侵犯しないという、共同の場ないし「棲み分け」の規範として成立していた」（註（9）論文二一七頁）とする。

これは「類聚三代格」に示される太政官の立場を言い当てていよう。藤木は利用形の重層性と解することによって、所有権がどこ・誰にあるのかという、所有権の所在主体を詮索する意味での「所有論」の地平を止揚したのである。実際には院宮王臣家・寺社と百姓らの対立があるが、「山論」としては、原理的には、紛争が起こるとすれば、それぞれの位相での利用主体の利害対立ということになるはずであった。したがって、真の意味での「村の山論」はあくまで村同士の薪・炭・柴・草採集の位相での話である。

この「山川藪沢共利」の規定から、従来の研究は、それがどのように権門の規制をはねのけて、村落の所有へと展開していくのかを論じたのであった。特に戸田芳実氏の論に顕著であるが、貴族的所有から農民的・村落的所有へと、様々なファクターを検証するなかで論じられた[10]。これらは通時的、経時的なものとして立論されたが、藤木は共時的な原理として「棲み分け」を提起した。ここで村と山を論じる地平が重層化されることになった。

第三節　「所有論」の脱皮

以上から言えることは、初期村落を論ずるに、特に山野用益を、「所有論」＝「共同体所有、排他的独占用益」という所有論に収斂させるのは馴染まないということである。この視点はすでに田村氏の採るところであり、そのなかから〝テリトリー的占有〟が生まれたのであるが、如上のような理解をまねく表現があった。それゆえ、依然として「山の所有」の理解、山利用の性格をとらえ直す必要があるのである。そこで、ここでは参考に三つの補助線を援用してみたい。

一　嘉田由紀子氏の所有分類

生活環境学の嘉田由紀子氏[11]によると、所有概念の基礎に物認識があるとし、「このように物を認識するという行為は、所有を考える上での基本的な文化的意味をせおわざるをえず、そのことが人と人の関係を、人と物との関係に敷衍する社会文化的契機ともなる」（註（11）論文一〇八頁）ととらえる。

所有主体を「自然人」・「法人」という公私二元論ではなく、「生活世界を構成する人や人びとの集まりとしてあえて独自の存在として「生活体」とここでは規定したい」（同一〇九頁）とし、所有とは「人が特定の対象を利用し、利益をうけ、処分をすることができる権利であり、言い換えれば自然のもつ、使用価値、剰余価値、交換価値を、他者に対抗して享受できる状態をいう。それに対して、使用価値のみを享受できるのが「使用」（use rights）である」（同一一二頁）と整理する。

その上で、嘉田氏は、所有関係と環境保全との社会的、生態的プロセスを想定する。ⅰ地域の人々の価値観、ⅱ当該社会の資源へのエコロジカルとエコノミーに包摂される領域、ⅲいかに生きるかの生活実践、この三点からの考察の必要性を説く。滋賀県余呉湖の事例では「労働投下をしていない存在をひとりじめすることへの「はばかり」感覚がそこには強く見られる」（同一一二―三頁）、一方、「養護の思想」をもって育てた物は自らの物にする「私有感覚」もある、とする（同）。

こうして「一物一権的」所有観では解釈できない社会や文化から、「主体区分」と「公私区分」の組合せから四象限を構成する。

しかし、「一物一権的」所有観を突破するとしたこの理解は中世の所有を理解するに適合的であろうか。前掲の戸田論文が紹介している、院宮王臣家・権門寺社が、農民の所領内山野利用を制限することを禁止する太政官符は、「法人体私有体制」が、「生活体私有体制」の所有を妨害することを禁止したと理解してよいのであろうか。そもそも荘園領主は法人なのか私人なのであろうか。つまり、ここでの主体分類がそもそも現代的で、中世的ではないことから、「公私」の区分もなかなか判断しがたいことになる。したがって、嘉田氏の分類も中世にはそのままでの適用は無理があろう。

ただし、ここでは「はばかり」感覚や、「養護の思想」による「私有感覚」は、生活者・農民の行動を律する率直なまなざし、感性として注目しておきたい。

二　所有の基軸——承認主体——

嘉田氏が主体と公私を基軸に所有の分類を行ったのは、吉田民人氏に依っていると思われる。(12) それによると、所有は主体と客体に分けられ、特に客体は、物的資源、情報資源、人的資源、関係的資源があるという。さらにその内容が、一物一権か、一物多権かに分かれ、後者が難物なわけである。以上は浅見克彦・廣松渉・山田鋭夫氏の討議「所有の起源と終焉」(13) に依るが、実は、その討議のなかでの廣松氏の次の発言に注目したいのである。

「ある人物がある物件に関して使用したり濫用したりすることを、他の人間が容認する、横やりを入れる権利を他の人が持たないということの裏返しとして、所有権が存立する。つまり、間主観的な一種の承認ということを離れては、所有権はあり得ない様な気がします」、「所有権というのは、一人の人間あるいは法人格としての、いわゆる主体と物件との直接的な関係であるかのように日常的には思いがちだけれども、実は他人の承認ということにおいて初めて成立しています」（註（13）論文四五頁）。

間主観性の議論はいかにも廣松氏のものだが、この発言は、多少なりとも中世文書に通ずる者にとっては、心当りのあるもので、たいへん理解しやすい。田地売買などで「近所」の者たちが、「見知」にその正当性を証する用語が確認できるからである。つまり、嘉田氏は主体とその公私という軸によって所有を分類したが、それでは不十分で、むしろ「養護の思想」の実践を見知っている「承認主体」が問題なのだということである。これについては、次章で検討することにする。

三　宮本常一の山と村の理解

すでに触れたように、これまでの歴史学のなかでの村研究は、土地所有、山の共有が大きな要素として論じられた。

その村の成立と山を考えるに、民俗学の宮本常一氏の、村人目線からの発言に注目すべきで、おおいに学ぶことがあると思う。氏の論述をたどってみよう。(14)(15)(16)(17)

「山中への開墾定住が、すこしでも税負担のかるいところへの逸出を願ってのことであったことは一つの悲劇であった」（註（14）論文二四五頁）。

「こうした山奥の耕地は耕作法も粗放だし土地もやせていて、ろくなものはできなかったが、それにもかかわらず、なおそこに人が住もうとしたことは、同じ仲間だけがそこに住むのであれば軽蔑せられることもなかったし、また皆おなじように貧しくて他人をうらやんだり恨んだりすることもなくてすんだからである。それにもまして役人から年貢をとりたてられたり、役人に夫役のために狩り出されることが少なかった」（同二四〇頁）。

「こうゆうように新らしい土地をひらいて住みついてゆく時には、人はみな、自分のいちばん困った時のことを考えて、その時をきりぬけることに重点をおいて村をつくったようです」（註（15）論文六二頁）。

「長々と山村の話をあげてきたのであるが、私の言いたかったことは、村といわれるものはそのはじめ徴税対象になりにくいところに成立したものではなかったかということである」（註（16）論文八九頁）。

「私の言いたかったことは、民衆の村落生活の組織と機能は古い時代から共同体制をもってきていたということであった。それが政治的な制度によっていろいろの名称でよばれ、また区劃せられたことがあったが、その根底においては民衆は自分たちに必要な必然的な生き方をしてきたと思う。」、「そしてまた、共同体的な体制がなければ村とはいわなかったと考える」（註（16）論文二二六頁）。

「共同生活をかためたものに共有財産がある」、「もとは村に郷倉のような設備があって、うまく行われていた。今日われわれが一番考えなければならないのは、貧困者を立ち上がらせる施設の必要性である。奈良県の南生駒では、村で貧しく借銭があって生活できなくなった者を山へ入れて、そこを開墾させ、その期間は租税に何もかも支払ってやり、一本立ちになるまで見てやる制度が、つい近いころまであった。これをアガリと言っている」（註（17）論文一七〇・一頁）。

以上の補助線、異なる分野・文献での断片的な発言ではあるが、はっきりとしたテーゼがあり、それは次のようにまとめられようか。

i　所有は、人と物との文化的な関係で、公私区分だけでなく生態的な関わりを持つ。対象への「養護の思想」に基づく実践は私有意識を強める。

ii　人と土地との関係は他者との間主観性に基づき、他者の承認があって成り立つ。

iii　村には定型など無く、人々が生きていく上で必要に応じて必要な型の村を形成した。それは共に生きる共同体であった。

iv　その際、税の回避が大きな要素で、山地に村を作ることはその有力な策であった。

v　里の村でも山はリソースとして大きな意味を持ち、村は弱者を山に入れて生活を立て直させることをした。

以上は主に近・現代の実態であるが、こうした生活の様子からみると、山というものが人間生活の始原性を支配していることを強く感じる。すべてのリソースである。そのことから、山は誰の物か、という所有論の問がひどくなじまないものに思えるのである。

第四節　「見知」と「習」

そこで先に指摘した、「承認主体」について考えたいが、これについてもすでに田村憲美氏の詳細な検討があるのでまずその確認からはじめたい(18)。

一　随近在地

田村氏は以下のように述べる。一〇・一一世紀前半、「この時期の山城国で表れる「随近」は刀禰の別称であった」(註(18)論文二一二頁)。

一一世紀半ば、「「在地刀禰」―「随近地」「在地諸人」との重層構成」をなしており、後者は「国衙の政治的編成をうけていない」存在としている。そして後者は「地縁的な近隣性を基底においた関係で」、かつて河音能平氏が唱えた「隣人共同体」に通じるものであるとする(同二一五～一七頁)。

「随近」の含意は、「空間的と社会的の両側面に及ぶ」、「認定は「知見」「見聞」「聞知」などと表現される行為を通じて遂行される」、認定さるべき事実は「特定の時と場所における盗難や売買といった一過性のものもあるが、多くの場合は、当事者に関して相当の長期に亘って持続する事実である」。「したがって「見聞」の継続性を可能とするには、一つは居住地の近さ、もう一つには相互関係の近しさが想定されなければならない」(同二二〇頁)。

さらに、氏は見聞の意味を、風聞、当事者の発言と対比し、「「見聞」とは具体的な人物・場所の認知を伴う直接性の強い経験について使用される」(同二二四頁)とされている。

「「随近在地」は日常不断の社会的関係で、そのなかで相互の規範が維持され、それを守る限りにおいてその一員でありうるような付き合いであり、売買・譲与・処分にかかわるような事実認定と保障の機能、検断の機能はここからでてくる」（同二三七頁）として、自覚のない自生的集団と荘園制の組織との関わり、荘園制の擬態での自己表明のありようを示しているという。

鎌倉期では「在地村人」などが現われてくる（同二四二頁）。在地範囲が村レベルとなる。そこではおとな・沙汰人が関与するよりも、もっと日常レベルで「在地」関係が働いていた。

鎌倉後期では「在地」が関係態ではなく、客体化し法人格を持つようになる（同二四五頁）。在地の物象化、これこそ在地社会が、「自らの言葉で自らの村落的関係を主体的に規定した最初の言葉であった」（同二四六頁）。「鎌倉後期の「在地」は在地諸階層個々人から自らを引き離した自立性を獲得するに至ったのであり、やがて一個の法人格としてそれが存立する「土地」の領有主体ともなるであろう」（同二四六頁）と述べている。

こうした表現を元に氏の見解をまとめると以下のようになろう、

i　一一世紀中葉―住人結合の基層に在地諸階層による隣保関係の成立、「随近在地」関係という。

ii　一一世紀後半から一二世紀、複数の「随近在地」による山野の〝テリトリー〟的占有実現。日常不断の「随近在地」関係が売買・処分などの事実認定、保障機能を持つ。

iii　鎌倉後期になると「在地」が売買の保障機能を持つようになり、在地は村落関係の自覚的言葉となり、村落の法人格の起点である。

ここでは先に紹介した氏の〝テリトリー〟の主体が「随近在地」であることが明らかとなる。そして関係態である「随近在地」が土地処分などの保障機能を持ち、客体化した「在地」へと発展するのである。つまり農民的な所有の「承認主体」は「随近在地」が始点になる。これは国郡制や国法に組み込まれた法人格のある主体ではないから、土地所有の体制はきわめて在地的なものであることになる。これをこれまでの論述の表現でいえば、「随近在地」、「在地」こそが「養護の思想」にもとづく人々・村人の実践を承知・証明できる関係にあるということであろう。

二　習

史料上初見の「村の山論（境相論）」は保延年間（一一三五～四一）、玉井荘と石垣荘との相論である(19)。

東大寺玉井庄司安曇成任は、中文で用水・堺・奥山の三点を主張した。

第一、水争いは、昨年の摂関家の裁定の上、御使派遣で「任理令引漑了」、ところが石垣庄司頼友等は興福寺西金堂珍勝等とともに再三にわたって、井口で分水を妨害したのである。成任は「早可被召誡彼等」を要求した。

第二に、堺畠の件で、これも御使が両荘堺を「糺改」、「任理裁定之上、被成下御下文之處」、で一旦落着したはずであったが、頼友や定使の成清は「猥称蒙重仰之間」し、質物を押し取り、地子を責め取ったのである。庄司成任は「責取物」の返還と彼等を召して、押妨の停止を命じるよう要求している。

第三は、山と路への頼友等の押妨である。去年、今年と頼友らは、従来玉井荘が東大寺に納める「比曾瓦木」を採るため奥山へ通う路を制止した。そこで、玉井荘側は訴えたところ、摂関家御使は（石垣庄の）「以御庄近隣山、雖号御領」、「奥山採木并御庄之外井手谷路」を制止することはできないと裁定した。しかし、なお頼友等の制止行為はやまず、玉井側は「凡諸国之習、山路之法、皆随便依例、是定事也」と論述した。

これはよく知られた相論で田村氏はこの近隣山と区別された奥山こそ〝テリトリー〟的占有の事例としている。

以上、三つの論点とも、御使が現地に下り、実見した上で、裁定を下すという安定した裁きである。したがって「随近在地」の証言は必要なかったと言えよう。しかし、玉井荘庄司はあえて「凡諸国之習山路之法、皆随便依例、是定事也」と論述している。「近隣在地」の「承認」ではなく、言わば「諸国」の「承認」とした「習」が述べられた事に注目したい。

嘉応二年（一一七〇）に大和国高殿庄職事らは、東大寺に、負所の御油と副米の去年未進分の免除申請の請文を提出した[20]。それによると未進分は御油二石五斗内の一石一斗、副米五石内の四斗四升であった。免除申請の理由は「去年天下一同大旱魃也」である。荘官等は「仍一国之習、官物之辨不及半分也」と「習」を主張し、未済分の「可被免除之由、令存之處」と要望したのであった。しかし、長者宣・院宣を根拠に完済を責められる中で「依其責難堪、早可究済之状、所請如件」と請文を出したのである。

ここから、見知・見聞は、事実や人物・もの、具体性のあるものの認証に関わり、「在地」など、現地の承認者を明示する「モノ認証」である。「習」は、由緒、習慣、行為に関わり、承認者を明示する要のない、それ故自明性が高いとする「コト認証」とでもいえようか。

すなわち、山利用・路利用は、その下地＝物件への権利ではなく、行為についての世間からの認証なのであり、所有・占有という判断はなじまないと思うのである。田村氏の言うように玉井荘は奥山を〝テリトリー〟占有していたとするにしても、相論では領主側も在地当事者も「随近在地」の証言を求めていない。具体的な労働投下の対象である田畠の所有は「養護の思想」に到るが、山はそのような関わり方とは異なるのである。

おわりに

山の利用は、人々の生活の始原的な営みとして、それぞれが自由に行うものであった。人々が、そこでは、生のリソースとしての自然への畏敬と遠慮の念を「はばかり」として持ったことは当然であったろう。

そのなかで、初期中世においては権門寺社などの建築用材資源、貴族や有力武士の狩猟の場、貴族の墓所、そして山地近隣住人百姓等の柴や草の採集地として自ずから成る利用があり、集団のなかで暗黙の棲み分の慣習が成り立っていた。院宮王臣家・権門寺社などが排他的領域支配を施行しない限りそれは成立していたと思われる。

しかし、彼ら領主が土地の領域的所有を志向するようになると、利用は土地所有問題として展開するようになる。荘園など何らかの所領の領主である彼らの意志は国法的に体制化され、被支配の対象であった郡郷・荘園の住人にも影響を持ったにちがいない。

しかし、郡郷・荘園の住人＝在地は田・畠に関しては彼ら住人の隣保関係のなかで、その所有は間主観的に認知し合う体制ができあがっていた。これは「見知」「知見」という即事的な相互行為にもとづくものであった。現場の土地に働きかける者の耕地への「養護の思想」を認め合う関係である。

しかし、山論の初見と思われる保延六年の玉井荘・石垣荘の相論では、在地の問題でもあるにもかかわらず、「見知」が問題となっていない。それは直接には御使の巡検が行われたことによるが、代わって「諸国之習」が主張された。「山の利用」は具体的物件に関する「見知」ではなじまず、繰り返される営み・行為の「習」で証言されるのである。これから消去法的で、逆照射の形にはなるが、山の利用は、正に利用であって、耕地のように「所有」で処理される事柄ではないことが明らかであると思う。なお、「習」については取り上げた事例が少ないので今後の課題としたい。

註

(1)『宮沢賢治童話全集6　なめとく山』（岩崎書店、一九七八年）。
(2)『沙石集』巻第九―八（岩波書店『日本古典文学大系85』一九六六年）。
(3)『古浄瑠璃　説経集』（岩波書店『新日本古典文学大系90』一九九九年）。
(4)『近江国古文書志　第1巻　東浅井郡編』東浅井郡志　巻四　古文書志　第一編　郡内採集文書「饗場文書（一）」（戎光祥出版株式会社、二〇一〇年）。
(5)水野章二『里山の成立　中世の環境と資源』（吉川弘文館、二〇一五年）。
(6)京都大学史料叢書6『西山地蔵院文書』1―35、1―14の接合（思文閣出版、二〇一五年）。
(7)「類聚三代格」巻十六「山野藪沢江河池沼事」新訂増補国史大系『類聚三代格・弘仁格抄』（吉川弘文館、一九八〇年）。
(8)田村憲美『日本中世村落形成史の研究』（校倉書房、一九九四年）。以下表示する頁は本書による。
(9)藤木久志「境界紛争の裁定者」（『日本の社会史2巻　境界領域と交通』岩波書店、一九八七年）。
(10)戸田芳実「山野の貴族的領有と中世初期の村落」（『日本領主制成立史の研究』岩波書店、一九六七年）。
(11)嘉田由紀子「所有論から見た環境保全」（『環境社会学研究』4号、新曜社、一九九八年）。
(12)吉田民人「資本主義・社会主義パラダイムの終焉――所有論の再建を求めて」（『想像の世界』一九七八年一一月）。
(13)「特集　私的所有とは何か」（『現代思想』9（vol.18・9）青土社、一九九〇年）。
(14)宮本常一「山の民」（『宮本常一著作集3　風土と文化』未来社、一九六七年）。
(15)同「ふるさとの生活」（『宮本常一著作集7　ふるさとの生活・日本の村』未来社、一九六八年）。
(16)同「村のなりたち」（『宮本常一著作集41　村のなりたち』未来社、一九八七年）。

(17) 同「村共同体」(『宮本常一著作集13　民衆の文化』未来社、一九七三年)。
(18) 田村前掲註(8)著書。
(19) 山城国玉井荘司申文案『平』二四三二号。
(20) 大和国高殿荘荘官請文案『平』三五四六号。

第二章　領域型荘園の成立と奉仕者集団

――禅定寺寄人を事例として――

朝比奈　新

はじめに

荘園制的な領域支配は、一一世紀中頃から開始され、一二世紀には広範に展開していった。その支配領域は、集落（村落）を核に、田畠と山野河海を有機的に統一したものであり、それ以前の特定の耕地と人のみを支配する免田・寄人型荘園とは区別され、領域型荘園として類型化されている[1]。小山靖憲[2]・水野章二[3]は、荘園制的な領域支配が成立する根底には、村落レベルでの山野・用水の確保をめぐる、領域的な運動が存在していたと指摘する。そのため、荘園領主は多くの場合、村落上層を荘官・名主などに編成して領主権力の末端に組織するとともに、村落が確保している領域も含めて荘域を明確にし、領域支配の実現を図っていく。村落側も荘園領主の支配を受け入れることによって、荘民として資源利用が保証され、他荘民を排除することができたという[4]。

領域型荘園成立の原動力が、住人の主体的動向を重視する村落研究からの視点が提唱される一方、政治的契機からのアプローチも、重要な要因であることは間違いない[5]。なかでも、院・女院・摂関の近臣層主導による領域型荘園の立荘を明らかにした川端新によると、原動力となったのは、院権力であることが指摘されている[6]。また、高橋一樹は、原動力となったのは院権力だけでなく、現地の在地領主による私領寄進に便乗した村落領主層と村落の存在があったことを見通しとして提示している[7]。

研究史からは、領域型荘園の成立の要因を、村落による山野用益をめぐる紛争を発端としつつ、それがいかなる形で、院権力など中央貴族層による立荘にまで至るのかという課題が残った。その疑問に答えるために、拙稿（後掲註(15)）において、平等院領禅定寺荘を事例に山野紛争の解決システムに、禅定寺寄人から摂関家にまで至る上中・下達ルートがあることを明らかにした。そして、中央政界における立荘推進勢力に本所である摂関家氏長者藤原忠実の身辺にいた平等院執行一族の存在を突き止めた。その際、実際の立荘を推進する主体が、研究史でいうところの院近臣層にあたる平等院執行一族ではなく、山野紛争の当事者である地域住人であることを突き止め、荘園領主間の境界認識よりも住人間の生活実態が反映される形で荘域は画定していくと論じた。しかしながら、その根拠を寄人の由緒にあるという見通しを示すまでで、具体的に考察するまでには至らなかった。

そもそも領域を形成する以前の荘園は、一〇世紀・一一世紀に登場する雑役免系荘園[8]、あるいは免田・寄人型荘園[9]と呼ばれているように、国衙の規制のもと、限定された特定の耕地である免田と、特定の人間である寄人だけの支配が、認められているにすぎなかった[10]。河音能平は、このような特定の権門寺社への寄人化によって、上層農民たちの政治的共同組織を形成する場である、定住領域＝地域村落が、成立することができたと論じた[11]。

近年、鎌倉佐保によって、免田・寄人型から領域型荘園への移行という類型論は再検討の必要性が問われており[12]、領域型荘園の成立に、寄人がどのような意味をもっているのか考える必要がある。特に、一一・一二世紀の堺相論の争奪対象は、いまだに田畠と寄人であり、また村落内の作人が荘園領主に背き、他の権門領主との関係を築く動きがでてくるなど、[13] 直接、荘園領主と利害関係がある荘園制的な特権身分を持つ寄人等が、相論において主体的な要因とされていた。領域型荘園への転換を考えていく際、寄人が、いかなる活動を行い、集団として組織化していくのかを論じることが重要であると考える。[14]

本章では、荘園領主に仕える奉仕者集団である寄人に注目していく。荘園領主に直接課役を負担する寄人の、山野における利用実態を考察することで、先行研究でも指摘する住人の山野用益の問題と中央貴族層による立荘という上と下二つの視点の関係を解き明かし、領域型荘園の成立を考えていきたい。そこで、摂関家氏寺である平等院領山城国禅定寺に奉仕する、禅定寺寄人を考察対象とする。[15] 禅定寺は一〇世紀末に建立され、一一世紀後半に平等院末寺となった。禅定寺寄人は、禅定寺荘が一二世紀に領域型荘園となる以前から、近隣の杣山において摂関家の寄人としての活動がみられる。そのため、領域型荘園成立に至る過程で、禅定寺の寄人であることが確認されている。この禅定寺寄人の山野利用の実態を通して、領域型荘園の成立過程を明らかにしていきたい。

第一節　禅定寺領と禅定寺寄人

一　禅定寺寄人の由緒

現在の京都府綴喜郡宇治田原町字禅定寺にある寺院禅定寺には、中世、奉仕者集団である寄人の存在が確認される。禅定寺寄人は、嘉元二年（一三〇四）に、自らの由緒を書き残している。早速、その由緒書から見ていく。

【史料1】嘉元二年八月東三条殿文殊堂御香寄人由緒書案(16)

一　①禅定寺住人東三条殿文殊堂御香寄人ト［（号スルコ）］ト当寺《タウシ》建立以前云々、然者禅定寺ト云事ハ、御寺号ナリ、
②当寺建立以前当庄名字、尤不見、但縁起ニハ、久和利郷ト書ケリ、

一　正暦二年（辛卯）本堂建立ヨリ、至于嘉元二年（甲辰）三百十四年欤、

一　永承七年（壬辰）平等院御建立（禅定寺建立以後、経六十二年欤）、自永承七年、至于嘉元二年（甲辰）二百五十三年欤、

一　延久三年奉寄当寺所領於平等院ヨリ、至于嘉元二年二百三十四年欤、平等院建立以後二十一年欤、当寺建立以後八十一年欤、

一　③東三条殿文殊堂寄人号スルコト、禅定寺建立以前ナレハ、三百廿余年ナリ、嘉元二年（甲辰）八月廿六日是ヲ記置者也、

是ハ嘉元二年（甲辰）八月■■記之也、

この由緒書は、乾元年間（一三〇二～一三〇三）に起こった禅定寺寄人等と曽束荘民との相論に関連して、禅定寺寄人が自らの由緒を主張する目的で作成したものと考える。この相論の発端は、武装した数百人の禅定寺住人等が、曽束荘の住人が居住する大田谷に乱入し、多くの百姓に怪我を負わせたことにあった。そのため、禅定寺寄人等は、一〇世紀後半から摂関家との由緒を持ち出すことで、大田谷への乱入の正当性を主張したかったのであろう。この由緒書は、関白氏長者二条兼基による訴訟の場に提出された控えであったと考える(17)。

傍線部①の最初の一つ書きによると、禅定寺住人が東三条殿の御香役を務める寄人となったのは、禅定寺が建立される以前であったという。禅定寺というのは寺の名であり、それ以前の地名は知られていない。ただし縁起には久和利郷という記載が残っているということであった。つまり、禅定寺が建っている場所は、元々久和利郷と呼ばれてお

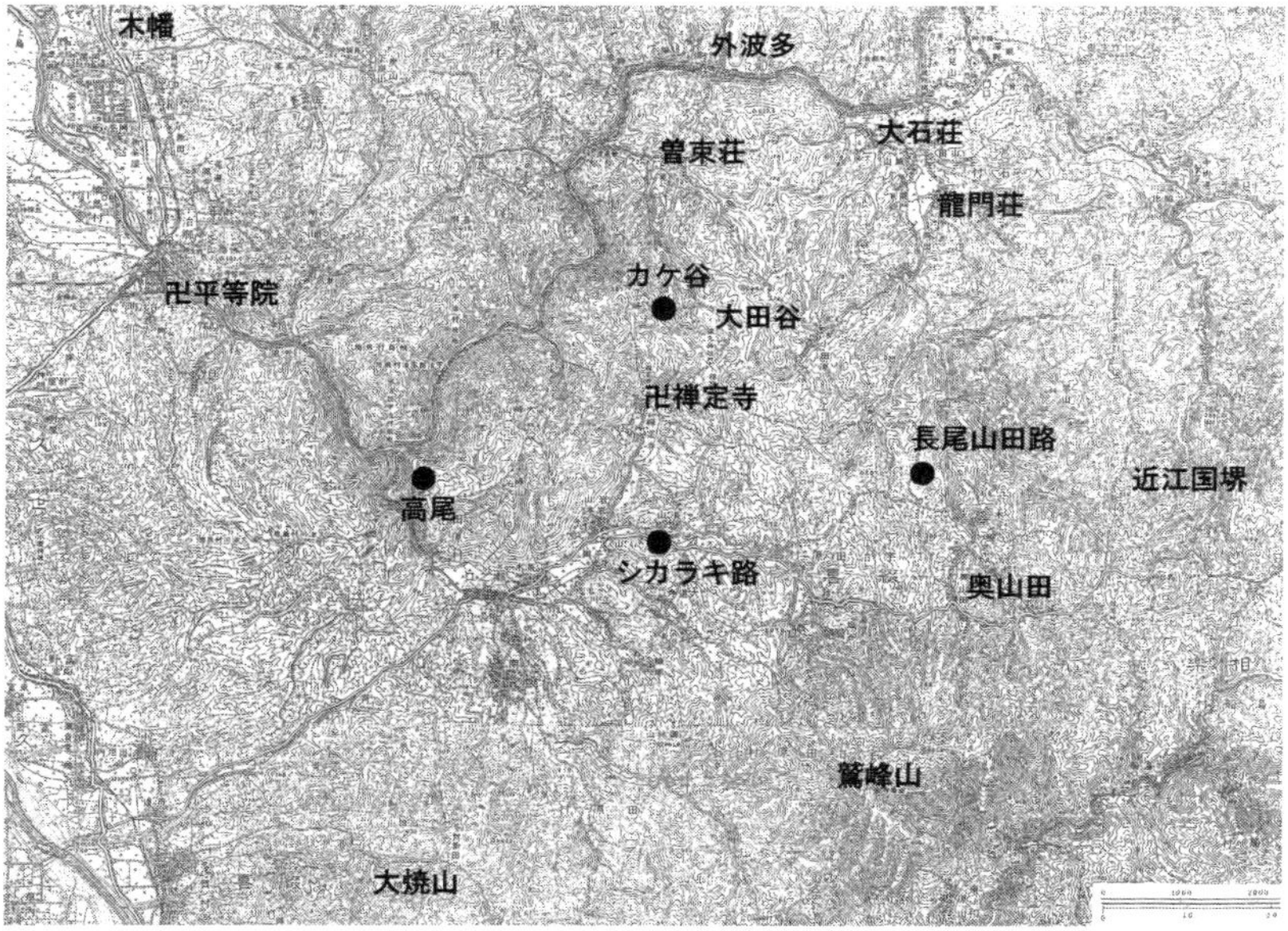

図　禅定寺杣山一千町周辺図（ベースマップは大日本帝国陸地測量部発行５万分の１地形図「京都東南部」〔明治42年測図〕を加筆して使用）

り、そこには禅定寺が建立される以前からの住人が生活していたことになる。この住人が東三条殿文殊堂の寄人となり御香役を務めることになった。ここで登場する東三条殿とは、平安京にある二条大路南西洞院大路東に南北二町を占めた東三条殿と呼ばれる邸宅の主人藤原兼家のことである。藤原兼家は平安時代中期の公卿で、天元元年（九七八）右大臣となっており、一〇世紀後半に政治の中枢にいた人物であった。つまり、後に禅定寺領となる一帯の山野は、摂関家の杣山であったといえる。

禅定寺の住人が寄人となる経緯について、年未詳の「禅定寺由緒記断簡」から確認できる[18]。東大寺僧奝然が宋より帰国した際に持ち帰った文殊菩薩像を藤原兼家に寄進して、兼家の邸宅東三条殿に文殊堂が建立された。その際に、二〇人が、御香寄人として選ばれたという[19]。寄人に選ばれた理由について、研究史上では特に触れられることはなかったが、本章では背景に兼家が山野からの木材の供給を必要としていたことを明らかにした。永観二年（九八四）三月に兼家の邸宅である東三条殿が焼亡することがあり[20]、その再建のために、この禅定寺荘周辺地域の山野が建築用資材の供給地として選ばれたものと考える。さらに、兼家は永延元年（九八七）七月に東三条殿、翌二年九月に二条京極第を新造しており[21]、山野から建築資材を供出できる人材の確保は必須事項であった。この建築資材の需要と東三条殿文殊堂寄人誕生の時期は一致する。傍線部②の一つ書きをみると、禅定寺本堂が建立されたのは、嘉元二年から三一四年前にあたる正暦二年（九九一）であることが述べられている。そして傍線部③の一つ書きでは、東三条殿文殊堂寄人と称していたのは、禅定寺建立以前の、嘉元二年から三二〇年余もさかのぼるという内容である。兼家の邸宅東三条殿の再建が始まる寛和元年（九八五年）頃に、東三条殿文殊堂の寄人となったことが確認される。つまり、兼家の邸宅東三条殿・二条京極第造営のための木材を供出する役割を担う目的で、東三条殿寄人に任命されたと考えることができる[22]。

二　禅定寺寄人の活動

東三条殿に御香役を務めていた寄人二〇人の子孫は、禅定寺建立後は、禅定寺寄人として、諸役を務めるなどの活動を行っている。その内容がわかる二つの史料を見ていくとする。

【史料2】寛元三年一二月八日禅定寺寄人等申状案[23]

（前略）

件元者、昨日七日寄人京上仕候、於法性寺辺、同道仕候木幡住人カ馬ト寄人馬ト走諍候之間、寄人一方ヲ引留候、凡不可有遺恨之処、寄人中ニ持銭候ヲ為令奪取候、寄事於左右、待付木幡辺、散々ニ折伏ス、一人者被打殺候畢、

（後略）

寛元三年（一二四五）一二月七日に、禅定寺寄人六人は、京に上る途中、法性寺あたりで木幡住人八人と同道した際、木幡住人の馬が突然走り始めたため、禅定寺寄人がその馬を引き留めてしまった。これに恨みを持った木幡住人が待ち伏せをし、禅定寺寄人が所持する銭を奪い取り、一人を殺してしまう。木幡住人の不可解な行動からも、当初から禅定寺寄人が所持する銭を奪い取ることが目的であったようだ。このことから、禅定寺寄人は、定期的に京に上る活動を展開しており、近隣の住人に目を付けられるほどの銭を扱う活動をしていたことがわかる。それでは具体的に寄人としての活動について、もう少し詳しく見ていきたい。この事件を発端とした禅定寺寄人と木幡住人との相論に関して出された、禅定寺側の平等院鎰取友成が平等院公文阿盛に出した申状(24)に、禅定寺寄人が負担している諸役が確認できる。次の史料を見ていく。

【史料3】（寛元三年）平等院鎰取友成申状案(25)

（前略）

当□(末)寺寄人者、本願御時御寺も御建立□候之□前ニ、自唐文殊渡御之間、東三条殿尓文殊堂ヲ建立候テ、規模ニ被思食候ケル時ニ、何事か勝世テ可為号所之由令存候之間ニ、此御事コソ目出思食ナレトテ、廿人之寄人捧引文、令參候之間ニ、直入見參、及子々孫々、号文殊堂文殊堂〃〃〃之寄人、不可有他所煩(裏書、異筆)「入用」之由蒙仰了、（中略）就中御経蔵(平等院)御建立之後者、不被供御香候之間、其御香ヲハ西花堂(平等院)時香一斗二升、五大堂(平等院)一斗五升、池殿御堂(平等院)三升、如此被分進候、於不被禁獄下手人者、御香幷修正役一切不可勤之由申候、忿可有御沙汰候、委旨者可申上者也、仍且言上如件、

禅定寺の寄人は、東三条殿にある文殊堂を建立する際、藤原兼家から直々に、子々孫々に渡って文殊堂の寄人とし

ての活動を保証されている、寄人が他所においても活動できるよう、特権を与えられていたのである。そして、平等院御経蔵建立後は、平等院の西花堂・五大堂・池殿堂に御香を負担し、修正役を務めていたことがわかる。それ以外にも、摂関家・園城寺長吏・准后宮などへの公事も務めていたことが確認される(26)。

以上のように、一三世紀前半の禅定寺には、寄人という奉仕者集団が形成されていた。寄人は、平等院や禅定寺に仕え御香を納めるほか、京に上る用事なども務めていたのである。その由緒は古く、一〇世紀後半に、藤原兼家の住居東三条殿文殊堂の、御香役を務める活動をしていたことが確認できる。つまり、寄人は禅定寺が建立される以前からの住人であり、禅定寺寄人となる前は東三条殿の寄人として、その活動を保証されるような特権が与えられていた。

一〇世紀後半、東三条殿文殊堂寄人は、正暦二年に禅定寺が建立されると、そのまま禅定寺寄人として奉仕するようになったのであろうか。いかなる経緯で禅定寺の寄人となったのか、禅定寺荘の形成過程から考えてみたい。

三　禅定寺荘の形成過程

中世の禅定寺領は禅定寺荘とも呼ばれ、寺院である禅定寺を中心に領域は広がり、現在の宇治田原町一帯の範囲に展開していた(27)。禅定寺荘が形成されていく過程が確認できる、次の史料4をみていくこととする。

【史料4】文保元年一二月禅定寺・山城国曽東荘由緒注進状案(28)

（前略）

一　当寺藍(濫)觴事

本願平崇上人（東大寺別当／正法院々主）去仁平元年九月廿二日当寺別当仁朗阿闍梨、就寺領百町堺、被注進当寺根元、件状云、本願平崇聖人者、顕蜜倶学明徳、智行清朗之仁、常観阿字、毎時従口出金色光、而補別当（東大寺）之後、此光隠失、仍

辞申別当、①為懺悔卜私領山野、建立堂宇、安置観音像、今禅定寺是也云々、仍正暦年中令草創当寺、②長保三年
□□□□(四月八日)畠杣山一千町、被擬常燈佛供修造料所畢、長元二年被寄進　殿下(藤原頼通)御祈願所、迄于延久三年［　　］
権大僧正御坊(宇治殿御息)御代、当寺別当覚勢阿闍梨、被寄進杣山以下［　　］畢、其後　③知足院殿(藤原忠実)御代、被差下家
司利元幷寺家鎰取則光等、所被打百町牓示也、且寺領一千町幷百町四至券文等、
長保三年御券文案一巻先進畢、正文在当寺、
④延久三年寄進状案先進畢、正文被納平等院御宝蔵、
養和元年下司寂西入道注進状案一通先進畢、
委細旨、本寺公文所下野前司殿自筆被記置之、件文書指図等、当□□□有之矣、

（後略）

この史料は、文保元年に、禅定寺と曽束荘との境相論の際に、禅定寺側から摂関家に提出した禅定寺の由緒を記した注進状である。禅定寺は、傍線部①によると正暦二年、東大寺別当正法院院主の平崇が懺悔のため私領の山野に禅定寺を創建した。その後、傍線部②では長保三年（一〇〇一）に畠杣山一千町歩が常燈佛供修造料所として禅定寺に寄進されている。当地域一帯が摂関家の杣山であることから、摂関家からの寄進と考えられる。長元二年（一〇二九）には藤原頼通の御祈願所となっている。その寺領については、延久三年（一〇七一）には、当時の禅定寺別当覚勢が、全ての杣山以下を平等院に寄進している。寄進の理由は禅定寺領内が方々から押領されていたため、平等院の権威を頼り、禅定寺は平等院の末寺となることで、寺領を守ろうとしたのである[29]。寄進された寺領については、長保三年に作製された禅定寺領田畠流記帳[30]によると、綴喜郡、久世郡などに散在していた。注目されるのは、寺領のなかに杣山が一千町歩含まれていたことである。その後、傍線部③に書かれているように、藤原忠実が摂関家の氏長者であった

時、下家司である利元・鎰取則光等を禅定寺領の杣に派遣し、寺領を百町に定めたとある。一二世紀前後に、禅定寺領内は百町に定められたことが確認される[31]。具体的な禅定寺領杣山一千町歩と禅定寺荘百町の四至について、どのような場所に定められていたのか、図と次の史料を参考に説明していく。

【史料5】養和元年一一月禅定寺領四至注進状案[32]

禅定寺□領山一千町之四至事

四至 東限近江国堺綾槻尾　南限国分寺山太譲葉峯
　　 西限公田　　　　　　北限大津尾

□件山宇□□□□□□□□御時□□□□□□□□田原三百余家悉毎年□山□□□□□□□□□被召間、今ハ号券門ニ件領□□□□□□□□□往古子細如件、又次古四条宮并□知足院殿下御時、禅定寺□山被促四至事、

四至　東限古郡《大坂ト云》　長尾山田路　南限御方至《ムメカヤスハ》シカラキ路
　　　西限高尾小イチ井谷《ヒラキカ尾ト申ス》峯　北限カケ谷槁高峯《カケタニノカツラノタカミ子ハウシカコサ》在御方至
　　　限丑寅新女院御庄堺在□方至

右、大略注進如件、

但委証文□□□□□□□□□所也、

養和元年十一月廿一日　　　入道俗名兼俊
　　　　　　　　　　　　　禅定寺下司入道寂西

禅定寺領杣山一千町歩の四至について、東の堺は「近江国堺綾槻尾」とあり、近江国堺に接していた。南の堺は「国分寺山太譲葉峯」とあり、鷲峰山か大焼山付近になると想定できる。西の堺は「公田」とある。北は「大津尾」とあり大津との堺になる。禅定寺領の北堺に接する曽束荘が、禅定寺一千町歩内の深山に成立していることからも、北域は曽束荘を超えた範囲にあたると考える[33]。ただし、この範囲の杣山を禅定寺が排他的領有をしていたわけではない。

実際は、禅定寺周辺の杣山に対する活動に限定されていたと考える。
禅定寺荘百町の四至は、養和元年（一一八一）段階では、東の堺は、「大坂ト云う古郡　長尾山田路」とされ、現在の奥山田地区小字川尻逢坂にあたり、奥山田の入口付近にあった。南の堺は、「御方至シカラキ路」で、現在の信楽街道にあたる。西の堺は、「高尾小イチ井谷峯（ヒラキカ尾）」で、現在の宇治市志津川地区との堺にあたる。北は「カケ谷」で、現在の曽束町との堺にあたる。(34)百町の領域は杣山一千町の四至と比較すると面積が狭いことを確認できる。禅定寺荘は、摂関家氏長者藤原忠実によって、一二世紀前後に百町に定められた時点で、領域型荘園として成立したものと考えられる。
以上のように、東三条殿寄人から禅定寺寄人となった背景には、禅定寺への杣山一千町歩の寄進があったのである。一〇世紀後半段階では、二〇人は東三条殿寄人として、近隣の杣山で香役のための活動が保証されていた。それが、長保三年に禅定寺が杣山一千町歩を寄進されたのちは、その杣山での活動範囲が禅定寺領に含まれたため、禅定寺の寄人身分となることで、杣山での活動が禅定寺から保証されたのであった。

四　領主禅定寺と禅定寺寄人

領主禅定寺よりも古い由緒を持つ禅定寺寄人の、領域型荘園成立後における地位について考えてみたい。まず、禅定寺荘内の住人構成がわかる、正嘉二年（一二五八）の修二月堂荘厳に関する置文からみていく。

【史料6】正嘉二年二月禅定寺修二月堂荘厳式目(35)

（前略）

右修二月堂荘厳者、雖為恒例、僧衆安芸公・尾張□（公）執事之時、弥座衆依有訴訟、三座□（之）（擦消）者、座衆評定畢、所定置

也、於自今以後者、任此式目之旨、三□□（座之）頭人等分可致沙汰之状如件、

正嘉貳年戊午二月三日　　惣長者沙弥乗蓮（花押）

但、僧衆執事之時者、三座之刀祢以下之座衆中二人之執事、各酒二斗出了、都合四斗也、安芸公・尾張公執事之時始之、

正嘉二年二月に、禅定寺で行われている修二月堂荘厳のための仏供負担について、三座の一つである弥座衆から異議を申し立てる訴えが出される。この弥座衆からの訴えに対し、三座の者は協議を行い、置文を作ることとなり、今後は、この式目の通りに三座の頭人等で分けて負担することとした。但書には、僧衆が執事を勤める時は、三座の刀禰以下座衆中から執事二人に対して、各酒二斗を出すことになったとしている。禅定寺荘内には、領主禅定寺の行事において仏供を負担する三座の存在が確認できる[36]。

このうち三座については、蔵持重裕による新出史料「禅定寺領惣田数帳」の分析結果から、本座・新座・弥座であることがわかっている。禅定寺の修二月堂荘厳費用を負担する田地分のなかに、本座は二段二〇歩、新座は二段一三〇歩、弥座は一段一四四歩が記載されていることがわかった。三座が禅定寺の行事を支えていたのである[37]。禅定寺荘内には三座の他に僧座が存在していた。僧座について、蔵持は座員については法体だが侍座のことであると考えており、下司家やその一族から多くを輩出していると想定している[38]。

この下司家について、窪田涼子は、賀茂氏のちに藤原氏を名乗り、その名に「兼」あるいは「助」を通字とする一族であったという[39]。また「禅定寺長者歴名」によると下司を務めていた人物の多くが、その後「長者」となることが確認できる[40]。その長者となる下司の一人である兼俊は出家し寂西と名乗り、治承五年（一一八一）に禅定寺の本堂の鐘が、初めて鋳造された時の願主を務めていた[41]。鋳造に際し「是百姓等座ニテ、頭ヲモチコミテイルナリ[42]」とあるよ

うに、百姓等は座に頭金を持ち寄って銭の銅を鋳直して、鐘の材料の一部としていたことから、(43)下司は、禅定寺領内において百姓等を代表して願主となりうる立場にいたといえる。その他、正安三年（一三〇一）の新鐘鋳造の際の願主には「長者沙弥乗願俗名兼氏」の名がみえることから、(44)下司は長老となった後も本堂にある鐘の鋳造において、寺僧や三座の構成員を代表して、主体的な働きをしていたことがわかる。

先ほどの【史料6】で、禅定寺で行われる修二月堂会の荘厳への供物負担は、本座・新座・弥座の「三座等分」と定められていたが、窪田涼子は、この衆議による決定を、最終的に取りまとめたのは、「惣長者沙弥乗蓮」であったという。(45)座の衆議について、長者が最終的な承認を行う立場にいたのである。長者については、非農業的特殊労働に従事する寄人集団の長という側面で位置付けられることもあるため、(46)禅定寺における長者の地位は、禅定寺寄人をまとめる立場にいたと考えることができる。このように、長者・下司家が領主禅定寺よりも古い由緒を持つ東三条殿文殊堂御香寄人の系譜を引く存在として、禅定寺寄人で構成されている僧座・三座を統括していたのではないだろうか。

また、次の史料から、長者・下司が禅定寺の経営に影響力を有していたことがうかがえる。

【史料7】（正和三年）一一月浄円奉書(47)

修理料米事、先当寺及大破之由、無勿体候、於料米者、乗願先々抑留分者、暫閣之候、当年分者、被召上之、被送寺僧中者、為寺僧奉行、可被加修理候也、彼抑留分者、所見候なれは、追可有御沙汰之由所候也、仍執達如件、

十一月廿二日　　浄円（花押）

禅定寺ヽ僧御中

沙汰人公文下司殿

これは、平等院の僧と考えられる浄円が、主人の意を奉じて出した奉書である。この史料に関しては、すでに窪田

涼子による詳細な分析が試みられており、窪田の解釈を参考にしつつ、長者と下司の立場を考えてみたい。その内容を見ていくと、大破した禅定寺を修理する際、禅定寺が長年積み立てた修繕費用を、乗願が使い込んでいたことが発覚した。この乗願とは「禅定寺長者歴名」に「長者沙弥乗願俗名兼氏」とあるように、禅定寺の長者を務めていた人物であった。乗願が使い込んでしまった分に関しては、ひとまず処分は保留にして、今年分は召し上げて禅定寺の寺僧に送り、寺僧が奉行として責任をもって修理を行うことを、禅定寺寺僧中と禅定寺領内にいる沙汰人・公文・下司に命令を下した。内容から考えて奉書の発給者は平等院の別当であると推測できる(48)。乗願が使い込んだ分は、その後、正和四年四月に藤原兼継・沙弥乗円が連署した避状(49)によると、綿懸私得分用途として、「毎年私用得分也、而借用当寺修理米、難叶弁償之間、向二十石之八木、進一貫百之得分畢」とあるように、乗円と藤原兼継が自らの給分の一部から弁済している。乗円は「禅定寺長者歴名」に長者として記載されており、俗名も兼氏であることがわかっている。藤原兼継は、下司一族が用いる「兼」の通字を使用していることから、この時期に下司であったと考える。乗願・乗円・藤原兼継は同じ下司一族であったといえる。この点に注目すると、禅定寺の修繕費用である修理料米は、長年、下司一族が私的に流用できる立場にいたことが確認できる。

長者が寄人集団を統括する立場にいたと考えるならば、禅定寺が建立される以前から、当地において東三条殿文殊堂御香寄人二〇人が誕生していた意義は大きい。禅定寺荘の所当米の半分以上を割り当てられている寺社免田を、寺僧ではなく長者と下司が把握し運用していたことから考えると(50)、禅定寺領・平等院領となった後も、長者を筆頭とした寄人集団による影響力の大きさをうかがうことができる。

第二節　山野の利用実態と領域形成

一　禅定寺寄人の山野利用

一〇世紀後半以降の久和利郷において、地域住人が、いかにして東三条殿文殊堂や禅定寺の寄人として奉仕するようになったのだろうか。寄人の山野利用実態から考えていくこととする。禅定寺寄人は領主平等院とその末寺禅定寺に対し、次のような貢納を行っていた。

寄人が負担する香役というのは、単に原料となる杉の葉を拾うだけではなく、山木の切り取りなどの建築資材や薪炭なども含んでいたと考えられる。治暦四年（一〇六八）に、禅定寺領は平等院に寄進されたのち「くだんの杣をもって平等院へ寄せ奉る後、数十年の間、山地子檜皮を弁進す、くだんの檜皮ならびにくだんの山地子檜皮を三年に一度□《（禅）》定寺修理料［　　］申し給う」[51]とあるように、数十年の間は、平等院に山地子檜皮を納めていた。禅定寺には三年に一度修理料として檜皮と山地子を納めていたのである。また、先述した【史料3】からは、平等院御経蔵建立以後は、御香は西花堂一斗二升、五大堂一斗五升、池殿御堂三升に分けて平等院に納められていたことがわかっている。禅定寺が、領主平等院へ納める所当米については、一五石程あった。所当米以外で運上された品目は、綿四五両（九貫文として代銭）、粟八石九升五合、御薪六百束などがあった。これらは、平等院に対する公事であり、上納と引き替えに杣山の用益権を獲得していたと考えられている。[52]このように禅定寺寄人の杣山での活動を確認することができる。

つまるところ、御香寄人は、禅定寺周辺の杣山に対しては、平等院領禅定寺荘の寄人という立場を利用し、杣山への活動が保証されていたと考えることができる。そのことは、他の平等院領にある杣山の事例からも確認できる。そのことが確認できる久寿元年（一一五四）に創建された山城国愛宕郡にある大悲山寺へ下された藤原忠通家政所下文を見ていくとする。

【史料8】平治元年四月前太政大臣藤原忠通家政所下文案(53)

前太政大臣家政所下　大悲山寺
　可任彼寺所進注文、以久多・針幡・大見三箇所見作田参拾伍町為寺領事、
　在
　　久多田拾伍町
　　針幡田拾伍町
　　大見田伍町
右、大悲山寺寺僧注申云、件三箇所田地者、法成寺御領也、而依有便宜、可為寺領、其替立改他所、可為法成寺之領、自余全所申請之、依請、件田地三十五町可為寺領、又作人同可随寺役之由、被下　院宣畢者、件田地三十五町并作人等、可令従彼寺、至于杣山者、為平等院法成寺修理杣所、経年序也、抑彼作人等、若可立当杣者、任傍例可勤仕両方之役、兼彼三十五町之外田畠新開田地等、不可成妨、寺僧等宜承知、不可違失、故下、
　　平治元年四月　日案主惟宗
別当右大辨兼遠江守藤原朝臣判　　大従主計允安倍
　和泉守藤原朝臣判　　大書史主計允兼太后宮属惟宗判
散位藤原朝臣判

少納言兼侍従安芸権守平朝臣判

皇太后宮権大進藤原朝臣

近江国高島郡の法成寺領であった久多・針幡・大見の田地三五町が、藤原忠通によって大悲山寺に寄進された。それに合わせて、久多・針幡・大見の田地三五町と耕作していた作人等は大悲山寺の作人となった。久多・針幡・大見の作人の身分は、法成寺から大悲山寺の作人に変更したのである。[54]ここで大きな問題が生じてくる。久多・針幡・大見周辺の杣山は、昔から平等院と法成寺の修理杣所であった。そのため大悲山寺領となった久多・針幡・大見の作人等に対し、杣山に立ち入るならば、法成寺と平等院両方の杣役を勤めるようにという命令が下されることとなった。今まで、久多・針幡・大見の田地三五町を耕作している限りは、法成寺領の作人という身分であったため、近隣にあった平等院・法成寺領の杣山への立ち入りは当たり前に認められていた。それが平等院と法成寺に杣役を納めなくてはならなくなったということは、法成寺の作人としての身分を失ったとき、同時に彼らは、山林から切り離され、その用益権も失う危険にさらされたことを意味している。[55]

つまり、平等院領の杣山を利用するには、平等院の作人身分となるか、杣役を務めなければならなかったのである。平等院領とされた禅定寺領杣山一千町についても、同様のことが言えるのではないだろうか。禅定寺寄人という社会集団に属していなければ、禅定寺領杣山一千町歩への活動は保証されなかったと考えることができる。禅定寺建立以前から、久和利郷に生活拠点を置いていた住人は、周辺の山野が禅定寺領一千町歩に含まれてしまったため、禅定寺寄人となる道を選んだと考える。

二　杣山一千町歩内での他荘住人の活動

　禅定寺寄人となることで、禅定寺領の杣山内への活動を保証されていたが、一一世紀後半頃から、活動範囲が脅かされる事態が出てくる。禅定寺領杣山一千町歩内に、他荘の住人による開発がみられるようになるのである。杣山における他荘の住人の活動について、まずは、曽東荘民の動向から見ていく。文保年間に起こった禅定寺荘と曽東荘との堺をめぐる相論の史料から説明する。

【史料9】文保元年一二月禅定寺・山城国曽東荘由緒注進状案(56)

（前略）

一　曽東庄根元事

彼庄目安云、曽東庄者、安泰開発之地也、建立一堂、而号安興寺、彼安泰ハ大和国人也、猟師ニテ鹿跡尋此所ニ来、其時者深山也、伐払彼山渡住云々、当寺申云、其時深山者、当寺千町之領内也、仍於曽東四至者、雅意謀作之条、就目安増令露顕旨、令申之処、不及一陳、委旨在両庄目安矣、

（後略）

最初に、曽東荘の由緒が述べられている。曽東庄は、大和国の猟師安泰が鹿の跡を追いかけているうちに、この地にやってきて深山を開発し住み着いたことが始まりであるという(57)。曽東荘民の主張に対して禅定寺側は、安泰が開発した時の深山は、禅定寺領杣山一千町歩内であると反論した内容となっている。つまり、禅定寺側は、曽東荘民等が禅定寺領であった杣山一千町歩内で開発を行った際、直ちに開発を制止していなかったことがわかる。曽東荘民側は、禅定寺領杣山一千町歩内であっても、深山であったことを理由に開発を行っている。杣山の所有に関して、田村憲美によると、一〇世紀以降、山の所有形態（私領）は、四至の内に基づいて公認されるようになる。前代からの牧・杣

などの由緒を引く山野占有者は、四至を定め、立券し正式に私領把握した。結果、未開発の深山・奥山も含めて立券が可能になったという[58]。禅定寺側としては、杣山一千町を開発予定地と想定して囲い込んでいたと思われる。双方の主張が異なるのは、深山の開発に対する理解の相違によるものと考える。それゆえに禅定寺が主張する禅定寺領杣山一千町歩内には、開発によって曽束荘民の生活基盤が形成されていったのである。

続いて、平等院領禅定寺荘とは別の奉仕者集団に所属することで、杣山内での用益権確保を目指す傾向も確認できる。その一つが、大炊寮領奥山田供御人身分であった。奥山田の地は、禅定寺領の東側に位置し、延久年間（一〇六九～一〇七三）に大炊寮領御稲田として設定されている。禅定寺領の杣山一千町歩内に、大炊寮領奥山田供御人の活動がみられる史料をみていく。

【史料10】（弘長二年）三月後嵯峨上皇院宣案[59]

大炊寮供御人与富家殿人相論奥山田山事、於寛治政所下文・仁平高陽院廳牒四至内山者、可為寮家之進退、於小輪谷・鳴谷者、任法家勘状、富家殿可令進止、兼又入部山之時者、両方相互可済率分之由、可令下知給者、院宣如此、以此旨可令申入給、仍執達如件、

三月十三日　　左大弁経俊（藤原）

謹上　兵部卿殿

この史料は、弘長二年（一二六二）、近衛家司兵部卿平時仲宛の後嵯峨上皇院宣である。寛治（一〇八七～九四）年間には、奥山田山四至内は、大炊寮家の支配とし、小輪谷・鳴谷は、富家殿の支配と定められた[60]。禅定寺寄人以外の杣山一千町歩内の一部住人は、このように大炊寮の供御人となり、杣内に領域を形成していったものと考える。

禅定寺領として杣山一千町歩が設定され、禅定寺御香寄人が、杣に対する用益権を独占したことに対し、当然、恩

恵に預かれない御香寄人以外の住人との間に、軋轢が生じても不思議ではない。そのため、禅定寺寄人以外の住人が、禅定寺領杣山一千町歩という名称で囲い込まれた広大な山野において活動するためには、実質的に禅定寺寄人の活動が及ばない深山の開発や供御人になる方法以外に生活していく術はなかったと考える[61]。このような他荘の住人による開発が進んでくることで、禅定寺領では一二世紀前後、巨倉（藤原忠実）殿領の住人が、禅定寺領内の杣山に乱入して、山木を切り取る事件が起きてくる[62]。その事件を契機に禅定寺側は排他的領域となる寺領を確保するため、摂関家に百町に定めてもらうこととなる。

この奥山田供御人の成立が、禅定寺領の形成に与えた影響を検証してみたい。まず、禅定寺領杣山一千町歩の東の堺は近江国堺であった。それが百町画定の際、東の堺は奥山田小字川尻の逢坂の峠になっている。このことから、一一世紀後半の寛治年間に、奥山田に供御人身分の集団が誕生したことで、一一世紀前半に近江国堺であった禅定寺領杣山一千町歩に対し、一二世紀頃の禅定寺領百町は、大字奥山田と大字禅定寺の堺付近に設定されることとなった。奥山田供御人の活動範囲が、荘域に影響を与えていたのである。

三　禅定寺寄人の活動範囲と荘域の設定

禅定寺領杣山一千町歩内において他荘の住人による開発がみられ、荘域が画定していく様子を見てきたが、杣山における禅定寺寄人の活動範囲は、どのように影響したのだろうか。禅定寺寄人は、摂関家・平等院・禅定寺の寄人となることで、杣山一千町歩という名称の広大な山野での活動が保証されていた。ただし、一千町歩といっても厳密に一千町歩の領域があったわけではなく、寺院禅定寺を中心とした範囲に広がる山野を指して一千町歩と称していたものと考える。それでは、禅定寺領杣山一千町歩内での、禅定寺寄人の活動範囲について考察していきたい。

活動範囲は、先述した曽東荘民が曽東荘の由緒について語った史料9から見えてくる。(63) その内容からは、曽東荘は大和国の住人が深山を開発したことに由来していた。この深山について禅定寺側が主張するように、禅定寺領杣山一千町歩内であった。つまり、杣山一千町歩が禅定寺領とされていても、深山に関しては、他国住人による開発が行われていたことになる。その後、開発による住人の定住化が進み、曽東荘が形成されてくることから考えて、当初から深山については禅定寺寄人の活動範囲の及ばない場所であったことがわかる。禅定寺領杣山一千町歩内では、他国の住人が定住し開発を行えたのである。それでは、具体的な禅定寺寄人の活動範囲を、次の史料から探ってみたい。延慶年間に起こった禅定寺と曽東荘との山野紛争の事例からみていく。

【史料11】延慶二年六月山城国曽東荘荘官百姓等重申状(64)

「　」山城国曽東庄庄官百姓等重言上
①為同国平等院領禅定寺之住人百姓等、打越往古堺、乱入当庄□（内）大田谷、伐取山木、破損炭竈、致条々悪行狼籍段就訴申、二条殿（兼基）幷　九条殿（師教）御代、被経再往御沙汰処、可被糺定堺由、両方共以承伏、訴陳分明上者、早被申殿下（鷹司冬平）、被入御使、任延応差図、欲被糺定堺間事、
「　」
「　」「　」二条殿幷　九条殿御摂録御時御教書案
「　」「　」狼籍人等「　　」
右□所堺、禅定寺堺分明之間、往昔以来無異論之処、②去乾元之比、□□住人等率数百人之勢、帯弓箭兵杖、始而打入当庄内大田谷、伐取□□（山木）、破損炭竈、追補在家、奪取資財、剰令打擲刃傷百姓等之段、連日雖訴申之、前奉行御沙汰延引之間、敵方弥追日悪行狼籍過法、就之云庄家牢籠、云公平之欠如、不可不歎者乎、所詮如禅定寺土

民等徳治二年九月廿一日請文者、可被紎定堺、両方承諾之訴陳歴然之上者、早被申　殿下□□御使、任当庄延応之差図、被紎定堺、且至禅定寺交名人等者、為向後傍輩、欲被処越堺狼籍之罪科矣、重言上如件、

延慶二年六月　日

この史料は、延慶二年六月に、禅定寺寄人と隣接する近江国曽束荘の荘民との間で、係争地をめぐる相論が起き、禅定寺荘・曽束荘双方ともに、摂関家氏長者の二条兼基に訴えた際の曽束荘官百姓等の申状である。傍線部①の、曽束荘側の主張によると、禅定寺の住人百姓等が曽束荘の堺を超えて、曽束荘内にある大田谷に乱入し炭窯を破壊するなど、数々の悪行を働いたとある。傍線部②では、乾元年間（一三〇二〜一三〇三）に禅定寺住人による大田谷への乱入は初めてであったとある。禅定寺寄人等による曽束荘の住人の生活空間における山木伐採は、乾元年間以前行われていなかったことがわかる。これは、禅定寺荘・曽束荘の境界付近の入会地に、乾元年間頃、曽束荘の住人が生活基盤を築いたことにより起きたものと考える。係争地である大田谷は、禅定寺寄人等が、日頃から山木を頻繁に刈り取るような空間ではなかったため、曽束荘の住人等が炭窯や住居を展開していく事態を把握できなかったのだろう。つまり、禅定寺寄人による山木伐採などの活動範囲は、大田谷周辺にあたる百町の荘域付近までに、限定されていたことが確認できる。

以上のことから、禅定寺領杣山一千町歩内では、禅定寺寄人の活動が及ばない深山と呼ばれている範囲に、寄人以外の住人が開発を行い、生活空間を形成していった。藤原忠実が氏長者であった時期に、寄人以外の住人による開発が進み、禅定寺寄人の活動範囲を脅かす事態となったため、藤原忠実が禅定寺側の求めに応じる形で、禅定寺荘百町という荘域を設定したと考える。禅定寺の荘域が百町に画定したことにより、百町内での禅定寺寄人の山野における活動は保証されたのである。禅定寺領が百町となった背景には、禅定寺寄人の杣山一千町歩内における活動範囲が、

当初から、百町に近い範囲であったことが影響していると考える。そのことは、一四世紀に至っても、杣山一千町歩内における禅定寺寄人の日頃の活動範囲が、百町の荘域付近に限定していたことからも裏づけられる。

おわりに

禅定寺寄人の山野への利用実態に注目し、一二世紀前後の平等院領禅定寺荘が、領域型荘園へと転換する要因の解明を試みた。禅定寺が建立される以前の一〇世紀後半に、摂関家の東三条殿文殊堂寄人として、近隣の杣山での活動が保証されていたが、一一世紀に入り、近隣の杣山が禅定寺領杣山一千町歩に含まれると、禅定寺の寄人となる道を選び、杣内の樹木伐採などを行う特権を獲得していくようになる。禅定寺寄人となることで、杣山での活動は保証されたが、一一世紀後半から、禅定寺領杣山一千町歩内に、他荘住人の生活基盤が形成されると、禅定寺寄人の活動範囲に接触する事態に発展していった。禅定寺寄人は、杣山での用益を守るため、摂関家に裁定を求めた。その結果、一二世紀前後、禅定寺領は百町に画定し、禅定寺荘という領域型荘園が成立したのである。

このような禅定寺領杣山一千町歩内に、禅定寺寄人以外の大炊寮領奥山田供御人や曽束荘民の活動が見られた背景には、元々、杣山一千町歩という広大な山野において活動が保証されていた禅定寺寄人の杣山における活動領域に原因があった。実際、禅定寺寄人の杣山における利用実態は、寺院禅定寺を中心とした百町付近の範囲に限られていたのである。

以上、禅定寺荘が領域型荘園へと転換する要因を寄人の動向から明らかにした。研究史上では、山野用益をめぐる村落の主体的な運動によって生まれた活動領域を、法的に保証するために、荘園制的な領域が形成されたという理解であった。その村落間の山野用益をめぐる紛争が、中央貴族層主導による立荘とどう繋がるのか検討してみると、禅定寺寄人が、摂関家藤原兼家から直々に寄人として任命されたという由緒が重要であることがわかった。杣山一千町歩における禅定寺寄人の活動領域を守るために、本所である摂関家に領域画定を求めたのではないだろうか。そのことは、禅定寺領が杣山一千町歩に設定されていた時期の禅定寺寄人の活動範囲であった百町の領域が、そのまま反映される形で、禅定寺荘の領域として画定されたことからも明らかである。さらに、禅定寺荘が百町に画定後の荘内における、東三条殿御香寄人に由来すると考えられる長者・下司一族の影響力の大きさからもうかがえる。そのような禅定寺寄人の存在が、摂関家氏長者藤原忠実と親密な間柄の平等院執行成信に働きかけて、禅定寺荘の領域を画定し領域型荘園の成立を実現したものと考える(65)。

禅定寺寄人が、相論において藤原兼家の東三条殿寄人二〇人の由緒を主張したのには、そのような荘域を画定する存在が、摂関家であることを理解した政治的な判断があった。一見、荘園の領域形成を村落間による山野用益をめぐる紛争に求めるあまり、その原動力を村落という単位でとらえてしまいがちであるが、寄人という奉仕者集団に焦点をあてることで、中央の貴族層との関係をうかがうことができた。権門寺社の寄人であるという意味は大きかったと考える。

註

（1）小山靖憲「荘園制的領域支配をめぐる権力と村落」（『中世村落と荘園絵図』東京大学出版会、一九八七年、初出一九七四年）二八頁。
（2）小山前掲註（1）論文三二～三四頁。
（3）水野章二「中世村落と領域構成」（『日本中世の村落と荘園制』校倉書房、二〇〇〇年、初出は一九八五年）五一～五三頁。

（4）水野前掲註（3）論文。資源利用と領域形成について論じた主な研究として、春田直紀「中世の海村と山村―生業村落論の試み―」（『日本史研究』三九二号、一九九五年）。高木徳郎『日本中世地域環境史の研究』（校倉書房、二〇〇八年）などがあげられる。

（5）四至・不入権に注目した研究として、木村茂光「不入権の成立について」（『日本初期中世社会の研究』校倉書房、二〇〇六年、初出一九八〇年）一六〇～一六七頁、などがある。

（6）川端新「院政初期の立荘形態」（『荘園制成立史の研究』思文閣出版、二〇〇〇年、初出一九九六年）二一～四八頁。

（7）高橋一樹「王家領荘園の立荘」（『中世荘園制と鎌倉幕府』塙書房、二〇〇四年、初出二〇〇〇年）九七～九八頁。

（8）村井康彦「荘園制の発展と構造」（『岩波講座日本歴史4　古代4』岩波書店、一九六四年）六三～七三頁。

（9）小山靖憲「古代荘園から中世荘園へ」（『中世寺社と荘園制』塙書房、一九九八年、初出一九八一年）二七一～二七五頁。

（10）池田荘については、稲垣泰彦「庄園開発のあとをさぐる―大和池田荘―」（『日本中世社会史論』東京大学出版会、一九八一年、初出一九七三年）一二五～一五〇頁によって詳細な検討がされている。小山前掲註（9）論文でも免田・寄人型荘園の代表的な事例とされる、興福寺領大和国池田荘を分析している。小山によると、池田荘では村落が基礎となっておらず、荘公両属の百姓が存在していただけであるという。荘園領主に対する荘公両属の百姓は、寄人と呼ばれ特殊な課役負担を通じて、部分的に両者の間に支配・隷属関係が発生したと指摘している（二七四頁）。池田荘の事例から免田・寄人型庄園から領域型庄園へ発展したことを論証されたが、その後、この論証は、再検討が必要となっている。

（11）河音能平「中世社会成立期の農民問題」（『中世封建制成立史論』東京大学出版会、一九七一年、初出一九六四年）一六二～一六三頁。また、入間田宣夫「鎌倉前期における領主制的土地所有と『百姓』支配の特質」（『百姓申状と起請文の世界―中世民衆の自立と連帯―』東京大学出版会、一九八六年、初出一九七二年）の一七六頁では、領域の形成は、対立する二側面からなっていると指摘している。一方は、在地領主の百姓支配の確立過程、他方は、住人・百姓等による村落結合の過程、荘園領主・在地領主の支配に対する下からの規制力の形成過程であったとする。

（12）小山靖憲が提唱していた免田・寄人型荘園から領域型荘園へという発展論そのものについては、近年、再検討が試みられるようになる。鎌倉佐保によると、領域型荘園とは開発を要因として成立しており、初発から領主の開発への関与がみられたことを明らかにした。最初から免田型荘園とは性格を異にする性格を持っていたという。すでに領域型荘園の形成は一〇世紀後半にはじまり、一一世紀前半に荘園領主による積極的開発を伴いながら展開していたと指摘する（鎌倉佐保「荘園の領域と免田」『日本中世荘園制成立史論』塙書房、二〇〇九年）一八九～一九〇頁。

(13) 水野前掲註（3）論文。玉滝荘内丸柱村の国衙領保田作人等が、荘園領主である東大寺に背いて春日神社に土地を寄進している（久安五年六月一三日伊賀国目代中原利宗・東大寺僧覚仁重問注記「東大寺文書四ノ四」『平安遺文』二六六七号）。

(14) 木村茂光は、一二世紀前半の高野山領官省符荘に現れた住人集団は、上層農民によるのではなく、在地領主・土豪層による高野山への奉仕者化の結果生じた地域的・政治的共同組織であると考えている（「荘園領主制の成立と住人集団―高野山領官省符荘の成立過程―」『日本古代・中世畠作史の研究』校倉書房、一九九二年、初出一九七二年）。

(15) 禅定寺に関する研究史については、朝比奈新「山城国禅定寺荘の領域画定と地域」（『史苑』七二巻―二号、二〇一二年）の注（7）を参照されたい。

(16) 嘉元二年八月東三条殿文殊堂御香寄人由緒書案（古代学協会編『禅定寺文書』三一号、吉川弘文館、一九七九年）。以下同書所収文書は『禅』と表記する。

(17) 禅定寺と曽束荘との訴訟手続きに関して、小林一岳「山野紛争と十四世紀地域社会―山城国禅定寺・曽束荘山野紛争をめぐって―」（蔵持重裕編『中世の紛争と地域社会』岩田書院、二〇〇九年）に詳しい。近年、黒瀬にな「本所裁判における訴訟手続の進行―十四世紀初頭の事例から―」（『法学』八一巻三号、二〇一七年）によって、再検討が行われている。

(18) （年未詳）禅定寺由緒記断簡（『禅』七五号）。

(19) 源城政好「山間庄園の生活―山城国禅定寺とその周辺―」（『京都文化の伝播と地域社会』思文閣出版、二〇〇六年、初出一九七四年）四八頁。

(20) 『百練抄』永観二年三月一五日条。

(21) 「一條院」永延元年七月二一日条・永延二年九月一六日条（『日本紀略』）。

(22)　このような、現地から切り出された材木が都まで無事に運ばれるには、在地領主の果たす役割があったという。守田逸人は、造営・修造ブームの到来とともに料材搬出活動が活発になった一一世紀後半から一二世紀の伊賀国名張郡の事例から、材木生産・輸送など都鄙間の富の流通が機能したのは、在地領主を機軸とした媒介項が有機的につながっていたことによるという（五一〜五二頁）。領家・預所の地位にいた平氏が荘園現地で杣工を組織し、都の工匠と鄙の杣工双方と連携しながら広域に活動していたことに注目している（五五頁）（「中世成立期の社会編成と富の生成・分配の構造」『歴史学研究』九五〇、二〇一六年）。

(23)　寛元三年一二月八日禅定寺寄人申状案（『禅』二〇―一号）。

(24)　禅定寺寄人と木幡浄妙寺住人との相論についての主な研究としては、小保内進「平等院公文の活動―禅定寺との関わりからみる―」（『古文書研究』七〇号、二〇一〇年）六二〜六四頁。櫻井彦「禅定寺と周辺地域」（藤木久志編『京郊圏の中世社会』高志書院、二〇一一年）六八〜七〇頁があげられる。

(25)　（寛元三年）平等院鎰取友成申状案（『禅』二〇―三号）。

(26)　寛元三年一二月一二日禅定寺寄人等・山城国木幡住人等争訟文書案（『禅』一六号）。

(27)　禅定寺領が、荘園として認識されていたことは、朝比奈前掲註（15）論文で以下のように述べた。禅定寺領は、大炊寮領奥山田荘・曾束荘と並んで、田原七郷内に含まれず、独立した荘園として地域では認識されていた。平等院公文からも「田原・禅定寺両庄」「当庄」として扱われ、由緒記にも「禅定寺（御ヵ）領庄民」と記されるなど、禅定寺を荘として扱う記事が見られる。禅定寺領の性格について、下司・公文の給田畠などの存在から、禅定寺領内には下級荘官が置かれていたことが確認できる。また寺社免田の存在についても、窪田涼子「寺社造営にみる禅定寺在地社会の動向」（藤木久志編『京郊圏の中世社会』高志書院、二〇一一年）一〇八頁では、荘園制の括りでみれば、摂籙渡領である禅定寺「荘」の在地寺院として、領家から免田を受ける存在としてみることができると指摘されている。そのことからも、禅定寺荘という呼称を用いた。

(28)　文保元年一二月禅定寺・山城国曽束荘由緒注進状案（『禅』六二号）。

(29)　元応元年八月日禅定寺寄人等目安案（『禅』六二号紙背）。

(30) 長保三年四月八日禅定寺領田畠流記帳（一巻）（『禅』一頁）。
(31) 朝比奈前掲註（15）論文では、禅定寺荘が百町に画定したのは、四條宮・藤原忠実の時代であった。四條宮とは後冷泉天皇の皇后藤原寛子のことであり、長元九年（一〇三六）に、太政大臣藤原頼通の娘として摂関家に誕生し、大治二年（一一二七）に九二歳で亡くなった。忠実からみると大叔母の関係にあたる。藤原忠実は、康和元年（一〇九九）、氏長者、同二年には右大臣となる。その後、白河法皇との関係を次第に悪化させ、保安元（一一二〇）年一一月に内覧停止、事実上関白を罷免され、以後宇治に籠居した。禅定寺荘百町の画定は、四條宮存命の時期と、忠実が氏長者となって失脚するまでの期間の重なる、一〇九九年～一一二〇年の間に比定した（六三頁）。
(32) 養和元年一一月二一日禅定寺領四至注進状案（『禅』三号）。
(33) 朝比奈前掲註（15）論文六六頁参照。
(34) 研究代表者小林一岳『日本中世における紛争と秩序形成に関する研究—山野紛争関係史料の収集と体系化』平成一八～二一年度科学研究費補助金（基盤研究C）研究成果報告書（課題番号18520514）一五二～一五三頁に禅定寺地区を中心とした山・谷の名称が残る場所を掲載。
(35) 正嘉二年二月三日禅定寺修二月堂荘厳式目（『禅』二二号）。
(36) 正応三年一〇月奉加人人日記（「禅定寺造営日記」『禅』一六八頁）。
(37) 蔵持重裕「禅定寺領の山野と村人」（藤木久志編『京郊圏の中世社会』高志書院、二〇一一年）九四頁。
(38) 蔵持前掲註（37）論文九九頁。
(39) 窪田前掲註（27）論文一二八頁。
(40) 「禅定寺長者歴名」（『禅』九六号）。
(41) 「禅定寺造営年次目録」（『禅』一七四頁）。
(42) 禅定寺本堂鋳鐘日記断簡（『禅』二八号）。
(43) 『宇治田原町史』第一巻（一九八〇年）一八二頁。

（44）前掲註（40）史料。「禅定寺造営年次目録」（『禅』一八〇頁）。

（45）窪田前掲註（27）論文一二九頁。

（46）戸田芳実「山野の貴族的領有と中世初期の村落」（『日本領主制成立史の研究』岩波書店、一九六七、初出一九六一年）二九五頁。

（47）（正和三年）一一月二二日浄円奉書（『禅』四五号）。

（48）窪田前掲註（27）論文一三二頁。

（49）正和四年四月□日藤原兼継・沙弥乗円連署避状（『禅』五一号）。

（50）窪田前掲註（27）論文一三四頁。

（51）仁平元年九月二二日禅定寺由緒注進状案（『禅定寺文書』二号）。

（52）窪田前掲註（27）論文一三九頁。

（53）平治元年四月日前太政大臣藤原忠通家政所下文案（「高松宮家所蔵文書」『平安遺文』二九七七号）。

（54）長承二年七月一二日明法博士中原明兼勘注（「近衛家本知信記天承二年巻裏文書」『平安遺文』二二八一号）。

（55）戸田前掲註（46）論文三〇八頁。

（56）文保元年一二月禅定寺・山城国曽束荘由緒注進状案（『禅』六二号）。

（57）蔵持前掲註（37）論文八八頁。

（58）田村憲美「山林の所有・開発と村落「領域」の形成」（『日本中世村落形成史の研究』校倉書房、一九九四年、初出一九八九年）二九七〜三〇〇頁。

（59）（弘長二年）三月一三日後嵯峨上皇院宣案（『禅』四六号）。

（60）奥山田供御人に関する史料として、他に山城国田原郷山司陳状断簡（『禅』一三号）などがある。

（61）山城国光明山寺領の事例から、特権的な身分に属していた住人と、権益などの恩恵にありつけない住人との確執が想定できる。光明山寺領では付近郷人を宿直人として、光明山寺の伽藍や近辺山林を警護させて、近隣住人による光明山寺四至内の樵蘇漁猟を禁止していた。ところが、長治元年（一一〇四）頃、近隣住人による四至内への乱入・樹木伐採が問題になった。さらに、住人による野火が原因で、参道の松や卒塔婆がほとんど消失する事件が発生した（長治元年五月右大臣藤原忠実家政所下文案（「東南院文書四ノ八」『平安遺文』一六一三号）。住人によるこのような行為について、戸田芳実は、本来住民の共同草山であった山地を寺地として占取され、それに対する住民の反発は野火の延焼の放置に現れたと考えている（戸田前掲註（46）論文三〇〇頁）。光明山寺によって近隣住人から選ばれた宿直人が警護しながらも、住人による寺領内への乱入・樹木伐採や卒塔婆の延焼という事態に発展している。このことから考えて、宿直人を近隣住人で構成していたにもかかわらず、近隣住人の違法行為を抑止できないという住人間の対立が見て取れる。なお、光明山寺の事例については、本書第三章参照。

(62)　前掲註（51）史料。
(63)　前掲註（28）史料。
(64)　延慶二年六月日山城国曽束荘荘官百姓等重申状（『禅』三九号）。
(65)　朝比奈前掲註（15）論文。

第三章　堺相論の争点

――山城国古河荘の場合――

櫻井彦

はじめに

所領の境界をめぐる紛争である「堺相論」は、中世成立期から各地で頻発するようになる。それは「境相論とも書く。所領（不動産物権）の知行者に対して、その知行の不当性を不知行者の側から訴えるのが堺相論の一般的形態(1)」などと説明され、その背景には山野河海の用益権や、荒廃田畠の再開発により発生した権利などをめぐる争いが存在したことが指摘されている(2)。このため中世社会の諸側面を検討するうえで重要な研究対象として、多くの具体的な相論が様々に分析・検証されているが、山城国古河荘と光明山寺の間で展開された堺相論も、周知されている相論の一事例といえるだろう。

ところでこの相論の当事者の、現在の姿は全く対照的である。古河荘は現在の京都府木津川市山城町平尾周辺に所在したとされ、現在も東古川・中古川・西古川の小字を残している。またその故地に鎮座する湧出宮には、いまに中世の村落祭祀の姿を伝えるとされる「居籠祭」[3]が伝承されており、毎年多くの見学者で賑わっている。堺相論を展開した当時以降も、人々が生活の場としていたことがうかがい知れる。一方でその古河荘の北側に位置する光明山寺は、治承・寿永の内乱で以仁王が「光明山ノ鳥居ノ前ニテ」[4]流れ矢のため落命したことが広く知られており、その後寺院としても大いに繁栄したが、江戸時代には廃寺となって、今では「光明仙」という小字と、散乱する石像物や遺構などが往時を偲ばせている[5]。

こうした現在の両様の姿が、堺相論の結果であるとはもちろんいわないが、紛争の過程で示された両者の境界をめぐる主張や論理のなかに、将来を予言する部分があったのではなかろうか。本章では相論当事者の現状も参考にしながら、あらためて古河荘と光明山寺の堺相論を検証してみたい。

第一節　古河荘と光明山寺の成立

まず、古河荘と光明山寺の成立と、その後堺相論に至るまでの動向について確認しておきたい。とはいえ古河荘の動向は、立荘時期やその経緯を含めて詳らかではない。現在知られる荘名の初見史料は、建長五年（一二五三）の「近衛家所領目録」[6]で、「庄務無本所進退所々」の一つとしてあげられている。そして「自普賢寺殿給之由、天福元年十二月十二日被注進猪隈殿也」ともあって、近衛基通（普賢寺殿）から伝領したと、天福元年（一二三三）に基通の子家実（猪隈殿）が注進したことがわかる。基通によって立荘されたのかどうかは不明だが、一三世紀初頭には成立していたらしい。その後、古河荘が登場するのは光明山寺との紛争をめぐる史料であり、その間の動向についてははっきりしない。

一方の光明山寺の成立時期は、すでに様々に議論されているが、(7) 史料の信憑性を踏まえれば、嘉承元年（一一〇六）成立の『東大寺要録』の記事によるべきだろう。そこには「東大寺厳嶋已講之建立也」(8) とあって、この「厳嶋」は東大寺の僧厳珦に比定されている。『僧綱補任』によれば厳珦は河内国の人で、長元六年（一〇三三）六八歳で講師を勤めたという。(9) 光明山寺は、一一世紀初頭には東大寺僧によって建立されていたものと考えられる。

『東大寺要録』が光明山寺を末寺として書き上げているように、東大寺には光明山寺との間に本末関係の意識が存在したものと思われる。しかし、実際のところ光明山寺の立場は、完全に東大寺の末寺として従属的なものではなかったらしい。角田文衛・井上光貞両氏が明らかにしたところによれば、創建後の光明山寺には永観をはじめとする多数の南都系浄土教の僧侶が入山していた。また天台宗や真言宗の僧侶も入山しており、光明山寺が宗派にとらわれず、浄土教を学び、実践する修行の場としての性格が強い寺院であったことが指摘されている。

こうした側面は、光明山寺の経営を本寺である東大寺のみが担っていたわけではなかったことからも明らかである。すなわち「一乗院文書注文」には「光明山灯油長川庄内事」(10) とあって、光明山寺が消費する灯油を、永長元年（一〇九六）興福寺一乗院の長川荘が負担している。この長川（河）荘は大和国に所在した荘園であるが、これよりはやく、康平五年（一〇六二）二月の春日祭参詣用途の一部を負担している。(11) その後も仁平元年（一一五一）(12)・建久八年（一一九七）(13) の春日詣でも用途を負担した。また嘉承二年（一一〇七）の、春日社における唯識講始に際しても長川荘が料所とされており、(14) こうした摂関家に関わる仏神事への用途負担の様子を考慮すれば、一一世紀には摂関家領荘園として成立していたものと考えてよいだろう。そして先の建長五年「近衛家所領目録」では、古河荘と同じく「庄務無本所進退所々」のうちに数えられ、「自普賢寺菩提山信円大僧正被賜之」と注記されており、近衛基通からその伯父にあたる一乗院信円に与えられたことがわかる。すなわち光明山寺は、摂関家領荘園である長川荘によって経済的に支えられていた側面があったわけで、光明山寺と摂関家とは相応の結びつきを持っていたとみるべきだろう。

そしてそのことを明確に示すのが、以下の史料である(15)。

右大臣家政所下　光明山住僧等

可早停止山山四至内樵蘓狩猟事

右、去三月廿一日寺解云、当伽藍建立之後、本願聖人往還(為脱カ)人、生彼坂松木、炎夏之時為冷影、寒冬之時為防風也、又彼放野火条、甚以不当也、長坂之間、道之左右連立率都婆形像、不知其数、毎年之春放野火、皆悉焼畢、加之野火漸々近、到堂舎僧坊、非無其畏、雖加制止、更不承引、倩検旧例、故宇治入道殿下御時、郷々指宿直人、令守護当伽藍幷近辺山林、禁制樵採漁猟、因茲住僧等奉祈天長地久一家繁昌之由者、如寺解者、樵採漁猟之輩、所為非常也、仍一切停止、勿令更然、若不承引乱入有輩者、注其交名、早以可申上之状、所仰如件、故下、

長治元年五月　日　　案主

長治元年（一一〇四）の右大臣は、康和元年（一〇九九）に藤氏長者の宣下を受け、長治二年堀河天皇の関白となった藤原忠実であった(16)。忠実は光明山寺の伽藍保全のために、周辺の山林の用益を禁じたのであるが、その決定は「宇治入道殿下御時」にすでになされていた。「宇治入道殿下」は忠実の曾祖父頼通のことと考えられるものの、具体的に光明山寺に周辺の山野用益権が保障された年次については、この史料からはわからない。しかし、頼通が藤氏長者であった期間中と考えるのが自然であろうから、その期間（寛仁元年〔一〇一七〕～康平七年〔一〇六四〕）と光明山寺の創建時期を勘案すれば、摂関家は同寺創建まもなく、周辺の山野用益権を保障したとみてよいだろう。

光明山寺周辺での伐木や狩猟が、創建まもなく禁じられていたということは、逆に周辺村落の生活圏が早くから同寺に近接していたということを示している。先の史料でも、毎年春になると野火が放たれたことがわかる。そこで、

そうした周辺村落との接点を明確にするために、忠実は永久五年（一一一七）、光明山寺の寺領の四至を明文化したのである。(17)

関白前太政大臣家政所下　山城国相楽郡司
可以光明山寺為御祈願所、令禁制入乱四至内、伐採樹木企狩猟輩事、
四至　東限大峯　南限伊保戸河
　　　西限坂本　北限赤穂谷
右件山等、為御祈願所、一切可禁制入乱四至内、伐採樹木企狩猟之輩之状、所仰如件、在郡司承知、依件行之、
不可違失、故下、
永久五年正月廿八日　　案主在判

ここに明記された四至については、八田達男が現在地を比定しており、それぞれ「大峯」を三上山山頂、「伊保度河」を淀谷川、「坂本」を高倉神社西側の小字「鳥居」周辺、「赤穂谷」を渋川の北側の支流が形成した谷、としている。(18)忠実は長治元年に、頼通以来の光明山寺「周辺」における伐木などの禁止を確認したが、おそらくその後も状況は変わらず、永久五年になって光明山寺領を確定せざるを得なかったのであろう。しかもこのとき、忠実は光明山寺を祈願所としており、より一層摂関家として保護する姿勢を示したのであった。

こうした忠実の、光明山寺に対する好意的な態度の背景には、忠実と光明山寺僧との個人的な繋がりが存在した。忠実の日記「殿暦」には、「光明山聖人」として僧教海の名が見えている。教海の詳細については不明だが、忠実の彼に対する信頼は厚かったようで、「熊野事召光明山聖人問之、給小袖、又可奉使、慶禅ヲ召天如然致沙汰、」とあるように「熊野事」について相談したり、(19)光明山寺において大威徳法や大般若経を読経させている。(20)とくに「熊野事」については、このとき教海は熊野使を依頼されたものと思われ、その後承諾した模様で、永久五年五月二日に精進が始ま

り、七日に出立、一七日に参着したことが各日条に見えている。こうした流れを踏まえると、光明山寺の寺領の確定は、教海の熊野使承諾に対する謝礼であったとも考えられる。

いずれにしろ、光明山寺と摂関家の間に密接な関係があったことは間違いない。光明山寺は東大寺の末寺ではあったが、摂関家の祈願所としての性格も有して、一二世紀初頭段階では摂関家との関係は良好であったといえる。しかし、こうした摂関家の保護を受けていた光明山寺は、摂関家領古河荘などと堺相論を引き起こしていく。次節では、同寺をめぐる堺相論の経過を整理しておきたい。

第二節　光明山寺をめぐる堺相論

史料上、光明山寺が最初に堺をめぐって争ったのは古河荘ではなく、同寺の西側（現在の山城町綺田周辺）に所在した綺荘であった。あらためて「堺相論関係略図」として、光明山寺の四至比定地と綺・古河両荘との位置関係を地図上で確認してみれば、光明山寺として確定された領域と、綺・古河両荘の中心部と思われる現在のＪＲ奈良線周辺地域が意外に近接していることに気がつく。

さて、光明山寺と最初に堺を争った綺荘については、立荘の経緯など成立に関わることは不明であり、以下の建暦三年（一二一三）頃のものとされる史料が初見史料である。それによれば、

光明山陳状令執進候、早長官之御許、可被遣候也、殿下進□状之等、追可沙汰進上之由、山僧等所令申上候也、凡此事山僧等□致沙汰之様、被思食候歟、其条ハ全唯山僧之誤候、自本来早訴申者、綺庄民等堀棄牓示之事也、而彼綺庄依唯殿下御領、不及訴申子細候也、而召彼御庄民等中不当輩一両、同意綺庄民等、猥早出訴訟候也、山僧

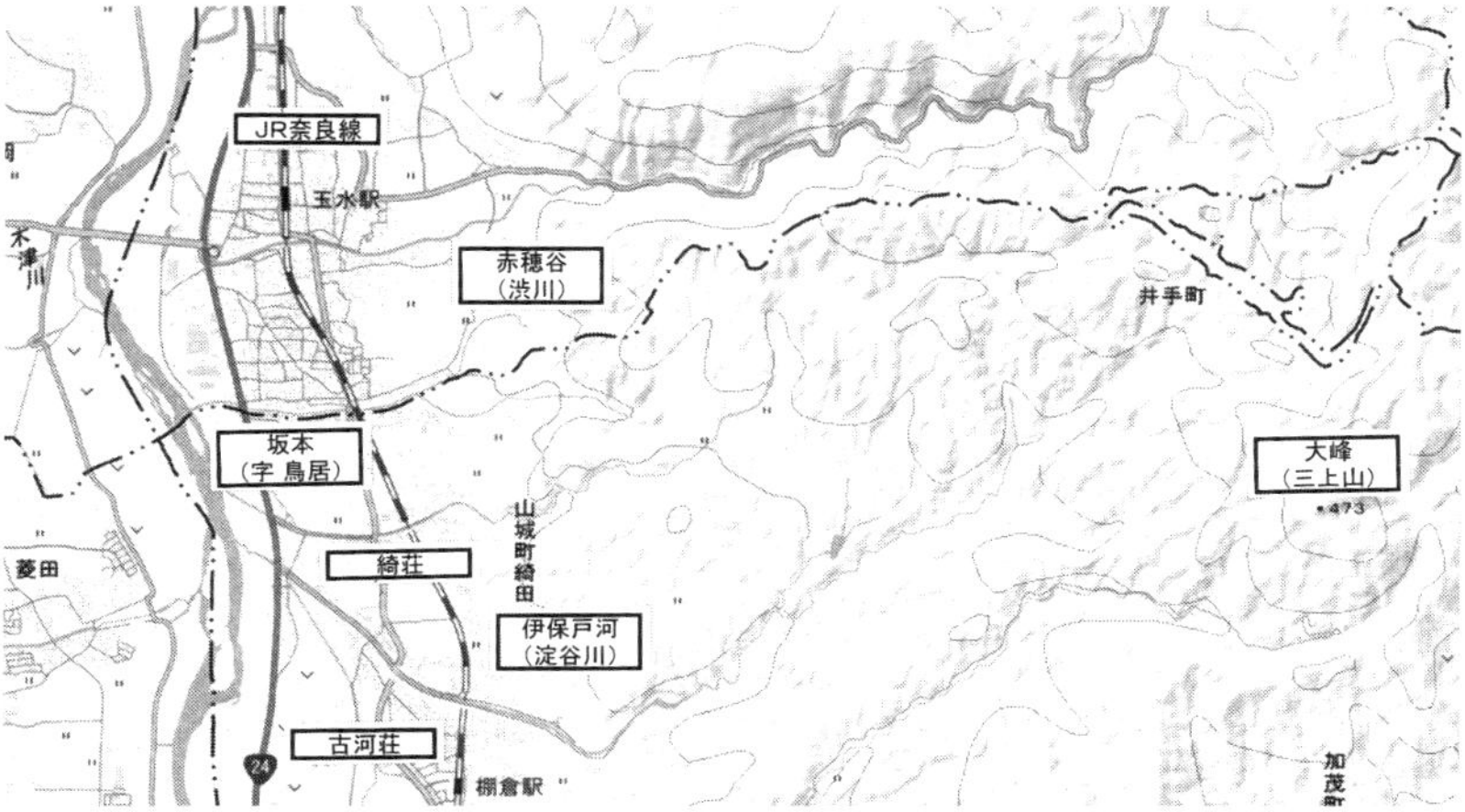

図　堺相論関係略図（国土地理院地図〈電子国土 Web〉に加筆）

等不譲（マヽ）候、（後欠カ）

とあって、当荘が古河荘同様摂関家領であったことがわかる。[21] そして綺荘の荘民が、光明山寺との堺を明示した牓示を掘り棄てたのであるが、この一件について光明山寺側は出訴に慎重であり、一方の綺荘民たちは訴訟に積極的で、光明山寺の対応は後手に回ってしまったらしい。残念ながらこれ以外に史料が伝わらず、相論の経過や結果の詳細はわからない。しかし、これ以前に両者の間で堺をめぐる争いが存在し、ついに綺荘民が牓示を掘り棄てるという強硬手段に出たこと、綺荘民はこの争いの正当性が自らにあると確信していたらしいこと、などのことがうかがえるだろう。

そして綺荘との相論から四〇年ほど経った建長六年（一二五四）、古河荘との間に相論が発生する。[22]

東大寺末寺山城国光明山寺住僧等申、古河庄雑掌藤左衛門尉安定致新儀狼藉之上、企刃傷之由事、衆徒解状副寺僧等申状具書遣之、子細見于状、為京都雑掌事之間、雖不及沙汰、如右大将家元暦御教書者、寺僧等所申、非無子細歟、早触申本所、召出雑掌、可令尋沙汰之状、依仰執達如件、

建長六年十月卅日　　相模守在判
　　　　　　　　　　陸奥守在判

陸奥左近大夫将監殿

このとき古河荘の雑掌藤左衛門尉安定は、新儀の狼藉を致したうえに刃傷を企てたとして、光明山寺の住僧等から訴えられているが、その「新儀狼藉」の内容はわからない。堺相論に関わるような狼藉であったかどうかは不明だが、両者の間に紛争を引き起こす何らかの問題が存在したことに注意しておきたい。

そして、光明山寺と古河荘の間に堺相論が最初に発生していることが判明するのは、文永七年（一二七〇）のことであり、

光明山寺古河庄堺相論事、東南院僧正状副訴状如此、早可被召進勘状之由、天気所候也、仍執達如件、

文永七年五月十五日　　右大弁

大夫史殿

と、東大寺東南院僧正からの訴えを受けて、大夫史小槻有家が勘状を進らすことを命じられている。(23)そしてその二ヶ月後には、

光明山寺与古河庄相論事、任永久政所下文、於四至内者、可為光明山寺領、於田畠者、任建久検注帳、庄家宜令領掌者、院宣如此、仍執達如件、

文永七年七月廿六日　　参議在判

との判定が下された。(24)それによれば、前節で引用した永久五年の関白藤原忠実の下文を根拠として、その時確定した四至で区画された地域が寺領として認定されたのである。しかし一方で、「田畠」については「建久検注帳」の記載に

従って古河荘が管轄するように、とされたのである。これは延久五年の下文が「令禁制入乱四至内、伐採樹木企狩猟輩事」としている点を重視したためで、四至内は寺領ではあるが、そこで禁じられている行為はあくまでも伐木や狩猟などであり、農業活動については古河荘の管轄下にあると判断したのであった。「建久検注帳」は現在伝わっていないが、その後この決定に対しての行動は確認できず、表面上は両者が棲み分けることで落着したかに見える。

しかし弘安八年（一二八五）以前、この堺相論に関わって興福寺衆徒が東大寺領を顛倒したらしい(25)。その経緯は明らかでないが、建暦三年に光明山寺と堺相論を起こした綺荘の領家職は、寛喜二年（一二三〇）頃には興福寺が有するようになっていた模様で(26)、興福寺が綺荘に隣接する古河荘の相論に便乗したのかもしれない。

当事者以外が新たな動きを見せるなか、突然正応二年（一二八九）に重要な院宣が下る(27)。

古河庄与光明山寺相論堺事、文殿勘奏之趣、河之在所両方雖有相論、無大堀之由、寺家不申云々、然者、以件堀可為南堺、兼又建久検注帳里坪符合永久政所下文之上者、雖無正文可足証、存此趣、停止寺家乱妨、庄家可令進退領掌之旨、可令下知給者、院宣下（マヽ）、以此旨可申入給候、仍執達如件、

正応二年（六）八月一日　右中将在判

謹上　左中弁殿

文永七年の判定後、堺をめぐる相論は再燃したらしく、その争点はいうまでもなく両者が接する南境であった。延久の下文では南堺は「伊保戸河」とされているが、古河荘はこれがいまの「大堀」に当たるものと主張し、光明山寺側がそれに反論しなかったために、古河荘の主張が容れられたのであった。しかしこれに対して、光明山寺の本寺東大寺は激しく反論する(28)。

東大寺三綱大法師等誠惶誠恐謹言

請殊蒙恩裁、任永久五年知足院関白家政所下文幷文永五年後嵯峨院聖断、被裁許当山南堺子細状（七）

副進

当寺末寺光明山解状一通副具書等

右謹検案内、光明山寺者、当寺往古之末寺也、而与古河庄堺相論事、自去建長年中、互諍是非之間、去文永年中旧院御時、於四至内者、任永久本所政所下文、山寺可領掌云云、至田畠者、被召出建久検注帳正文、可有沙汰之由、忝蒙御裁許畢、而自去弘安年中、古河庄致濫訴以来、訴陳及度度、終遂官使実検畢、然而中院御時、無御成敗之間、当御代去年冬比、召合両方於文殿畢、如此重重雖被経御沙汰、云証文云訴陳、無大堀之名字歟、如光明山解者、限伊保戸河云云、任永久証文載之、如古河庄陳者、井口河云云、此名字無証文之所見、偏胸臆之言論也、証文与胸臆、理非懸隔之処、如今院宣者、文殿勘奏之趣、河之在所両方雖有相論、無大堀之由、寺家不申云云、然者、以件堀可為関堺之由、被仰下之条、背旧証文、被賞今案之偽言之条、難堪次第也、次建久検注帳里坪、符合永久政所下文之上者、雖無正文、可足証云云、自沙汰之最初、被召出検注帳正文之処、依無正文、不足証旨、寺家支申之処、里坪符合永久下文上者、可被賞之由、被仰下之条、理豈可然哉、於南堺者、永久御下文雖為明白被棄置之、至検注帳者、対于胸臆之案文、被賞永久文書、以一通証文、要捨之御沙汰、無術之次第也、所詮、為奉行之非勘歟、其子細見末寺解歟、尤可謂不便、早被召返彼院宣、任永久本所御下文幷文応聖断等、四至内者、山寺可令進退之旨、欲被仰下、□依寺門大訴学侶逐電之間、且任先規、今所奉三綱解也、望請恩裁、任申請被仰下者、一寺八宗之学侶、奉致万歳千秋之御祈、仍誠惶誠恐謹言、

正応弐年六月　日　　（六名署名略）

これによれば、古河荘が弘安年間に入って、再び堺をめぐる訴訟を引き起こしたこと、その訴訟をめぐって官使によ

る実検も実施されたこと、たびたびのやりとりのなかで、南堺について「大堀」という主張は一度もなく、光明山寺側は「伊保戸河」、古河荘側は「井口河」を主張したこと、「建久検地帳」の正文は存在せず、光明山寺側は証拠として不十分であると主張していたこと、などの状況が判明し、東大寺は永久下文と文永七年の判定遵守を望んでいた様子がわかる。永久下文の尊重と「建久検注帳」の無効性を主張することには、光明山寺領四至の確定と、古河荘による寺領四至内における農業活動の正当性を否定しようとする意図があったとみるべきだろう。

そして両者の主張が平行線をたどるなかで、古河荘民による実力行使が次第に激しさを増していく。八月以前には、光明山寺の僧教尊が古河荘民に殺害され、そのほか刃傷に及ばれた僧侶もいたらしい(29)。この殺害刃傷事件の詳細は不明だが、さらに九月には、古河荘民によって光明山寺の本寺東大寺の神人等が打擲蹂躙されるという事件が発生した。東大寺の訴えによれば(30)、

（前略）爰越訴最中、古河庄民等、匪啻苅取早田、重晩田等可苅取之旨、令風聞之間、就山寺歎申、訴訟之最中、暫両方可止押取之儀之旨、可被仰下之由、則経奏聞畢、仍差遣神人末人（公カ）等、越訴之折節、無左右不可刈取之旨、欲令相触于庄民等之処、打擲蹂躙、剝取黄衣也、（後略）

ということであった。すなわち、係争中にもかかわらず、古河荘民は早田ばかりか晩田も刈り取ろうとしているとの噂が聞こえてきたので、自重すべきと古河荘民に申し入れようとしたところ、彼らが狼藉に及んだ、というのである。しかし、光明山寺の住僧頼誉の書状によれば、少々様子が違って見える(31)。

寺領作稲明日十五日早朝ニ可苅取之由評定候、然者神人明暁先少々可給候、相構々々無相違可下給候、且夜中進候上者、可有御察候、猶々如可示給候、使者可申候、恐々謹言、

（正応二年）九月十四日　　一和尚頼誉

　　年預五師御房

書状であるため年次が書かれていないが、この打擲蹂躙事件の張本交名が九月一六日に提出されていることから考えて[32]、正応二年のものと考えてよいだろう。すなわち光明山寺側は東大寺の協力を得て、密かに一五日の早朝、稲刈りを実施しようとしたものの、古河荘民に察知されて事件化してしまったものと思われる。

おそらくこの一件に対する報復的な行為が、一一月に発生した古川荘民による古木伐採事件であろう。[33] 東大寺の訴えによれば「庄民今月九日打入山内、古木多以伐取了、御沙汰使通候者、一山可被滅亡条、可有叡慮者歟、」ということだった。光明山寺・東大寺側が遵守を求めている永久下文の裁定の内容は、光明山寺領内での伐木狩猟等を禁じ、田畠については条件付ではあるが古河荘の管轄を認めるというものであった。すなわち、寺領の領域がどこまでであるかという問題は、田畠の管轄権とは切り離されたものであって、古河荘側にとって光明山寺による九月一五日早朝の作稲の刈り取り行為は、重大な違反行為であったといえるだろう。そのため、あえて山内に打ち入り古木を多数刈り取るという、強硬な対抗手段に出たものと思われる。

ところで光明山寺側は、それまでの裁判経過から一度も主張されていなかった「大堀」が突然南堺として確定したことなどによって、裁定者である朝廷の動きに不信感を持っていたらしい。光明山寺の僧頼尊は、

　当山与古川庄堺事、就先日寺解、本奉行頭中将経奏聞候了、如勅答者、寺家鬱訴悉不被□(仰カ)是併執柄為当職被塞理訴、
　奉行亦憚権勢之故候歟、滅亡之期来候哉、(後略)

と東大寺年預に書状を送っている。[34] つまり、光明山寺領の南堺を「大堀」としたことに対する東大寺による反論に対して勅答があったが、その内容は光明山寺側の訴えについて一切触れるものではなく、これは執柄(関白鷹司家基)が道理の訴えを妨害しているのであって、奉行の頭中将(滋野井冬季)も家基の権勢を憚っているのだ、との見通し

を伝えている。家基はこの年の四月に関白・氏長者となっているので、摂関家領を管轄する当事者として、古河荘に荷担しているとみられてもやむを得ないであろう。ただ、家基はこのとき二九歳、左大臣九条忠教を超越して右大臣から関白・氏長者になった背景には、長く摂関を務めた父兼平の影響力があったと考えられることを踏まえば、古河荘の強引な主張を後押ししていたのは兼平であったかもしれない。

いずれにしろ光明山寺・東大寺の朝廷に対する不信感は払拭されなかったようで、永仁元年（一二九三）東大寺衆徒は光明山寺僧教尊等に対する殺害刃傷事件について、幕府に訴え出ることにしたのであった(35)。さらに古河荘との一件のほか「七箇条訴訟」に関連して神輿を動座させ、永仁三年「古河庄堺事、就越訴及訴陳了、望申対決之上者、忩可被召決」との決定を獲得した(36)。そしてついに応長二年（一三一二）、

光明山堺事、可守永久政所下文之趣、文永院宣分明也、田畠事、又同勅裁之上者、今更不可有相違旨、可被仰東大寺之由、可被仰下候也、仍執達如件、

正月五日　　　　　　　　　　　　　　　経親

右大弁殿

との決定が下されたのであった(37)。南堺の件については触れられず、基本的には永久下文と文永院宣の決定が追認されたわけであり、東大寺・光明山寺側は一定の勝利を勝ち取ったかにもみえ、以後この相論に動きがあったことを示す史料は残されていない。

第三節　堺相論の発端と争点

半世紀以上にわたって争われた、光明山寺と古河荘の堺相論はひとまず落着した。最後に、前節で確認した経過を踏まえて、この相論の本質的な争点がどこにあったのかを検討したい。

まず最初に確認しておきたい点は、摂関家が光明山寺に創建当初から寺領内の山野用益権を与えていたこと、そして長治元年（一一〇四）段階で毎年春に放たれている野火が、次第に光明山寺の堂舎付近に及ぶようになっており、制止しようとしても効果がない、という状態になっていた点であろう。[38]そしてもう一点は、古河荘だけではなく綺荘も光明山寺との境界について不満を持っていたことで、しかも両荘が摂関家領であったことは、光明山寺が寺領を獲得した経緯を考えるうえで重要である。すなわち綺・古河両荘を領有した摂関家が、その当主の個人的な繋がりによって光明山寺の寺領を確定した結果、すでに光明山寺の寺領とされた地域付近まで生活圏が広がり始めていた現地社会との間に摩擦が生じたものと考えられる。光明山寺をめぐる堺相論の発端は、摂関家の現地社会の動勢に対する認識不足にあったといえるだろう。

そして、突然荘園領主によって設定された光明山寺の寺領は、古河荘にとってどのように不都合であったのか。畠山聡は、文永院宣は「光明山寺に四至内の用益権を、一方の古河庄に田畠の支配を認めたもので、これにより光明山寺と古河庄とでは、支配論理がことなっていたことが分かる。このような相違は、光明山寺が四至内を修行の場とする別所だったのに対し、古河庄が摂関家の庄園であるという性質の違いに由来しているものと考えられる。本来、四至内の用益権のみ認められていた光明山寺が、鎌倉時代に入って仏聖灯油確保のために、平地の開発を進めていったために堺を接する庄園との間で衝突したのが、綺庄や古河庄との堺相論である」[39]として、この相論を総括している。おそらく指摘のように、光明山寺による周辺地域の開発が進展した結果、古河荘の領域と抵触する事態が発生したという側面は存在したものと思われる。

たとえば、光明山寺側が東大寺の神人の協力を得て、密かに稲を刈り取ろうとした行為[40]は、実現していれば「刈田狼藉」に該当するものである。[42]これは古河荘民の「刈田狼藉[41]」に対する報復行為とも考えられるが、「刈田狼藉」が由緒を主張する行為であったことを踏まえれば、光明山寺が寺領内における農業活動権の正当性についていささか不安を感じていたために、より強くそれを主張しようとしたものとみるべきだろう。そこには文永院宣によって、寺領内であっても「於田畠者、任建久検注帳、庄家宜令掌」とされたことが影響していることはいうまでもない。このため光明山寺側は「建久検注帳」の正文が存在しない以上、証拠としては不十分であると主張しているのであった[43]。そこで正応二年（一二八九）段階では、「建久検注帳」の存在を無視して「於永久本所御下文伊保戸河以北四至内新開田候、自往古山寺管領之上、文永聖断以後、弥可為山寺領候歟、已治定了、」との主張を展開しているのである[44]。ここでは、あくまでも寺領四至内における光明山寺の農業活動権の正当性を主張しているとみてよいだろう。

しかし「建久検注帳」の無効性についての主張がこのまま容れらず、文永院宣が追認されれば、それは逆に「建久検注帳」の有効性が承認されたことにもなる。そこで延慶元年（一三〇八）になると、光明山寺はその主張を微妙に変化させてくる。すなわち田畠について、

（前略）於寺領四至者、任永久下文、可為光明山寺領之由、後嵯峨院御時蒙聖断畢、然者山河・林藪・荒野・新開田等可為一円寺領之条炳焉也、（中略）於田畠者、任建久検注張（帳）、庄家宜令領掌云々、於庄家田畠、建久古作之分、当寺全不相綺、今所論一切不入彼帳、（後略）

としたのである。(45)寺領である以上四至内は一円寺領であり、荒野や新開田に関しても権利を持っており、そもそもわれわれが主張している田畠は、建久検注帳に一切含まれていない、としたのであった。「新開田」である以上、「建久検注帳」に記載されているはずがない、と主張したわけである。ともあれ畠山論文が指摘するように、光明山寺には農業活動に対する権利を認定してもらいたいという、強い欲求があったことは間違いないだろう。古河荘との堺相論における光明山寺側の争点は、寺領四至内での農業活動権の承認であったといえる。

一方でこの相論における、古河荘側の関心事はどこにあったのであろうか。光明山寺の寺領についての四至は、永久下文に明確であり、古河荘が「堺」を争点にするのは得策とはいえないように思える。古河荘側が、とくに田畠に関する権利を守ろうとするならば、用益権を争点とすべきである。それにも関わらず、突如南堺を「大堀」と認定させるなど、おそらくすでに光明山寺とは個人的な繋がりが断絶していた、古河荘の領主摂関家からの圧力を利用して堺の変更を目論んでおり、古河荘の堺に対する執着は相当強かったものと考えられる。

このような古河荘側の堺へのこだわりを理解するうえで想起したいのが、光明山寺の寺領が確定した経緯である。光明山寺は本来宗派にとらわれず、浄土教を学び、実践する修行の場としての性格が強い寺院であり、その修行の場としての神聖性を確保するために、個人的に信仰し、かつ周辺に自領荘園を有していた摂関家が、同寺創建まもなく寺領を認定し、伐木狩猟等を禁じたのであった。しかもその領域を地図で確認すれば、それは綺・古河両荘の中心部と想定される地域に近接しており、実際に一二世紀初頭には、すでに光明山寺の堂舎付近まで開発は進展し、やむなく四至を確定して光明山寺の神聖性を保とうとせざるを得なかったのである。つまり光明山寺周辺の村落からみれば、光明山寺の寺領四至確定はまさに「寝耳に水」であったものと思われ、伐木・狩猟などの山野用益権が制限されることは死活問題であった。彼らの生活に関わる規制を伴っていたからこそ、綺・古河両荘は堺にこだわったのであり、強引な堺の変更も辞さなかったのである。光明山寺との堺相論における古河荘側の争点は、光明山寺領とされた地域の山野用益権の奪還にあったとみるべきであろう。

おわりに

以上、山城国の光明山寺をめぐる堺相論について、相論当事者の成立状況と相論の経過を確認し、その争点を再検討してみた。その結果、光明山寺側には確定された寺領四至内での農業活動権の承認、古河荘（おそらく綺荘も）には寺領確定以前に行使していた山野用益権の奪還、という両者が異なる、二つの争点によって争われていたことが確認できた。そしてその背景には、光明山寺周辺村落の生活圏に配慮せず、一方的に寺領を確定した摂関家の浅慮があったといえる。

ところで、こうした堺をめぐる両者の異なる主張や論理は、その後どのように影響していくことになったのだろうか。いま「建内記」文安四年（一四四七）一一月二一日条を見てみれば、「東大寺残党於山城辺《光明山》、可乱入興福寺之由及評定之由、伝聞之」との記事が見いだせる。[46] この年、東大寺は春日社造営棟別銭をめぐって興福寺と対立し、九月一四日には興福寺の攻撃を受けて数人が殺害され、残ったものたちは皆山を離れ、「一寺頓滅」といった事態が発生していた。[47] そして避難した東大寺僧がよったのが光明山寺であり、同寺は周辺社会との繋がりを深めるのではなく、本寺である東大寺の重要な末寺としての地位を獲得していったものと考えられる。加えてそこで興福寺への武力攻撃が検討・準備されていたとすれば、光明山寺の軍事拠点化も進んでいたものと思われる。光明山寺創建当初の浄土教を学習、実践する修行の場といった姿は、もはや過去のものとなり、寺院としての神聖性が保たれるような周辺の環境も、すでに維持されていなかったに違いない。

堺相論が一定の決着を見たあと一〇〇年以上が経過した一五世紀半ばの光明山寺のこうした状況を踏まえると、堺相論決着後、綺荘や古河荘の山野に対する活動が中断・終息したとは考えられない。古河荘は中世以来継続して生活の痕跡を残しており、その生活圏は引き続き拡大し、光明山寺側にはその拡大傾向を留める手段がなかったと見るべきだろう。周辺村落との共存に失敗して、本寺東大寺の末寺化を進展させた光明山寺は、結局寺院としても存続し得ず、ついに廃寺に追い込まれるのであった。光明山寺をめぐる堺相論で展開された当事者間の主張・論理の相違とその後の姿は、周辺社会の了解なく一方的に設定された領域は次第に意味を持たぬようになり、周囲の営みのなかで崩壊・埋没していくことを示唆しているであろう。

註

（1）安田元久「堺相論」（吉川弘文館『国史大辞典』一九八五年）。
（2）黒田日出男「境相論」（『大百科事典』平凡社、一九八五年）、高木徳郎「境相論」（『日本歴史大事典』小学館、二〇〇〇年）。
（3）伊東久之「棚倉・涌出宮居籠神事と宮座」（『芸能史研究』三一、一九七〇年）、田簑健太郎「京都府相楽郡「居籠祭り」にみる綱引きの構造と変容」（『日本体育大学紀要』二八―二、一九九九年）など。
（4）「延慶本平家物語」第二中―廿一（『延慶本平家物語』本文篇上、勉誠出版、一九九〇年）。
（5）山城町教育委員会「光明山寺跡発掘調査現地説明会資料」（『京都考古』六八、一九九三年）。
（6）建長五年一〇月二一日近衛家所領目録（『鎌倉遺文』東京堂出版、第一〇巻七六三一号。以下同書からの引用は「鎌遺一〇―七六三一」のように略記する）。
（7）主なものに、角田文衛「廃光明山寺の研究」（『角田文衛著作集二　国分寺と古代寺院』法蔵館、一九八五年。初出は一九三六年）、井上光貞「東大寺三論宗の浄土教」（『井上光貞著作集七　日本浄土教成立史の研究』岩波書店、一九八五年。初出は一九五六年）、『山城町史　本文編』一九八七年、八田達男「山岳寺院の寺地について」（『国史学研究』二〇、一九九四年）、畠山聡「中世東大寺の別所と経営」（鎌倉遺文研究会編『鎌倉時代の政治と経済』東京堂出版、一九九九年）など。
（8）「東大寺要録」巻第六「末寺章第九」（『続々群書類従　第一一』国書刊行会）。
（9）「僧綱補任」第三（『大日本仏教全書　興福寺叢書第一』仏書刊行会）。
（10）年未詳一乗院文書注文（『広陵町史　史料編　上』二〇〇〇年）。
（11）「康平記」康平五年正月一三日条（『群書類従　雑部　巻第四百五十』経済雑誌社）。
（12）「春日詣部類記」（『続群書類従　第二輯下』続群書類従完成会）。
（13）「猪隈関白記」建久八年一〇月五日条（『大日本古記録　猪隈関白記　一』岩波書店）。
（14）「大乗院日記目録　一」嘉承二年条（『大乗院寺社雑事記　一二』臨川書店）。
（15）長治元年五月日右大臣藤原忠実家政所下文案（『平安遺文』東京堂出版、第四巻一六一三号。以下同書からの引用は「平遺四―一六一三」のように略記する。また以下端裏書は省略する）。
（16）「公卿補任」（『新訂増補国史大系　公卿補任』国史大系刊行会）。
（17）永久五年正月廿八日　関白藤原忠実家政所下案（平遺四―一八六六）。
（18）八田前掲註（7）論文。
（19）「殿暦」永久四年一二月九日条（『大日本古記録　殿暦　四』岩波書店）。
（20）「殿暦」永久五年正月二〇日条（『大日本古記録　殿暦　五』岩波書店）。
（21）年月日未詳尊玄書状案（鎌遺四―一九八一）。
（22）建長六年一〇月三〇日関東御教書案（鎌遺一一―七八一六）。
（23）文永七年五月一五日亀山天皇綸旨案（鎌遺一四―一〇六二七）。
（24）文永七年七月二六日後嵯峨上皇院宣案（鎌遺一四―一〇六五六）。

(25) 弘安八年八月日東大寺注進状案（鎌遺二〇―一五六四九）。
(26)（寛喜二年ヵ）七月二一日命円請文（鎌遺六―四〇〇三）など。
(27) 正応二年六月一日後深草上皇院宣案（鎌遺二二―一七〇三〇）。一部『山城町史　史料編』第二章第三節六号で修正（以下同書からの引用は「山史二―三―六」のように略記し、端裏書は省略する）。
(28) 正応二年六月日東大寺解案（鎌遺二二―一七〇五〇）。一部山史二―三―七で修正。挿入・書き換え部分などは本文に読み込んだ。
(29) 正応二年八月二〇日光蓮請文案（鎌遺二二―一七一一三）、永仁元年一二月七日関東御教書案（鎌遺二四―一八四一九）。
(30) 正応二年九月一八日東大寺衆徒解案（鎌遺二二―一七一四八）。挿入部分は本文に読み込んだ。
(31)（正応二年）九月一四日光明山寺一和尚頼誉書状（山史二―三―一四）。
(32) 正応二年九月一六日山城古川荘張本交名案（鎌遺二二―一七一四六）。
(33) 正応二年一一月日東大寺衆徒等重申状案（山史二―三―一九）。
(34)（正応二年）七月一七日光明山寺一和尚頼尊書状（山史二―三―八）。
(35) 前掲註（29）関東御教書案。
(36) 永仁三年七月九日伏見天皇綸旨（鎌遺二五―一八八六五）。
(37) 応長二年正月五日伏見上皇院宣案（山史二―三―四二）。
(38) 前掲註（15）右大臣藤原忠実家政所下文案。
(39) 畠山前掲註（7）論文三九六頁。
(40) 前掲註（31）光明山寺一和尚頼誉書状。
(41) 前掲註（30）東大寺衆徒解案。
(42) 蔵持重裕「刈田狼藉の本源」（『日本中世村落社会史の研究』校倉書房、一九九六年。初出は一九九三年）。
(43) 前掲註（28）東大寺解案など。

（44）前掲註（33）東大寺衆徒等重申状案。
（45）延慶元年一二月日光明山寺住侶等申状案（山史二―三―三七）。
（46）「建内記」文安四年一一月二一日条（『大日本古記録　建内記　十』岩波書店）。
（47）「東大寺別当次第」少僧都珍覚条（『群書類従　補任部　巻第五十六』経済雑誌社）。

第四章　一四世紀国境地域の山野紛争と荘園村落

——東大寺領伊賀国玉滝荘の「五个一味」をめぐって——

渡邊浩貴

はじめに

近年の紛争史は、紛争分析を通じて、その背後にある社会秩序や共同体のあり方までをも見通す視角を養ってきた。(1)とりわけ、一四世紀山野紛争の研究はこれまで小林一岳氏によって牽引され、紛争対応・解決課程のなかから新たな秩序形成がなされていくことがあきらかになっている。(2)本章では、こうした先行研究の成果に学びつつ、国境地域にある東大寺領伊賀国玉滝荘を取り上げる。

伊賀国阿拝郡に属する玉滝荘は、近江国甲賀郡と北・西部で国境を接し、北部からの水口丘陵と西部からの信楽山地が結ぶ地域に立地する。京郊圏内にある同荘は、古代から東大寺による寺領集積がなされ、杣地として中央への材木供給を行っていた。そのため玉滝荘では、山林資源をめぐって近江国諸荘園との間で国境紛争・山野紛争が断続的に発生していた。同荘を構成する玉滝・湯船・内保・槇山・鞆田の五つの荘園村落は、かかる紛争で合力関係にあった。(3) しかし、文保元年（一三一七）に勃発した内保と近江国池原杣荘竜法師村との間の山野紛争では、(4) 内保へ合力するか否かをめぐり、荘園領主東大寺や各村落を巻き込んだ激論が交わされることになる。そこでの焦点は「五个一味」という在地結合の認識をめぐるものであった。

　この「五个一味」については、早く中村直勝氏が玉滝荘における村落結合の実態として注目し、鎌倉末期にはその結合が失われることを指摘した。(5) 以来、「五个一味」の事例は中世前期における代表的な村落結合の事例として扱われてきた。(6) 近年では、水野章二氏が「五个一味」の崩壊要因を山野紛争に求め、東大寺支配を媒介としない結合へとシフトしたとし、伊賀惣国一揆までを見通した指摘を行い、(7) また酒井紀美氏は、自立した村落の結びつきを背景に、単なる「五个一味」という結合論理から、「存㆓知根源㆒」することによる村落の合力関係が存在していたと評価している。(8) 水野・酒井両氏の見解は、鎌倉末期の「五个一味」の崩壊がただちに村落結合の崩壊とはならない、という点において認識は一致している。とりわけ酒井氏は、「存知根源」することによる合力関係を指摘しており、実態社会での村落結合の論理を理解する上で重要である。

　ただし、これまでの「五个一味」に関する先行研究を振り返ってみると、鎌倉末期山野紛争の帰結ばかりが注目されてきたといえる。だが、あらためて文保年間の紛争における荘園領主東大寺や各村落間の一連の交渉過程を復元し分析してみると、「五个一味」をめぐる東大寺と村落との間で、その認識に重大な齟齬が存在していたことが認められるのである。

　文保年間に玉滝荘の各村落と荘園領主東大寺との間で顕在化する「五个一味」とはいったい何なのか。そして、この紛争での最大の争点はいったい何なのか。本章では、国境地域かつ膝下荘園の東大寺領玉滝荘であるからこそみえてくる、鎌倉末期における荘園制の論理と在地社会（＝実態社会）の論理の、複雑に絡まり合った様相を、文保年間の紛争分析からあきらかにしていく。

第一節　文保年間の紛争経過

文保元年（一三一七）、東大寺は内保の要請を受けて左の下知を出す。

【史料1】文保元年一二月（二〇日）「東大寺年預所下文土代」(9)（※端裏書は省略。傍線・波線筆者。以下同）。

年預所下　玉瀧寺玉瀧庄鞆田庄沙汰人等所
　可早任下知旨、令与同内保庄百姓等之愁
　訴事
右五个杣者、自往古以来成一味之約諾、等
憂喜之条、于今曽無改変歟、爰近江国池原
龍法師幷村百姓与一大夫入道以下之輩、恣
令押領北杣山、剰打擲刃傷内保庄百姓等、
奪取八幡宮神人清内以下之所持物之間、含

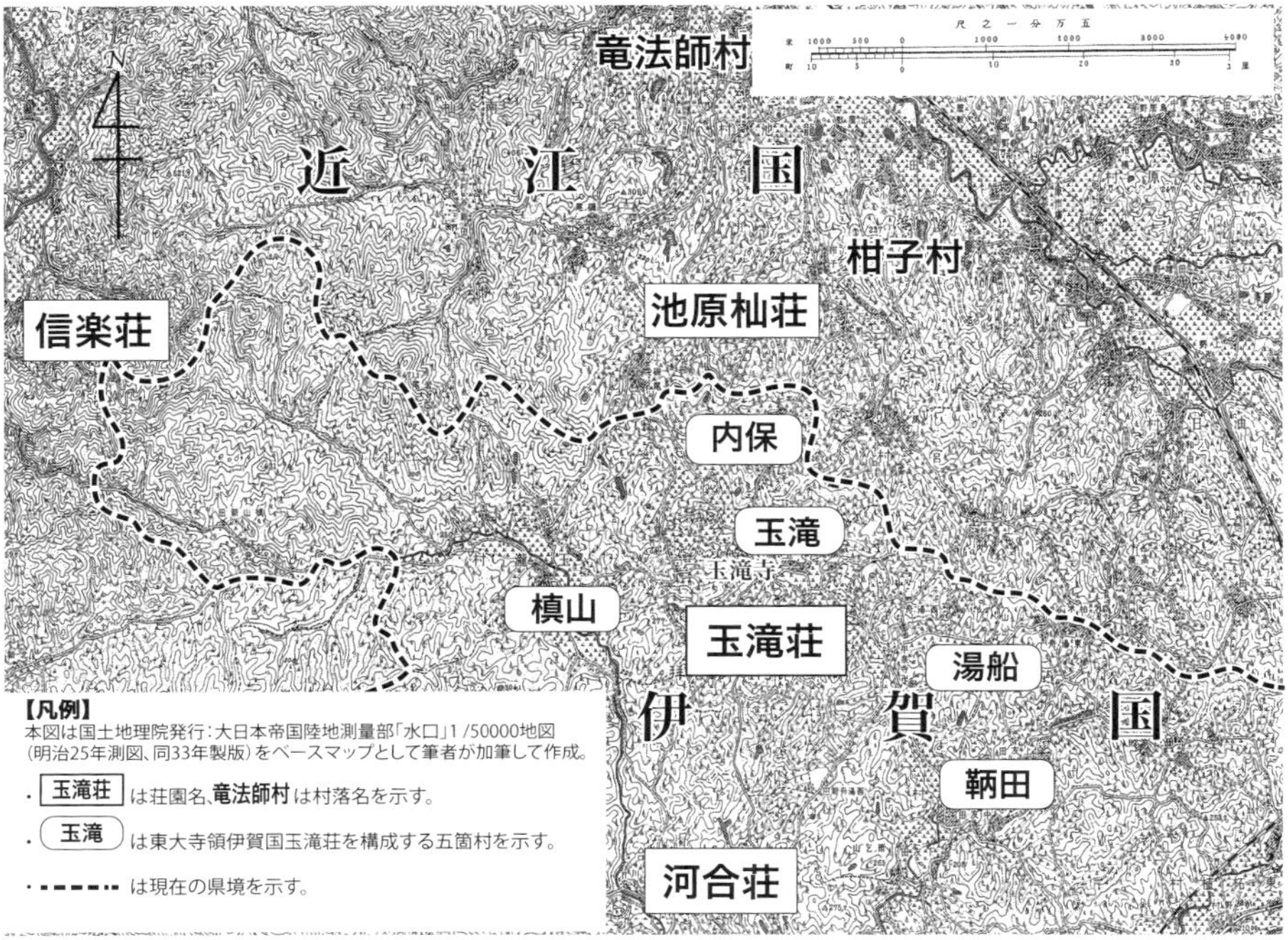

図　東大寺領伊賀国玉滝荘の紛争関係地図

愁訴之處、忽忘旧諾、無与同之儀云々、若事実者、甚以不可然、且存先規一味之○旧好、且任寺門一同之下知、▒殊可
致与力之旨、依衆議下知如件
文保元年十二月

【史料1】によると、内保に対し、北側で国境を接する近江国池原杣荘竜法師村の百姓与一大夫入道以下輩が「北杣山」を押領し、打擲・刃傷行為に及んでいるという。この紛争では、内保は「含愁訴」むが、他荘の合力を得られず、東大寺に訴え出ている。東大寺は、玉滝荘の五箇村では「自往古以来一味之約諾」が続いてきているものと認識し、その認識に基づいて玉滝寺・玉滝・鞆田に合力要請を出したのである。しかし、この要請は拒否される。鞆田の回答をみてみよう。

【史料2】（文保元年）一二月二三日「鞆田荘公文書状[10]」

御下知趣、庄家披露候處、庄民等令申候者、自往古五个一同好者、雖勿論事候、去正和三年壬三月八日鞆田御庄与并河合庄依堺相論、鞆田庄神人忽ニ被殺害候了、尤五个一同可沙汰仕候處ニ、雖再三催触候、余庄不一同与力仕候之間、鞆田庄乍成恨、御寺訴申、雖及武家御沙汰、于今不蒙御成敗候事、愁訴無極者也、今内保庄其時者不同心仕、如此申候之条、無其謂候之由申候、以此旨可有御披露候、恐惶謹言

十二月廿三日　　鞆田御庄公文（花押）

進上　御寺御年預（実専）

鞆田がいうところには、東大寺が述べる「自往古五个一同好」があることは承認しつつも、正和三年（一三一四）に、鞆田と南側で境を接する伊賀国河合荘との間で堺相論が発生した際、鞆田の神人が殺害され、再三他荘へ合力を要請したにもかかわらず、他荘は合力しなかった。そのため仕方なく東大寺に訴え、武家（六波羅探題）の検断が依

頼されるも依然として達成されていない。この時、内保は合力しなかったにもかかわらず、なぜ今回のような訴えをおこすのか、道理がない、と東大寺からの合力要請を拒む。【史料1】の端裏書に「下知廿日」とあることから、鞆田荘は即時に東大寺の要請を拒絶したかたちになろう。一方、玉滝は東大寺の要請に対し、次のように回答している。

【史料3】文保元年一二月二七日「玉滝荘沙汰人・百姓等申状[11]」

玉瀧御庄沙汰人・百姓等謹言上

可令早任被仰下旨、与同内保庄百姓等愁訴間事

右五箇杣者、於往古雖成一味之約諾、等憂喜之条勿論候、致近年山沙汰者、雖被押妨於信楽人、曾以無五个一同之沙汰上者、庄〻不同候歟、今度於内保之庄沙汰者、全以雖不令存知於根源候、以被仰下候之旨、牒庄〻、以衆儀評定之趣、可令申御請文候之處、鞆田庄者無出対間、難成評定候、猶以重衆会可令申於巨細候歟、以此旨可有御披露候、恐惶謹言

文保元年十二月廿七日

玉滝も鞆田と同様に「一味之約諾」の存在自体は認めるものの、「近年山沙汰」に関しては、たとえ近江国信楽荘から押妨行為を働かれても、今まで「五个一同之沙汰」はなく、各荘は一同ではない。今回内保の相論はまったく「存知於根源」しない、と述べる。しかし東大寺の下知が出された以上は、各荘に牒状を送り衆議評定を開催し、東大寺への回答を協議しようと試みる。だが、【史料2】で早々に鞆田が合力要請を拒絶したため、鞆田は欠席し評定が実施されなかったのである。ここに、鞆田とは異なり、玉滝が五箇村のとりまとめとして、東大寺へ在地側の意思を伝える主導的立場にあることがうかがえる。さらに衆議評定という在地の裁定システムが存在していることも認められよう。

文保元年の内保の山野紛争では、東大寺の合力要請は在地側から拒絶されるが、翌年の文保二年（一三一八）正月になると東大寺の要請内容に変化がみられる。文保二年正月二五日「東大寺年預所下文土代」[12]では、湯船に対し、内保に加えて鞆田の紛争にも合力するよう要請されている。つまり【史料2】の鞆田の主張は東大寺に認められ、同荘は荘園領主の調停機能を上手く利用することに成功したのである。一方の玉滝は、東大寺にある嫌疑をかけられてしまう。

【史料4】（文保二年正月）「東大寺年預所下文土代」[13]

年預所下　玉瀧庄沙汰人・百姓等所

可早停止敵方引級五个一味事

右、先年鞆田庄○(百姓)神人某依杣(与川井郷依)山之境相論、被殺害之刻、任先例、五个杣可令同心之旨、相触之處、○(自余庄ゞ者、雖無子細、)当庄沙汰人百姓之中、○(依有)引級敵方引級之輩○(歟、)無与同之上者、今度又難合力内保庄○(之由■之有其聞、)若事実者、只非背五个一味之旧諾、引級他郷之悪党、令殺害寺領五个之神人之条、太以不可然、所詮○(於余庄者、今又雖無子細、偏当庄依存異儀、無同心之由有其聞□上者、不日注進)於自今以後者、永停止敵方之引級、任先規、速可(引級之輩交名由、)与内保庄訴訟、若猶背下知旨者、定有後悔之旨、依衆議下知如件

鞆田と河合郷の紛争において、玉滝だけが「引級他郷之悪党、令殺害寺領五个之神人」との嫌疑がかけられ、交名の提出が求められている。そのうえ、玉滝は今回の内保の紛争にも合力しておらず、「於余庄者、今又雖無子細、偏当庄依存異儀、無同心之由有其聞」と東大寺から糾弾されている。つまり、鞆田や内保の紛争解決が進展しないのはひとえに玉滝にその原因がある。そう非難されているのである。約一ヶ月前の【史料1】における東大寺の現状認識と比べると、すべての紛争要因を玉滝の合力拒否と、「他郷之悪党」との結託にあるという認識に変化したことがうかが

える。在地社会との交渉過程のなかで、おそらく他の村落から玉滝と悪党の結びつきや合力拒否が指摘されたためと思われるが、残念ながらこの問題の結末がどのようになったのかについては史料上追えない。

そして約四ヶ月が経過し、玉滝から左の請文が提出される。

【史料5】文保二年五月六日「玉滝荘沙弥実道請文」(14)

玉瀧御庄沙汰人・百姓等謹言上

可令与同内保庄訴訟間事

去月廿五日年預所御状今月三日到来、謹以拝見仕候畢、抑①内保庄訴訟杣相論之条、不令存知根源候上者、不可有与同儀候、其上②縦雖為山相論之訴訟、先規既五个一同之分無之、何内保庄民等以新儀、可引懸五个庄哉、③先〻尤玉瀧庄并鞆田庄、近年雖有山之沙汰、全以余庄不与同候之上者、不致一味之沙汰之条顕然候哉、内保庄雖致訴訟候、敢以不可有御許用候、以此旨可有御披露候、恐惶謹言

文保二年五月六日　　沙弥実道　請文　（裏花押）

【史料5】によると、文保二年から東大寺が要請してきた鞆田への合力要請はなくなり、あくまでも内保への合力要請のみとなっている。【史料4】から【史料5】の約四ヶ月の間で、鞆田の紛争は何らかのかたちで解決が図られたと考えられよう。【史料3】では鞆田の欠席によって東大寺への請文作成が不可能となったが、今回の【史料5】では、請文が提出されているため、当初【史料3】で東大寺が宛てた「玉瀧寺・玉瀧荘・鞆田荘」における衆議評定が達成された結果であろう。

さて、在地での評定の結果、玉滝の主張は左の通りになる。

①　そもそも内保の紛争は「杣相論」であり、「存知根源」しないため合力はしない。

② たとえ「山相論之訴訟」であったとしても、前々から「五个一同」で対処することはない。「五个庄」を引き合いに出すのは「新儀」である。

③ 玉滝や鞆田の「山之沙汰」では、他荘の合力はなく、「一味之沙汰」の対象外である。

この玉滝の主張内容については節をあらためて検討するが、玉滝は悉く東大寺の合力要請を退けている。衆議評定によって出されたこの請文に対し、紛争当事者の内保は反論する。

【史料6】文保二年五月一八日「内保庄沙汰人百姓等申状(15)」

内保御庄沙汰人百姓等謹言上、

自玉瀧庄依山沙汰、不可令与同由、令進請文條、無其謂間事、

右、如彼請文者、雖為山之訴詔、先規既五ヶ一同之分無之由事、無其謂候、①於山之沙汰、五ヶ一同之条、先々度々之例證繁多也、其故者先年槇山与玉瀧庄致山之相論之刻、玉瀧・湯船・内保等沙汰人・百姓等令上洛同心、於御寺番訴陳、経其沙汰、預御下知畢是一、②又鞆田与玉瀧山之相論之時、自玉瀧庄相觸之間、庄々一同馳向、遂問答致其沙汰畢是二、③又去年槇山与信楽依山之相論、已擬及合戦之刻、相觸之○間庄々一同馳向、捨身命、擬及合戦之条顕然也是三、如此背度々之例、不可令与力之由事、無其謂候、其上恭大佛八幡御領、他国之悪党人等、無故於打取之、争無急速御沙汰哉、以此旨可有御披露候、恐惶謹言

文保二年五月十八日

内保御庄沙汰人百姓等 状

内保が示す「五个一味」による「山之沙汰」の例証は以下の通りである。

① 先年槙山と玉滝の山野紛争では、玉滝・湯船・内保の沙汰人百姓等が協力して上洛し、東大寺へ提訴を行い下

知を蒙ったという上訴の事例。

② 鞆田と玉滝の山野紛争では、玉滝から合力要請がなされ、他荘が馳せ向かい紛争介入したという中人制的解決の事例。

③ 去年（文保元年）の槙山と近江国信楽荘との山野紛争では、まさに武力衝突が発生しそうになり、他荘に合力要請がなされ、各荘が馳せ向かい身命をなげうって武力行使をしようとした事例。

内保は以上の三つの事例を提示し、玉滝の請文に真っ向から対立する。

この紛争の具体的な決着は史料の制約上詳らかにできないが、文保二年一二月二六日「東大寺衆徒等起請文」[16]では「一、就内保庄事、可被下院宣於武家之由雖申之、無　勅許事」とあるように、結局、武家（六波羅探題）の武力行使が期待されるが、院宣が下りず実行されていない状況が認められよう。

第二節　神人の論理―「五个一味」の性格―

文保年間での荘園領主東大寺や各村落間の交渉過程を追ってみると、内保による荘園領主東大寺の調停機能を期待した合力要請は、他荘に拒絶されることになってしまった。しかしこの交渉過程からは、「五个一味」をめぐる荘園領主と村落の認識の齟齬にとどまらない、玉滝荘自体の内部構造に起因する各当事者間の対応の差違など、紛争を通して在地社会の実態をうかがい知ることができる。

一　「五个一味」の神人結合

そもそも、今回の紛争において争点となっている「五个一味」とはいったい何なのであろうか。その意味は次の史料によって知ることができる。

【史料7】嘉禄元年一〇月二六日「北伊賀寺領御油神人置文写」[17]

定置

北伊賀寺領五箇所御油神人事

鞆田・玉瀧・真木山・湯船・内保

右件庄〻者、皆以　勅施入□杣〻也、①住民本自為大仏遮那之奴婢、②今又寄身於鎮□（守）八幡宮神人、可勤御油役之□所請申也者、以法華堂衆勝願□性基房為拒捍使、早可随神役□、抑九月三日御祭者、当宮厳重法会也、件日必企参会、可随御□役之状、所定如件、庄家宜承知、勿違失、故定置

嘉禄元年十月廿六日

□（大カ）法師（花押影）

【史料7】は、嘉禄元年（一二二五）に玉滝荘を構成する鞆田・玉滝・槇山・湯船・内保の五箇村が東大寺鎮守八幡宮の神人に編成されたことを示す史料である。傍線部②「抑九月三日御祭者、当宮厳重法会也」とあることから、玉滝荘には東大寺八幡宮の転害会における灯油役が賦課されていることが分かる[18]。実際、嘉禄三年（一二二七）では五箇村から各二人～五人が東大寺八幡宮神人役として九月三日の転害会に御供している[19]。

さて、波線部「北伊賀寺領五箇所御油神人」に注目してみると、実はこの【史料7】以後、玉滝荘（鎌倉期には「北伊賀庄」とも呼ばれる）の呼称表現として、「五个庄」「五个所」といった名称が使用され、定着するようになっていく。さらに、東大寺八幡宮神人に編成された後の宝治三年（一二四九）、玉滝・内保・鞆田・湯船・槇山の各荘園村落

は、預所の槙山に対する過分な賦課に対して「五个庄神人等」が連署し、共同して訴訟をおこしている。次の史料をみてみよう。

【史料8】宝治三年（一二四九）三月二五日「北杣五箇荘百姓・神人等申状案」[20]（抜粋）

依此彼槙山庄、種〻寺役并神人役可令闕如者也、此偏庄家滅亡、有限寺役違乱也、此之条致不便を御座、かう〳〵有御沙汰、令庄家安堵天、有限寺役、可成所済者也、若有御沙汰延引者、五个庄神人等、為一社之神人傍官之間、於北杣五个庄神人等者、有限寺社役、皆悉可令闕如者也、

【史料8】は、五箇村の神人等が、槙山に対する「京都預所」の非法行為を東大寺へ訴えたものである。そこでは「五箇荘神人等、為一社之神人傍官之間、於北杣五个荘神人等者、有限寺社役、皆悉可令闕如者也」と東大寺側に対応を迫っている。

つまり、本件で問題となっている「五个一味」とは、嘉禄年間の東大寺八幡宮神人編成を契機とした在地社会における神人結合であったと考えられるのである。こうした東大寺による神人編成を利用して、【史料8】では、預所の非法排除を荘園領主に要求する際の媒介項として機能していたと考えられよう。この神人結合については、東大寺や各村落が認識を共有しているように、「一味之約諾」「五个一同之好」「五个杣一同之好」といった関係が発生していた。そのため、【史料8】の上訴や、【史料1・2・4・6】にて、神人への押妨・殺害行為や八幡宮領への侵犯行為が記載されるのは、こうした「五个一味」という結合形態の性格による。

二　荘園領主側の論理と認識

文保年間の紛争において、紛争当事者の内保は、「北杣山」や神人への押領行為は「五个一味」で解決すべき問題に

もかかわらず村落の合力を得られないとして、荘園領主東大寺の調停機能を期待する。この訴えをうけて東大寺は玉滝寺・玉滝・鞆田に下知を出すが、鞆田は、「五个一味」の結合関係を認めるものの、自身の紛争では他荘の合力がなかったので内保へ合力はしないと、早々に拒否する。鞆田の言い分は十分首肯できよう。

しかし玉滝は、「五个一味」という共同体の問題と、「山之沙汰」という山野紛争の合力関係を截然と区別して回答している（【史料5・7】）。一方の内保は、合力事例を列挙し、玉滝の回答に真っ向からぶつかり合う（【史料6】）。今回の紛争の根本原因はいったい何なのであろうか。この問題は内保・玉滝の論理だけでなく、荘園領主東大寺の論理とも絡む問題なのである。

東大寺は、【史料4】における玉滝の嫌疑を、「敵方引級五个一味」とし、これへの侵犯者を「他郷之悪党」と表現する。また【史料6】の内保もこうした東大寺の認識を利用し、「恭大佛八幡御領、他国之悪党人等」と、山野紛争の押領者の近江国池原杣荘竜法師村を表現している。「他郷」「他国」とあることから、東大寺にとって「五个一味」とは、「ウチ」と「ソト」の空間を分節する領域概念であると考えられる。こうした意識は荘園領主東大寺においては強く現れるものの、(21)【史料6】によると、傍線部①・②でみられる五箇村間の紛争と、傍線部③の村落外との紛争では、後者では武力行使を伴い、対応に決定的な差違を確認することができる。在地社会側でも地域的まとまりとして領域認識されていたのである。

しかし、東大寺にとって重要なことは、自身が荘域内に居住する人々を杣人として、神人として編成することで築き上げてきた荘域が侵犯されるか否かである。だからこそ、東大寺にとって、「五个杣」という杣を起源とする集団であり、東大寺鎮守八幡宮神人役を勤仕する「神人」なのである。内保の「北杣山」の問題は、東大寺に「堺相論」と認定され、鞆田は東大寺の調停機能を呼び込むために自身が抱える紛争を「堺相論」として訴え出ているのである。

玉滝荘を外部からでしか把握できない荘園領主東大寺にとって、「五个一味」とは「自往古以来成一味之約諾、等憂喜」しくする結合形態であり、さらに在地の紛争では合力する存在であった。東大寺の認識における彼ら五箇村とは、杣人であり神人であり、そこには何の違いもなかったといえよう。(22) だが、その認識は実態社会におけるそれときわめて乖離していた。

第三節　山の論理と杣人の論理

一　山の論理

ここで、もう一度【史料5】の玉滝の主張に耳を傾けてみよう。傍線部①では、内保の紛争を「杣相論」とする。そうした相論では「根源」を「存知」しないから合力はできないという。そして、傍線部②では、内保の紛争が「杣相論」ではなく、かりに「山相論之訴訟」、つまり山野紛争における上訴であったとしても、すでに「五个一味」による合力は存在しないというのである。続いて、傍線部③によると、玉滝や鞆田での「山之沙汰」があった際も「五个一味」の合力はなかったという。この場合の「山之沙汰」は先の「山相論之訴訟」を含んだ山野紛争一般をさすものであろう。

先述のごとく、玉滝は「五个一味」による紛争解決と「山相論」「山之沙汰」（＝山野紛争）におけるそれとを截然と区別している。「五个一味」とは前節で述べたように、もともとは神人結合である。この論理は自他を区別する領域認識として存在していた。これは、東大寺が領域認識として濃厚に有していたものであり、かつ荘園領主の調停機能を在地側が利用する場合の手段でもあった。だが、山野紛争として訴えられた案件について、東大寺は「堺相論」として扱い在地側へ合力を促す。つまり東大寺は、こうした在地紛争の差違を認識しておらず、あくまでも自身の領域認識に従って調停機能を発揮しているのである。

さて、【史料1】の内保の訴えでは、傍線部「恣令押領北杣山」「奪取八幡宮神人清内以下之所持物」とあるように、本件は山野紛争であり、かつ神人への押妨行為が訴えられている。つまり内保は山野紛争の問題と「五个一味」による紛争解決の問題を同レベルに扱って荘園領主へ上訴したことになる。そのため玉滝は内保の主張内容を「五个一味」として扱う問題ではない、と主張するのである。

二　杣人の論理

では、傍線部①「杣相論」とはいったい何を指すのか。そして、玉滝が「不令根源存知」の「根源」とはいったい何を意味するのであろうか。そこで想起すべきなのは、玉滝荘が古代以来「玉滝杣」から出発しており[23]、かつ東大寺の荘域維持・拡大の論理として利用されてきたことである。東大寺にとっての「五个一味」とは、杣人であり神人であった。もし、かかる東大寺の認識を玉滝が共有していたならば、玉滝は合力しなければならない。なぜなら本件の問題は、「北杣山」が押領されており、杣域が侵害されたことになって「五个一味」の範疇に入るからである。【史料6】以前の内保の主張がわからないため、推論の域は出ないのだが、おそらく【史料5】にて玉滝が「山之沙汰」と「五个一味」を弁別したことを受け、内保は、本件が「五个一味」の問題となる「杣相論」であると主張したのではないだろうか。それゆえ玉滝はその反論として、「杣相論」に関しては「根源」を知らないから合力はないと述べているのであろう。つまり、ここで持ち出された「杣相論」とは、杣人であるという玉滝荘の由緒に基づく、杣に関する紛争であったと考えられるのである。

だが、玉滝は「根源」を知らないため合力しないという。この「根源」について、酒井紀美氏は「相論の原因となっている根本的な問題の所在」と理解され、由緒に基づく「五个一味」の結合とは異なる、「根源」を存知することによる合力関係として評価している。[24]「根源」自体が多義的用語であるため、酒井氏の解釈は成り立ちうる。しかし、今回の紛争における玉滝の論理、そして玉滝荘の形成過程をみた場合、もう一歩踏み込んだ解釈が成り立つと思われる。

【史料3・5】にあるように、玉滝は悉く内保への合力の由緒を否定している。その主張とそれを支える論理が如実に表れている【史料5】からみてみると、以下の論法によって拒否をしていることがうかがえる。傍線部①では、「杣相論」において、「根源」を存知しないため合力しない。傍線部②では、「五个一味」であるが、山野紛争では合力しない、そして傍線部③では、山野紛争での合力はそもそもない、という。そうした玉滝の論法に鑑みるならば、傍線部①とは②の前提となる結合の由緒、つまり「五个一味」以前の由緒となる結合の論理が「杣相論」の「根源」であり、この「根源」を存知しない、ということになる。「根源」とはあくまでも杣に関連する用語として理解するのが妥当であろう。

そもそも五箇村は【史料7】傍線部①にあるように、神人編成以前では杣人として寺奴となっていた。そして建暦三年（一二一三）の信楽荘との国境紛争かつ山野紛争において、玉滝等村落の要請を受けた東大寺の申状では、「思堺之根源者、本願之御時也」とし、領域の起源を本願天皇《（聖武天皇）》勅施入時に求める。[25]東大寺における玉滝荘の由緒、そして境界の正当性とは、杣として出発したまさに聖武天皇の勅施入時となる。今回の文保の紛争でも、こうした杣の由緒に基づく合力を利用するため、内保は「北杣山」として杣への侵犯行為を訴えている。玉滝の主張における「根源」も、東大寺側の認識を利用するかたちで拒否を行うために使用されたとみる必要があろう。つまり玉滝は、内保の「杣相論」に合力する由緒、穿った見方をすれば同じ杣人であるという起源など心得ていない。そう主張することによって、杣人の論理に基づく合力関係をも否定しているのである。[26] これは、「北杣山」という内保の主張について、「北杣」という杣人の論理に基づく合力の問題と、「北杣山」という山の論理に基づく合力の問題を両方とも否定していることになる。そうした解釈が成り立つならば、先にみた玉滝の論法は容易に理解できる。①そもそも内保の「杣相論」では起源を同じにする杣人ではないため合力する由緒など知らない、②神人結合としての「五个一味」ではあるが、山野紛争は合力の対象外である、③山野紛争であっても合力することはない、という論法になるのである。玉滝は在地紛争におけるすべての合力する由緒を、ここで否定しているのである。

　玉滝の主張をみてみると、そこには、神人の論理、山の論理、杣人の論理と、在地社会における紛争解決と合力の複雑な様相をみてとれよう。もちろん、こうした玉滝の主張とは、あくまでも内保への合力を拒否したいがために持ち出された論理の可能性もある。しかし、鞆田が東大寺の調停機能を引き出すことに成功していることを勘案すると、これらすべてを玉滝の単なる実態を伴わない主張として切り捨てることはできない。

　そもそもなぜ【史料5】と【史料6】のごとく、玉滝と内保の合力をめぐる認識に、これほどまでの隔たりがあるのであろうか。当然、各当事者間の訴訟を有利に運ぶためのレトリックや論点のすり替えが行われているのだが、それを差し引いてもなおその根本には、在地社会における紛争解決のルールが存在していることによると考えられる。

第四節　紛争解決のルール

玉滝荘の在地社会では、玉滝が主張するように、（1）杣人という由緒に基づく紛争解決と、（2）「五个一味」という神人結合に基づく紛争解決、（3）「山之沙汰」という山野紛争における紛争解決の三つがあったと考えられる。（1）については杣工たちの合力関係を古代の事例で確認でき[27]、（2）「五个一味」の紛争解決をみてみると、宝治三年の上訴でみられるように、五箇村の神人たちが連署して東大寺に訴え出ている（【史料8】）。この問題では、預所の非法行為であり、山野紛争とは違う問題である。神人への押妨行為や堺相論などの領域侵犯といった問題も、こうした東大寺の領域認識に沿うようにして展開され、内保や鞆田が行ったように、荘園領主の調停機能が在地に呼び込まれていくのである。（1）（2）では荘園領主の調停機能が在地に呼び込まれる形での紛争解決であったといえよう。

一方、（3）山野紛争の解決では手続きが異なる。例えば建暦三年（一二一三）の信楽荘との山野紛争では、北杣三箇村が逃散を示唆しているが、申状を出したのは玉滝である[28]。さらに【史料6】傍線部②・③では、内保の主張ではあるものの、中人制的解決を行うに際して玉滝が各荘に触れ、また信楽荘と槙山の紛争でも各荘に触れられている。【史料6】の事例はあくまでも「山之沙汰」における合力事例として内保が提示したものではあるが、玉滝との主張の齟齬を踏まえるならば、傍線部①は神人結合による「五个一味」の紛争解決事例、傍線部②・③を山野紛争における紛争解決事例と区別できよう。その際、山野紛争ではすべて各荘に「相触」れられていたのである。

ところで、【史料1】の宛所の一つに玉滝寺がみえる。同寺は、玉滝内の在地寺院で、鎌倉中期には玉滝荘下司宗重の息子である遠重が玉滝寺の荘官になっており[29]、玉滝荘における東大寺の現地機構と考えられる[30]。玉滝杣の中心である玉滝は、在地社会の紛争問題、とりわけ山野紛争の解決における主導的立場にあり、建暦三年の山野紛争や【史料1】から、山野紛争の上訴や荘園領主の下知に対して窓口的機能を果たし在地の意思を荘園領主に伝えていた。玉滝荘における玉滝とは、荘園領主との媒介項として在地の意思決定をとりまとめる立場にあったのである。

つまり今回の内保の上訴は、玉滝を通じた紛争解決という在地社会の紛争窓口を通したものでもなく、また、「相触」

れるという山野紛争における合意形成の過程も踏まえていないことになる。一方の鞆田は、「堺相論」であり神人への押領行為のため「五个一味」の紛争解決の範疇となり、他の村落に「再三催触」れて効果が得られなくとも、荘園領主の調停機能に依拠することで解決を図ることができたのである。

文保年間の紛争問題において、内保が各村落の合力を得られなかった最大の要因は、「五个一味」における紛争解決と山野紛争におけるそれとを混同させ、在地における正規の手続きを行わなかったためと考えられよう。内保は、このような在地社会における紛争解決ルールを踏まえなかったため、村落の合力を得られず、荘園領主の調停機能に依拠しても解決されなかったのである。

おわりに

玉滝荘の「五个一味」とはもともと神人結合であった。荘園領主東大寺は、「五个一味」のことを、神人でもあり杣人でもある在地結合と認識していた。紛争当事者の内保も、こうした東大寺の認識に沿うように、紛争への調停機能を期待する。しかし在地社会では、荘園制成立以来、荘園領主が村落に対して幾重にも纏わせてきた支配の論理（杣人の論理・神人の論理）と多様な共同体の位相、そして各位相ごとのルールとそれに基づく合意形成のあり方が存在していた。杣人であること、「五个一味」という神人であること、そして、山野紛争の問題。さらに荘の中核としてかかる問題をとりまとめ、東大寺との媒介項として存在する玉滝。これらは荘園領主が容喙し得ない在地社会の秩序であった。この秩序こそ山野紛争が常態化した国境地域の村落が存続する上で、きわめて重視され、生き延びていくために連綿と受け継がれてきたものだったのである。ただ上部権力を呼び込み調停機能を期待するのではなく、その前段階の村落間での正当な手続きに則った合意形成こそが必要とされていた。本件の最大の争点とは、在地における多層な集団と各位相ごとでの合意形成をなすための手続きを内保が踏まえなかったことであった。そのため、荘の中核である玉滝は、東大寺からの要請であっても内保への合力を拒絶したのである[31]。

これまで玉滝荘の文保年間の紛争は、新しい結合形態や合力関係の存在が指摘されてきた。しかし、文保年間の紛争経過を復元すると、これまでみえてこなかった在地集団の立場の違い（荘を主導する玉滝）と複雑な位相――杣人の論理・神人の論理・山の論理――、そして厳密な紛争解決のルールを顕在化させた出来事であったといえよう。これは紛争をめぐる在地秩序の実態を示すものであり、本件において荘園領主東大寺は在地紛争に対して調停機能を果たすものの、在地社会と皮相的にしか接触できないため、さきの複雑な在地秩序を把握することが困難であった。それゆえ、「五个一味」の認識に関して、東大寺側の認識と在地社会側の認識との間で決定的な齟齬が存在していたのである。また、鞆田や内保の上訴において、在地秩序に基づいて合力がなされていたことを勘案するならば、荘園領主の調停機能とは、こうした在地秩序の範疇でしかそもそも効果を発揮していなかったということになる。つまり、荘園領主の在地支配とは、本章であきらかにした在地秩序の上に乗るかたちでなされているものであり、紛争介入において在地秩序に著しく規定されていたのであった。

本件において東大寺は、在地社会側から杣人としての由緒を否定され、そして山野紛争での解決方法の違いを突きつけられてしまった。鎌倉末期における東大寺の在地支配とは、神人結合に基づく「五个一味」のみをより所として存在していたといえよう。そしてこのことは、神人結合の「五个一味」の在地秩序が変容し意味をなさなくなったとき、荘園領主の調停機能が機能不全に陥り、在地社会から遊離せざるを得なくなることをも示唆するのである。

冒頭で述べたように、一四世紀の山野紛争研究を主導してきた小林一岳氏は、当該期紛争を既存の地域秩序の崩壊と新しい秩序形成の契機として位置付けた[32]。本章はかかる小林氏の指摘をうけつつ、東大寺の膝下荘園である玉滝荘だからこそみえてくる、秩序崩壊過程の「ギリギリ」の部分に焦点を当てたものである。本章で扱った文保年間の山野紛争事例を通じ、先述した在地秩序の存在に加え、荘園制と地域社会における在地秩序との間で生じる「ズレ」そのものを明らかにすることができた。この「ズレ」こそが、一四世紀の山野紛争の歴史的意義を問うために必要な鍵となってこよう。その作業の前提に、荘園領主側の論理が濃厚に確認できる膝下荘園の分析こそ重要になるものと確信している。

註

（1）近年の紛争史については、服部良久・蔵持重裕編『紛争史の現在』（高志書院、二〇一〇年）を参照。

（2）小林一岳「十四世紀の地域社会―阿波国麻殖（種野）山をめぐって―」（藤木久志・蔵持重裕編『荘園と村を歩くⅡ』校倉書房、二〇〇四年）、同「山野紛争と十四世紀地域社会」（蔵持重裕編『中世の紛争と地域社会』岩田書院、二〇〇九年）、研究代表者小林一岳『日本中世における紛争と秩序形成に関する研究―山野紛争関係史料の収集と体系化―』平成一八～二一年度科学研究費補助金（基盤研究C）研究成果報告書（課題番号18520514）等。

（3）本章での玉滝荘の呼称について、混同を避けるため五つの荘園村落（玉滝・湯船・内保・槙山・鞆田）を包摂する荘園を示す場合は「玉滝荘」と呼称し、一つの荘園村落である玉滝荘ないしは玉滝村を示す場合は、「玉滝」と呼称して他の荘園村落も同様に処理する。

（4）文保元年一二月（二〇日）「東大寺年預所下文土代」（『三重県史資料編古代・中世（荘園編）下』三重県、二〇一五年）、三六七号（以下『三重・下』と略記し、史料番号を付す）。

（5）中村直勝「伊賀国玉滝荘」（『中村直勝著作集　第四巻』淡交社、一九七八年、初出一九三九年）。

（6）例えば、清水三男『日本中世の村落』（岩波書店、一九九六年、初出一九四二年）、石母田正『中世的世界の形成』（岩波書

店、一九八五年、初出一九四六年）などがある。

（7）水野章二「中世村落と領域構成」（『日本中世の村落と荘園制』校倉書房、二〇〇〇年、初出一九八五）、同『里山の成立―中世の環境と資源―』（吉川弘文館、二〇一五年）。

（8）酒井紀美「徳政一揆と在地の合力」（『日本中世の在地社会』吉川弘文館、一九九九年、初出一九九四年）。

（9）前掲註（4）。

（10）『三重・下』三六八。

（11）『三重・下』三六九。

（12）『三重・下』三七〇。

（13）『三重・下』三七一。

（14）『三重・下』三七二。

（15）『三重・下』三七三、『思文閣古書資料目録　善本特集第十九輯』二〇二一、二〇〇七年。

（16）『三重・下』三七四。

（17）『三重・下』二六四。

（18）転害会の研究については、和田義昭「東大寺八幡宮手掻会について」（日本史研究会史料部会編『中世の権力と民衆』創元社、一九七〇年）、武居由美子「中世における東大寺郷民の成長と祭礼」（『年報中世史研究』一六、一九九一年）、畠山聡「中世後期における東大寺と東大寺郷―転害会の分析を通して」（五味文彦・菊地大樹編『中世の寺院と都市・権力』山川出版社、二〇〇七年）などを参照。

（19）『三重・下』二七四・二七五・二七六。

（20）『三重・下』三〇七。

（21）【史料4】にみられる東大寺の対応の硬化は、まさに本件が悪党事件であり、領域を侵犯されたことによろう。これは村落の合力を得ることができない内保が、より強く荘園領主の調停機能を在地に呼び込むための論理であった可能性が高い（【史料6】でも内保は「他国之悪党」と表現する）。

(22) これは訴えてきた内保側の主張を認めたものではあるが、あくまでも「五个一味」を在地の実態的な結合形態と把握し、在地集団の人的結合の関係をフラットに捉える姿勢は、荘園領主側の認識といっても大過なかろう。

(23) 天徳三年一二月一〇日「蔭子橘元実施入状案」（『三重・下』一〇）。

(24) 酒井前掲註（8）論文。

(25) 建暦三年九月日「東大寺五師三綱等申状案」（『三重・下』二四三）。

(26) 「根源」は、中世史料でしばしばみられる、「根本」（荘園関係史料の用例では「根本住人」など）にニュアンスとして近いものと考えられる。

(27) 天喜四年三月一〇日「玉瀧杣湯船・鞆田等四箇村工等解」（『三重・下』二九）など。

(28) 建暦三年八月日「玉瀧荘百姓等申状案」（『三重・下』二四二）。

(29) 仁治二年四月日「文章生遠重申状」（『三重・下』二八六）など。

(30) 玉滝の村鎮守玉滝神社の近隣に立地する玉滝寺は、東大寺の現地機構として玉滝・鞆田との衆議評定を開催し、合議がなされていたと考えられる。このことは【史料3】にて玉滝側が「猶以重衆会可令申於巨細候歟」と、在地での合議を「衆会」と表現していることからもうかがえよう。在地社会における玉滝寺の位置づけなどは現地調査を含めた検証が必要である。後考を俟ちたい。

(31) なぜ内保が共同体から排除されるようになるのか。この問題は紛争解決のルールに加え、国境地域にある村落の形成過程と生業環境・地域社会の問題が背景にあると考えられる。この課題については別稿を期したい。

(32) 小林前掲註（2）諸論文。

［付記］本稿は、平成二七年度三田史学会大会（六月二七日、於慶應義塾大学）の口頭報告「在地社会における紛争と合力—東大寺領伊賀国玉滝荘の「五箇一味」をめぐって—」を成稿したものである。また、本稿は、平成二七・二八年度「慶應義塾大学博士課程支援プログラム」、平成二八年度「センチュリー文化財団赤尾記念基金」による研究成果の一部である。

第Ⅱ部

山野紛争の基層——荘園・村落と仏神

第五章　中世山城多賀郷の宮座について
——郷鎮守の本殿造替との関係を中心に——

根本　崇

はじめに

中世村落の形成・発展の歴史は、民衆の信仰対象となった神社・寺院に村内有力層が共同で祭祀集団を形成し、独占的・排他的に祭祀を執行する態勢（宮座・寺座）を構築していく過程でもあった(1)。その際、祭祀集団には神事祭礼の整備・継承だけでなく、宗教施設としての神社・寺院の造営・補修も求められた。なかでも神社本殿の造替は施工自体に多大な労費を要するだけでなく、御正体の遷宮や種々の建築儀礼を伴い、落成後は猿楽が興行されるなど一大大祭の性格を併せもった(2)。本殿造替は祭祀集団が多額の費用負担を求められる主要な機会ともなったと考えられる。

本章は山城国多賀郷を事例に、郷鎮守の本殿造替時における中世宮座の様相をみる。本殿造替に際会し多額の費用負担を求められた宮座の座衆はそれにどう対処したのか。座外の者はそれとどう関わり、郷社会の構成や祭祀のあり方にいかなる影響を与えたのか。中世における宮座の解体・再編の内実の一端を、こうした視点から明らかにしたい。

多賀郷は京都府綴喜郡井手町大字多賀にあたり、小字「天王山」に鎮座する高神社には、本殿造替に関わる史料として、文永九年高神社造営流記（以下、「文永の流記」という）、永正六年高神社造営記録、大永三年高神社宝堅目録及び慶長九年高神社造営棟札が伝来する。このうち、猿楽の初出史料として著名な「文永の流記」は文永八年本殿造営記・文永九年神輿造営記・仁平元年神輿荘厳鏡鋳造記からなる。近年、田村憲美氏が原本の錯簡を正した上で全文を翻刻し、殿原層の動向を中心に網羅的な検討を行われた(3)。本章はこの田村氏の労作に学びながら文永八年の本殿造替の実施過程を追い、加えて永正五年・慶長九年の本殿造替についても取り上げ、比較・検討を行いたい(4)。

第一節　郷鎮守の成立

多賀郷は南山城平野の中央部に位置し、大半を東側から延びる山林が占め、西端を木津川が北流している。この山林と木津川の間のわずかな平野部が古来人々の主要な土地利用の場となった。古代は『和名類聚抄』の「多河郷」に比定され、中世では多賀郷一郷で安堵荘を称した。「文永の流記」から鎌倉期多賀郷の住民構成をみると、郷運営の中核を担った殿原と「三村」を拠点とした在地人に分かれ、ほかに河原者・間人がいた。「三村」は大永三年高神社宝堅目録の「東村」「くほ村」「谷村」とみられ、掾官と若輩が年齢集団を構成した(5)。近世村多賀村（禁裏御料）は東・西・南の三株から成り、それぞれに村方三役が置かれた(6)。古くからの集落は南谷川両岸の段丘上に位置する。右岸側が東村・久保村に、左岸側が谷村に比定される。東村の背後に多賀城があったといわれ、南側の低地部には小字「上山田」「小払」「庵垣内」「石名田」「判ノ地」「下川」「帽子田」と続く水田が広がる。この水田地帯を横切り、山裾を流れる南谷川を渡ると高神社入口に着く。そこから石段を登った山上が高神社境内となる。もとは近世をとおして大梵天王社であったが、慶応四年「如旧高神社と相改度」との願いが出され高神社となった。(7)「文永の流記」中の仁平元年神輿荘厳鏡鋳造記には、仁平期の「御造功」に併せて鋳造された御輿荘厳鏡の勧進の記録が筆写されている。

　山城国綴喜郡多賀郷之鎮守　天満天神御輿荘厳鏡卅六枚可鋳造奉加事
　多賀郷内在家上中下諸人、彼御鏡直物料、配薪家別十束可奉加之状
　右、御輿荘厳者、偏奉為両方本家幷○下司、御息災安穏増長福寿、心中大願成就円満也、次ニ道俗男女貴賤、上下手足○輩、皆悉二世大願成就、獲得給者也、
　　仁平元年九月十五日　　勧進惟宗定延

仁平元年（一一五一）、勧進僧惟宗定延は「多賀郷之鎮守」天満天神社の御輿荘厳鏡三六枚を鋳造するための奉加として、「多賀郷内在家上中下諸人」から薪を「家別十束」で集めようとした。鏡鋳造に必要な費用を、郷の住民全体からの拠出で賄おうとしたのである。「家別十束」という割当からは、奉加とはいいながら実際は半ば強制的な臨時の賦課であったことをうかがわせる。そして、この御輿荘厳の目的は、「偏」として、本家と下司の「御息災安穏増長福寿、心中大願成就円満」のためとある。荘園領主（本家）と荘官（下司）の安穏の祈祷こそはこの事業の第一の願意とされたのであり、天満天神社には元来、祈祷の対象を荘園支配秩序の中枢にある者に限定する傾向があったことがわかる。しかし一方で、「次ニ」として、御輿荘厳によって「道俗男女貴賤」が「皆悉二世大願成就」を得られるとも説いている。この史料が勧進を内容としている以上、「道俗男女貴賤」は不特定多数の人々ではなく、勧進に応じて奉加する特定の者らを指しているであろう。つまり、奉加すれば「二世大願成就」が得られるとうたい、郷の住民に対し広く合力が呼びかけられたのである。冒頭の標題（事書）で天満天神社が「多賀郷之鎮守」と呼ばれているのも、こうした合力の要請を背景としていたと考えられる。

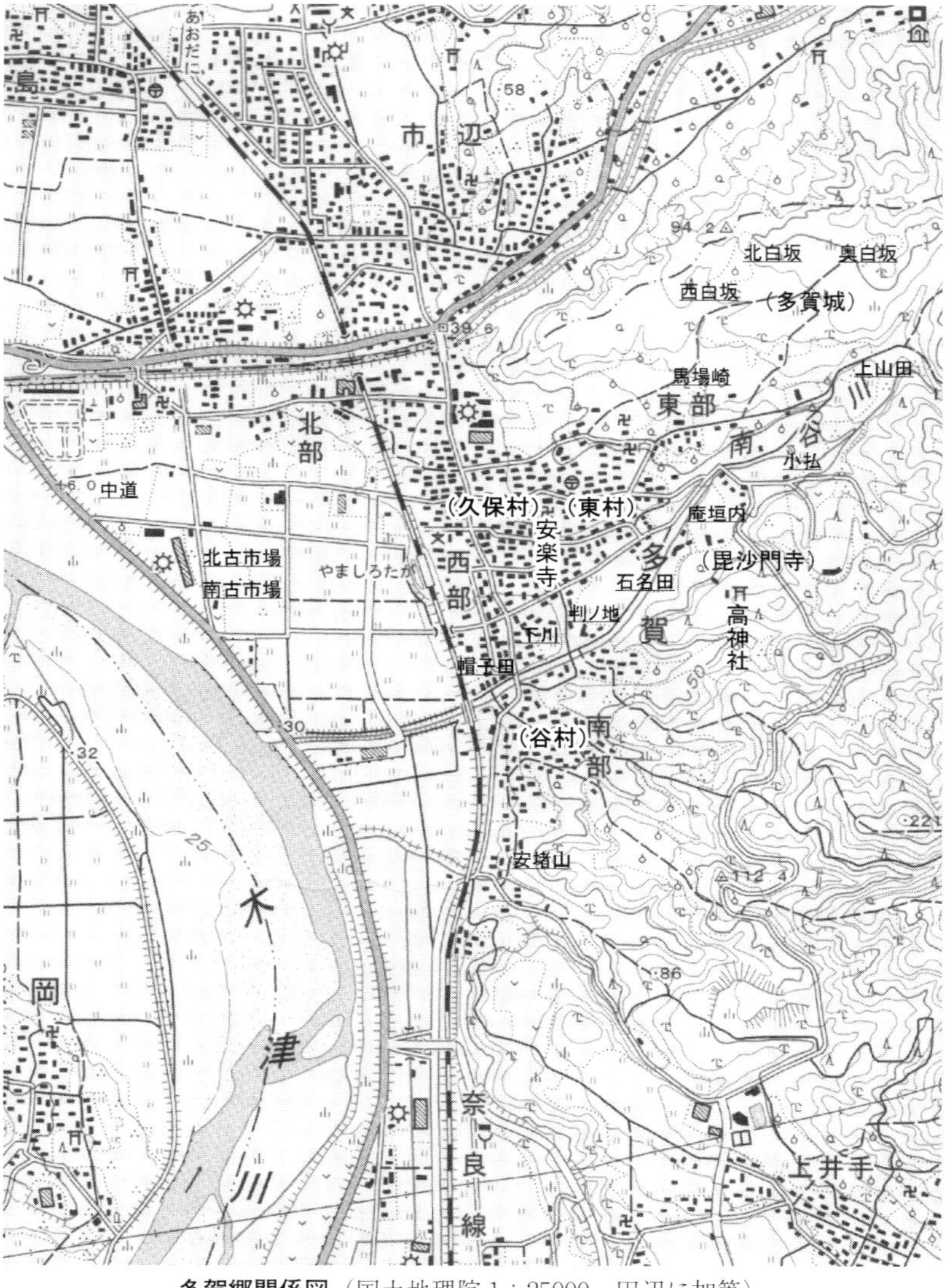

多賀郷関係図（国土地理院1：25000　田辺に加筆）
※アンダーラインは、現行の小字の一部を示す。

約一二〇年前のこの勧進の記録を筆写した「文永の流記」の作者弘弁は、続けて「御唐櫃ノ奉加帳」に、「奉加人上中下一百廿八人」が布六段と薪一三一〇束を奉加し、七二〇束は「御鏡之直」に、残りは別の用途に遣ったことがみえると記している。多賀郷の住民は実際に勧進に応じたのであり、ここに鎮守社と郷の住民との新しい関係をみることができる。すなわち、仁平期の天満天神社は、御輿荘厳の目的を第一に本所・下司のためとしていることからもうかがわれるように領主の祈祷所としての性格を色濃くもっていた。しかし、一方では郷の住民からも「二世大願成就」を祈願する対象＝郷鎮守として認識され、一二八人もの住民が奉加する対象ともなっていたのである(8)。

鎌倉期にはこうした動向が確実に進行していた。仁平期の天満天神社は、文永八年高神社本殿造営記では社号が天王社となっている。時代は下るが、永正六年高神社造営記録に「多賀郷惣社大梵天王」とあることから、天王社は大梵天王社であると考えられている(9)。この天満天神から大梵天王への「神格の変換(10)」が具体的にどのように行われたかは明らかでないが、ここで注目されるのは、文永八年高神社本殿造営記と文永九年高神社神輿造営記に記された願意の中身である。すなわち、前者は「郷内豊穣五穀成熟、牛馬眷属息災安穏、上下諸人男女老若、心中所願成就円満、及以法界平等利益」、後者は「郷内安穏、諸人快楽、貴賤上下、息災延命、増長福寿」とある。仁平期の御輿荘厳が第一に本所と下司のためとされていたのとは対照的である。殊に文永八年高神社本殿造営記に「郷内豊穣五穀成熟」とあるのは、この時期の大梵天王社が地域住民の生産活動に密接な関わりをもつ「五穀成熟」を祈願する農業神として崇敬されていたことをうかがわせ、注目される。このように、大梵天王社は文永期には多賀郷の郷鎮守として確立しており、願意の内容が住民生活の実際に沿う形でより具体化されていることから、郷の住民自身による祭祀集団（宮座）が形成され、住民の願いが直接願意に投影される形で祭祀が執行されるようになっていたことが推測される。

第二節　文永八年の本殿造替

鎌倉期多賀郷に祭祀集団（宮座）が成立していたとすると、それは当時の郷社会のなかで、殊に郷を構成していた殿原・在地人との関係で、どのような形で存立していたのであろうか。文永八年の本殿造替の実施過程から考えたい。

最初に本殿造替の概要を確認する。「文永の流記」冒頭の文永八年高神社本殿造営記は、「流記□□（御造）功目録事」の標題に続き、表1の一～六の事書で本殿造替の内容を具体的に記している。

一　本殿造替の概要

実際の造替の流れは以下のとおり。二月一六日新殿の作事に先立ち「社北脇」で遷殿の地引があり（⑤）、二月二一日御湯御神楽の後、御正体が仮殿（遷殿）に遷宮し、そこで「伝供」と称する献饌がある。仮殿御座の間、神子・現子・禰宜が祇候し、殿原の一人により一七日間供物が捧げられ、「人志」により毎日神楽が奉納される（⑥）。殿原一人による供物は⑮「下行用途色々事」に記載がないから、あるいは宮座の頭役であろうか。二月二六日荒神祓がある（③）。新殿では二月一八日釿始、二〇日柱立、二四日地引、二七日棟上・重釿始がある。棟上では垸飯・酒肴等の多くの供物が出る。ほかに妻戸立・板敷鉋がある（⑦）。檜皮葺きの作事の節目には軒切・棟裏がある。棟裏では禄物が出る（⑨）。三月三日は節供の祝いがある（⑦）。郷の年中行事に合わせ作事が休みとなったのであろうか。新殿が完成すると、御湯御神楽の後、御正体が仮殿から新殿に遷宮し、そこで再び「伝供」があり伎楽が奉納される（⑪）。その後、四月三日宝堅神事で紀州石王権守と宇治若石権守の猿楽競能があり（⑬）、四月四日重荒神祓がある（⑭）。宝堅は方堅とも書かれ、そこで奉納される猿楽は、社殿等の造営に際し行われる「悪魔払いの行事」「結界鎮壇的な行事」

表1　文永八年本殿造営記事書一覧

	事書	主な内容
①	御造営沙汰人事	作事奉行（二名、うち一名は「文永の流記」の作者弘弁）、用途下行雑掌（二名）、奉加用途催促奉行（一名＝御薗下司）、材木運上奉行（一名＝神主）について記す。
②	材木事	「材木買輩」が殿原（二名）、三村（各二名＝掾官一名・若輩一名）、大工（一名）の計八名からなることについて記す。材木の種類・寸法・数量・費用について別に記す。
③	荒神祓事	二月二六日。
④	番匠事	大工・少工各一名について記す。少工は大工の弟子とある。大工は複数の競望者が神社の宝前で籤を引いて選ばれたとある。
⑤	遷殿事	二月一六日「社北脇」で地引。一八日釿始・棟上等（酒肴等は新殿と兼ねるため省略）。
⑥	仮殿御遷宮事	二月二一日御湯御神楽の後、仮殿へ遷宮。遷宮後、「伝供」（献饌）。仮殿御座の間、神子・現子・禰宜が祇候する。供物は殿原の一人が一七日間用意する。毎日神楽が奉納される。
⑦	新殿釿始柱立棟上等事	二月一八日釿始。二〇日柱立。二二日古殿を壊す。二四日地引。二七日棟上・重釿始。妻戸立・板敷鉋・三月三日節供について別に記す。
⑧	番匠食作料事	番匠に支払われた食料と作料について記す。
⑨	檜皮葺事	檜皮の費用と、檜皮葺きに支払われた食料と作料について記す。軒切・棟裏と、棟瓦の費用について別に記す。
⑩	新殿荘厳事	神殿の荘厳について記す。「小神二所」についても記載がある。
⑪	新殿御遷宮事	御湯御神楽の後、新殿へ遷宮（日時は不明）。遷宮後、「伝供」（献饌）と伎楽。
⑫	御造功間人夫事	三村各三名が交代で勤める。大勢の人手が必要な時は三村同時に勤めるとある。
⑬	宝堅事	四月三日。紀州石王権守と宇治若石権守が猿楽競能。「殿原サシキ」「女房サシキ」「地下座シキ」について記す。「地下座シキ」は「我ト造作ス」とある。「当座懸物」について別に記す。
⑭	重荒神祓事	四月四日。
⑮	下行用途色々事	全工程の下行用途（釘用途・船賃など①～⑭に記載のない事項を含む）を米と銭に分けて列記し、計米三二石九斗三舛・銭一二〇貫二一三文を集計する。
⑯	奉加用途員数事	奉加用途を「殿原分」「女房達分」「里人分」に分けて人別で列記し、御倉神物と合わせ、計米三二石九斗三舛・銭一二〇貫二一三文を集計する。内容は表2を参照。

であったといわれる。[11] 遷殿の地引から重荒神祓までで約一か月半の工程となる。

二 「氏人上下諸人」への勧進

「文永の流記」の作者阿闍梨弘弁は僧大輔公定有と共に作事奉行を勤めた勧進僧でもあった。[12] 現場の状況をよく知りえた者の目には、約一二〇年ぶりの本殿造替はどのように実現されたと映ったのであろうか。

右、当社御宝殿者、[1]自仁平年中御造功之以降、一百廿余年春秋歳積星霜日重之間、朽損過法御体半顕、然而相当無神物、勧進無人力、爰去建長之比、当郷与田村郷、依境相論、聊闘諍出来之時、為郷民之沙汰、少分兵乱米已上二石五斗集置処、彼闘諍自然仁落居之間、以件用途、令寄進于神物畢、[2]存私輩者、可人用之由、雖令結構、有興隆族少々、加連署籠御宝殿、暫以神主之許、令収納之処、員数陪々之間、別立御倉各結番、著毎年一人之沙汰人、令収納之、以彼用途為本質、令勧進氏人者也、[3]抑奉加勧進事、任面々意楽者、可有名無実之間、御造営更不可事行、仍氏人殿原衆会評定倫、啻不用面々自召之言、不聞縁者口入之譏、無偏頗矯飾、随其器量、可相充云々、衆義一同之間、氏人上下諸人如随葉露、任概分充課了、[4]但雖可為文永七年之春、在地猶不一味之間、同八年仁令延引畢、[5]而彼歳天下飢饉之故、在地人等之奉加、於三分二者被宥免了、其内平均百文者、被半減了、至殿原分者、随信力之浅深、奉加増減不定也、

右は、さきの一六の事書に続き最後に願意が陳べられている箇所の前段部分で、本殿造替の財政基盤となった御倉神物（御倉神物の語は⑯「奉加用途員数事」から）の来歴とそれを原資とした勧進について、その過程で生起した五つの問題とそれへの対応を軸に記述されている。五つの問題とは、(1)本殿が仁平期の造営以降一二〇余年たち御正体がなかば顕わとなるほど朽損していたが、造替に足る神物も勧進を行う人力もなかった。こうしたところ、建長（一

二四九〜五六）頃の田村郷との境相論に際し「郷民之沙汰」として集め保管されていた「少分兵乱米」二石五斗が、相論の解決で不要となったので神物に寄進された。(2)その使途をめぐっては内紛（「令結構」）が生じたが、「有興隆族少々」が連署して本殿に籠め「可人用」の動きが阻止された。こうして、しばらく神主のもとで収納が行われたところ、「員数陪々」となったので別に倉を建て毎年二人の沙汰人をつけて収納するよう改めた。御倉神物を「本質」（原資）として「氏人」に勧進する条件はこうして整った。ところで、(3)奉加を各人の志に任せると造替に必要な費用が集まらなくなるおそれがあった。そこで、「氏人殿原衆会」が評定を行い「随其器量、可相充」で「衆義一同」し、「氏人上下諸人」に相応の割当を賦課した。しかし、(4)この賦課（「充課」）に対しては、在地人が春になっても「一味」しなかったので、造替は翌年に延期された。だが、(5)翌文永八年は「天下飢饉」となったので在地人への割当は三分の二の者が一部宥免され（一〇〇文相当の者は半減）、殿原は増減の額を定められなかった、以上である。

このように、本殿造替の財政基盤となった御倉神物の来歴は、建長頃の田村郷との境相論にまでさかのぼる。それは、神物に寄進された「兵乱米」の「可人用」の動きが阻止され、神主のもとでの収納をとおして増資に成功したことにより成立した。これは、弘弁が御倉神物の来歴を示すために纏め上げた、約二〇年にわたる過去の出来事である。それに対し、「抑奉加勧進事」で始まる後半部分（(3)以下）は、本殿造替が具体的日程に上ってからの、弘弁にとってより同時代的な出来事であったと思われる。冒頭にあるように、地方の神社には日常的な備えとして造替に耐えうる蓄えがなく（「相当無神物」）、かといって勧進で広く奉加を募れる人力もなかった（「勧進無人力」）。こうしたなか、いくばくか神物の蓄財（御倉神物）ができたので、それを原資として郷の住民に対し割当方式で勧進が行われることとなった。①「御造営沙汰人事」の奉加用途催促奉行の任命は、こうした動きに連動した措置であったと思われる。その内容は、「啻不用面々自召之言、不聞縁者口入之讒、無偏頗矯飾」という原則で、各人の「器量」を基準に奉加銭を公平に割り当てるものであった。「兵乱米」の使途をめぐって争った(2)の「存私輩」と「有興隆族」はおそらく殿原層と考えられ、決して一枚岩ではなかったから「評定」が必要となり、公平無私の姿勢が強調されることとなった。弘弁はそれを「氏人殿原衆会評定併、……随其器量、可相充云々」と伝聞調で伝えている。割当方式の方針が特定個人からのものではなく、個を越えた「殿原衆会」全体の総意として出されたものであることを強調しようとしているのだと思われる。これは、勧進が郷全体を統制して行う強制性の強いものとなったため、調整役を担う「殿原衆会」が実質的な勧進の執行主体となったことを示すものである。「殿原衆会」が勧進の執行主体たりえたのは、日常的に郷鎮守を祭祀する集団（宮座）を構成し神社施設の維持・管理にも責任を負っていたこと、また郷運営の主体そのものでもあったことによるであろう[13]。実際の作事にあたっても基本方針は「殿原衆会」が決定し、①「御造営沙汰人事」の作事奉行・用途下行雑掌・材木運上奉行は、その決定事項を施行してゆく現場責任者の立場に置かれていたと考えられる。

しかし、事は簡単には進まなかった。「随其器量、可相充」の方針は殿原層に対してだけではなく、「氏人上下諸人」に対して強制されようとしていた。しかし、これに対しては(4)に「在地猶不一味」とあるように、在地人がなかなか一つにまとまらなかったため作事は翌文永八年に延期となった。さらに、その年は「天下飢饉」となったため、結局、在地人三分の二に対しては宥免の措置をとらざるを得なくなった。恒例の猿楽興行の雑事負担を「先例」とするほど郷の祭礼に深く関わるようになっていた在地人（⑬「宝堅事」、後掲）のなかに、この時の過重な割当に対しては俄に同意しえない者がいたのである。本殿造替の実現は、何よりもまず、当初の「随其器量、可相充」の全体方針が大幅に変更されつつも、年をまたいでようやく成就した、「氏人上下諸人」への勧進によってもたらされたといえよう。

実際の奉加の内容は、⑯「奉加用途員数事」に記されている。表2はそれを表化し、奉加用途と御倉神物の内訳を

表2　奉加用途と御倉神物（⑯「奉加用途員数事」より作成）
※数字は原文のままとした。

奉加銭	「殿原分」（26人）	「女房達分」（16人）	「里人分」（132人）	合　計（174人）
3貫	1人			1人
2貫	4人			4人
1貫	5人	2人	3人	10人
800文			1人	1人
630文			1人	1人
500文	4人		2人	6人
330文			2人	2人
300文	2人	6人	6人	14人
200文	2人		11人	13人
166文			1人	1人
100文	1人	5人	18人	24人
80文			1人	1人
65文			1人	1人
50文			81人	81人
40文			1人	1人
30文			1人	1人
その他	馬1疋　2人（※1） 白布1段　1人 烏帽子饗　4人（※2）	白布4丈　1人 紺1切　2人	銭1貫文（※3） 銭1貫文（※4） 銭1貫文（※5）	
奉加用途	銭20貫100文 米3石	銭5貫文	銭19貫753文	銭44貫853文 米3石
			御倉神物	銭75貫350文 米29石9斗3舛
			総　額	銭120貫213文 米32石9斗3舛

（※1）　御香下司・安堵下司
（※2）　銭1貫文1人　米1石3人
（※3）　「自三村散楽六（禄）物ニ出也」
（※4）　「神子入事」
（※5）　「神子右一事　熊石神子沙汰」

示したものである。これによると、「随其器量、可相充」の方針で集められた奉加銭には、殿原にも三貫文から一〇〇文までの開きがあることがわかる。これは経済力の差を反映していると考えられるが、三貫文の右衛門三郎を筆頭に一貫文以上が計一〇人を数え、郷内において経済的優位グループを構成していたことがうかがわれる。一方、五〇〇文四人、三〇〇文二人、二〇〇文二人、一〇〇文一人と、一部の殿原に勢威低下の兆候が見受けられる。また、「里人」（在地人）は一貫文三人、八〇〇文一人、六三〇文一人、五〇〇文二人、三三〇文二人、三〇〇文六人、二〇〇文一一人と続くが、一〇〇文以下が一〇三人、うち五〇文以下が八三人と全体の六三％を占める。殿原上層に匹敵する富裕層が一部におり、殿原下層に相当する中間層がこれに続くが、大半は一〇〇文以下の零細下層民で、うち五〇文の八一人が数の上で突出している。田村氏も指摘しているように、「於三分二者被宥免了、其内平均百文者、被半減了」とある「半減」はこれら最下層の人々に対する措置であり、宥免に特別な配慮が払われていることから、「在地猶不一味」の状況をつくり出していたのはこれらの人々ではなかったかと推測される。

三 「殿原衆会」と在地人

「殿原衆会」はなぜ本殿造替を一年延期させてまで、在地人を含む「氏人上下諸人」への勧進にこだわったのであろうか。一つには、作事の過程にみられる厳しい財政事情がある。作事の費用と奉加との対応関係を個別に示すことはできないが、在地人への催促は「天下飢饉」という状況のなかでかなり困難をきわめたらしい。番匠の食作料は本来「番匠朝夕経営」を「郷民等之沙汰」として用意する手筈であったが、飢饉で「難合期」との理由で一四石・一四貫（一人一日四斗・四〇文で三五〇人日分）が「支度」として御倉神物から下行された。これは、さきにみた在地人への奉加銭の宥免措置を思い起こさせる。しかし、これに対しては大工から「日数五十余日過分」の訴えがあり、「追」って一石・一貫が下行された（以上、⑧「番匠食作料事」）。計一五石・一五貫は⑮「下行用途色々事」でみると、米は最大（四六％）、銭は材木用途・檜皮用途に次いで三番目（一二％）の支出である。おそらく人工が定められていなかった「番匠朝夕経営」が三五〇人日分で一括下行となり、それが過少見積もりであったことから五〇人日分がさらに下行されたのであろう。追加の五〇人日分一石・一貫は一人一日二斗・二〇文で、当初の「支度」の四斗・四〇文の半分である。同様のことは檜皮葺きの食作料についてもみられる（⑨「檜皮葺事」、「支度」が一〇〇人日分で四石・四貫、追加二〇人日分は五斗・五〇〇文）。一括下行に切り替えた上、それが過少であるとわかると追加分は当初より少額の割合で済ませなくてはならなかったのである。また、本殿完成後の宝堅神事は、「抑如此散楽雑事者、三村掾官等、在家別ニ取合米、令経営者先例也、然而飢饉之間、難合期之由、依歎申、神物於令下行了、其代仁自三村銭一貫文、散楽六（禄）物中ニ沙汰加畢」とあり⑬（「宝堅事」）、本来、猿楽興行の雑事は「三村」（在地人）が在家ごとに米を拠出すべきところ、同じく飢饉で「難合期」との理由で御倉神物からの米二石二斗の下行となり⑮（「下行用途色々事」）の「宝堅散楽食」）、かわりに「三村」からは禄物として銭一貫文が支払われたのであった。

これらの事例にみられる御倉神物の代替機能（殊に飢饉時における米の倉出し）も注目されるが、こうした結果、本来「御殿御造功之次」に予定されていた御輿の造営は「依為経廻重畳神物尽、助成又難合期」の理由で実施困難となり、翌文永九年「神物散在之残」を懸命に集め、それを「本質」（原資）として改めて勧進を行わなくてはならなくなった（文永九年神輿造営記、この時は計一六名が銭五貫三〇〇文・米一石を奉加）。表2の集計に、奉加用途四四貫八五三文・米三石、御倉神物七五貫三五〇文・米二九石九斗三舛とあるが、これは、飢饉に伴う在地人への宥免措置が神物の下行で肩代わりされた結果を反映したものであり、その結果でみると御倉神物は銭が全体の六三％、米が九一％を占めている。弘弁が「難合期」と繰り返し記した飢饉の影響がどの程度御倉神物へのしわ寄せとなって表れたのか、その総体を正確に把握することは難しい。しかし、本来はこれより多くの奉加用途が見込まれていたはずであり、本殿造替後の御輿造営時の「神物尽」は想定外の事態ではなかったか。それだけ、飢饉のなかぎりぎりのやりくりが行われたのであり、また、当初は在地人からも相当量の奉加が求められていたのである。

二つ目の理由は、それ以前の、そもそもの造替費用の集められ方自体に関わる。薗部寿樹氏によると、一三世紀半ば乙名を指揮者とする宮座集団が運営を始めた村の宮座財政は、惣有地・頭役、烏帽子成等による直物の三本柱で成り立っていたという。[14] 多賀郷の本殿造替のばあいも、⑯「奉加用途員数事」の「殿原分」に「烏帽子饗四人」として計銭一貫文・米三石が拠出されていることがみえるから、宮座財政で賄おうとする姿勢は崩していない。だが、全体に占める割合から考えて造替事業の財政基盤としては過大に評価することはできないであろう。また、宮座集団としての「殿原衆会」が共同出資する方式も考えられるが、それも採用されなかった。実際に採用されたのは、御倉神物を原資とし、「氏人上下諸人」を対象とした、「随其器量」の基準による割当方式の勧進であった。殿原の宮座財政が造替費用を捻出する基盤たりえず、殿原・在地人の階層差を問わず、「器量」＝経済力を基準とした郷の構成員全員からの奉加が求められたのである。「如随葉露、任概分充課了」といわれた具体的な負担額の確定は、おそらく殿原層が率先して「器量」に応じた負担額を表明し、それを在地人に当てはめる形で進行したと思われる。その意味では、殿原には田村氏が指摘しているような名士的・名望家的な側面が認められる。御輿造営の勧進（二度目の勧進）を奉加したのも、その多くは殿原とその「女房」「尼」とみられる女性たちであった。だが、果たして「至殿原分者、随信力之浅深、奉加増減不定也」といわれたほどに、殿原の奉加は造替費用の不足分を補うに十分なものだったのであろうか。飢饉による「難合期」の状況での代替機能は、その一部を御倉神物が果たしていたことはさきにみた。そもそも、「彼歳天下飢饉之故、在地人等之奉加、於三分二者被宥免了」は、逆にいえば在地人の三分一（表2の概ね二〇〇文以上の層か）は宥免措置なく奉加の割当義務を果たしたのである。むしろ、造替事業を主導した「殿原衆会」が独立した経営主体たりえなかった点に、文永期の殿原の郷における立ち位置が示されているといえるのではなかろうか。

それでは、なぜ奉加銭は殿原と在地人の富裕層からのみでなく、「氏人上下諸人」、つまり零細下層民を含む郷の構成員全員から集められたのであろうか。大局的には、当該期の「多賀郷」が住民の生産活動に直結する灌漑施設の維持や山野用益の保全に関わる機能を果たすようになっていたことが推測される。また、さきにみた財政事情の厳しさが最下層の人々からの奉加をも必要としたともいえよう。だが、ここでは改めて作事延期の理由が「在地猶不一味」といわれた点に注目したい。通常の宮座財政からの拠出とは異なる奉加銭の割当は、在地人にとってはいわば寝耳に水の話であり、経済力に差のある一三〇余名の間でも意見が割れたことが想像される。そして、一つにまとまらない状態が在地人の奉加を阻む要因と目され、作事は翌年に延期されたのであった。つまり、ここで注目されるのは、勧進する側からは、在地人が奉加するかどうかは在地人自らが「一味」するかどうかにかかっているとみられていたことと、翌年の三分の二に対する宥免措置は、その「一味」を引き出すための誘引剤の役割を果たしていたと考えられる点である。在地人の立場からいえば、仮に勧進に応じるならば、「随其器量」の基準はたとえ零細な経済力しかもたない者であっても全員が一致して従わなくてはならない、と在地人自らによって考えられていたことになる。そして、その背景として、全員が一致して原則を受け入れるのでなければお互いが納得し合えないような関係性が在地人の間に育まれていたことが想像される。ここですぐに想起されるのは、在地人が生活基盤とし、のちに近世村多賀村の「三株」となったとみられる「三村」(東・久保・谷)の存在である。恒例の猿楽雑事の負担では掾官が在家ごとに米を集める徴収システムとして機能した関係性が、勧進においては統一基準を守るための強制力としてはたらいたのではないか。無論、それは奉加しないという形での「一味」もありえたはずであり、また「天下飢饉」に際しそのことが実際に危惧されたからこそ、三分の二の者への宥免措置、最下層の者への半減という大幅な方針転換が引き出されたのである。そして、宥免措置をとおして在地人が「一味」できたのは、経済的負担の軽減という物質的側面からのみでなく、宥免措置のなかった残り三分の一の者がそれを是とするような、在地人の間での階層差の意識がはたらいたことにもよると考えられる。これは、新殿遷宮後の「伝供」において殿原に交じって黄餅を供えた長太郎(勧進では三三〇文奉加)や青餅を供えた伊賀刀禰(同上、三〇〇文奉加)のような、献饌を行うに足るだけの社会的地位を郷内に築きつつあった者らによる新しい階層意識であり、従来の座の秩序を根底から揺るがしかねない性格のものであった。

殿原の宮座はこうした状況を背景として、その祭祀のあり方をより先鋭的な形で独占的・排他的なものへとしていかざるを得なくなった。一方で宮座からなる階層秩序と経済力の序列との関係にずれが生じてきている状況があり、新たな富裕層を郷運営の中核に位置付ける工夫を宮座に必要とさせた。この相矛盾する動向を調整していくことが中世宮座の課題となるが、文永期の多賀郷は、造替事業に対する一時的な対応であったとはいえ、費用の捻出を郷の構成員全員への統一基準での賦課という座の秩序を越えた方式で対応しようとし、しかし、座外の者の「一味」に規定されそれを貫徹しえなかった点に特徴がある。ここに、建長期の「兵乱米」の徴収にもみられた「郷民之沙汰」が、宮座の解体と再編の契機がはらまれつつも要請されざるを得ない、鎌倉後期の郷の歴史的位相が見出されると考える。

第三節　永正五年・慶長九年の本殿造替

永正五年の本殿造替は、永正六年高神社造営記録からその概要をうかがい知ることができる。志趣書の冒頭に、

当社及破損年、雖然造営要脚無之、爰郷内上下朝夕雖修造之志ハケマス与、不致時剋間、積年月畢、

とあり、いつ以来の造替であるかは記されていないが、文永度と同じく破損による造替であったこと、費用がないためしばらく作事を起こすことができないでいたことがわかる。続いて、懸案となった造替費用については、

地下講朔幣弓場多賀寺山銭等少々取集、為是種子雖物成与、炎旱不熟ヨッテ難成之間、貴賤奉加太夫成烏帽子着以下積集、永正五年正月始比ヨリ取立企修造……、

とあり、当初は「地下講朔幣弓場多賀寺山銭等少々」を寄せ集め、それで用立てた種子をもとに収穫しようとしたが、日照りで作物がとれなかったため困難となり、「貴賤」からの奉加と太夫成・烏帽子着の直物などで賄ったとある。これを本文中の集計でみると、銭が「当社銭請取分」七四貫二〇六文と「蔵」六一貫二〇七文（社頭米、「前ヨリ倉ニアル分」）、米が「蔵」二二石二斗五舛で、このうち「当社銭請取分」の内訳は、(1)「太夫成」「烏帽子」が二四貫三三二文（三三%）、(2)特定個人からの拠出が計五名で一八貫五〇〇文（二四%）、(3)「奉加」が一五貫五七六文（二一%、米を含む）、(4)「宮山」「多賀寺山」「弓場」が一四貫八〇〇文（二〇%）などと続く。「炎旱不熟」のなか、宮座の直物(1)と特定個人からの拠出(2)で「当社銭請取分」の五七%を占め、「貴賤」からの奉加(3)は銭と米を合わせて二一%に止まった。また、全体としての不足分が「蔵」の社頭米で賄われた点は、文永度の御倉神物と類似する。

実際の造替の流れは以下のとおり。一月八日釿始祝・土公神祭、翌九日棟上がある。棟上では白酒・白餅・鯛等多くの供物が出る。一月一一日御正体が仮殿に遷宮し（下遷宮）、そこで「伝供」（献饌）がある。仮殿（遷殿）については別に「雲形布一　是者本社与遷殿与間ニ引」とあるので、文永度の「社北脇」と同様、本殿の近くに位置していたと思われる。仮殿御座の間、禰宜・御子が参籠し、毎日供物と神楽が奉納される。また、「仮殿ニ御座間、氏子精進而毎日参詣ス」ともあり、郷の住民が精進の上参詣する。新殿では檜皮葺きの作事の節目に軒付祝・軒切祝・棟祝がある。棟祝では棟梁らに引出物が出る。新殿が完成すると、四月七日御正体が仮殿から新殿に遷宮し（上遷宮）、そこで再び「伝供」らしき献饌がある。以上、釿始祝・土公神祭から上遷宮までで約三か月の工程となる。文永度と比べると、作事に先立つ仮殿遷宮（下遷宮）後の「伝供」において、郷内有力層数名が献饌している点が一致する。新殿遷宮（上遷宮）後の献饌も同様であろう。一方、文永度では新殿遷宮後の四月三日に行われた宝堅神事が、「色々雖テウハウスト、時剋《コク》不来シテ十六年カ間延引」（大永三年高神社宝堅目録）し、大永三年一一月一六日の実施となった。

文永度との違いで注目されるのは、鎮守神と郷の住民との関係である。文永度は仮殿御座の間、供物は殿原一人が用意した。ところが、永正度は「氏子」が仮殿に毎日参詣し、「毎日御供施主志次第、欠如之時者自倉下行」とあり、おそらく参詣した郷の住民がその志によって用意することになっていた。また、別に「御旅所鳥居事」として、材木は柱が一貫文、笠木以下は宮山で、作料は番匠請切で三貫二〇〇文とあり、郷内のいずこかに御旅所があったことがわかる。郷の恒例の祭礼において、巡幸する鎮守神が御旅所で「氏子」から祭祀を受けていたのであろう。このように鎮守神が仮殿や御旅所で「氏子」から直接拝礼を受ける対象となり、供物も「伝供」等の重要儀式を除き施主の志次第とされるなど開かれた存在となってゆくのは、殿原の宮座を中核とする鎌倉期の多賀郷が中世後期の社会変動をへて形を変え、祭祀集団自体が歴史的展開をとげて祭祀のあり方に影響を与えたことによると思われる。

ここで問題となる戦国期多賀郷の「氏子」の構成については、少し時代が下るが、慶長九年の本殿造替から考えたい。慶長九年高神社造営棟札の表側には「奉当社大梵天王造立任天下泰平当郷安穏子孫繁昌処」とあり、禰宜・神主のほか、下司・西・小サキ・ふかす・今西・奥西・松本・下村の姓をもつ計一四名の人名が列記されている。このうち下司氏と下村氏は、高神社本殿前の慶長一一年・同一三年の石灯籠にもそれぞれ「当所住下村孫左衛門」「多賀村住人下司左太郎清政」とある[15]。また、石灯籠造立に先立ち燈明銭が寄進された[16]。

当所御神事九月二日三日ニ候おきなせん十分一、かくたうのまへより我等家ニつたわり毎年被取申候、然者今度石たうろ仕候而立可申候間、とうミやうせん御上付申候間、当年より祢き神主令取沙汰御とうミやうに御とほし可有候、仍状如件、

慶長拾参年己申　　下司　平右衛門（花押影）（印影）

八月廿一日　　同　　左太郎

侍衆
おとな衆
祢義
神主参

右は、「当所御神事九月二日三日ニ候おきなせん十分一」を、石灯籠の燈明銭として「上付」することを記した寄進状である。差出書の下司平右衛門・同左太郎は、両名とも慶長九年の棟札の人名一四名中にみえ、左太郎は慶長一三年石灯籠の奉納者でもあった。充所の「侍衆・おとな衆・祢義・神主」は、侍衆とおとな衆が燈明銭を神物として共同管理し、禰宜と神主が「取沙汰」して燈明を灯すと理解できよう。そして、棟札の有姓の人名がこの侍衆であることは容易に想像がつく。問題は侍衆・おとな衆の来歴であるが、永正六年高神社造営記録の「伝供」に「赤飯　施主下司殿」「御器　施主西殿」、「当社銭請取分」に「五貫文　深栖長菊殿」と、棟札と同姓の人物が確認される。いずれも「殿」を付されていることから、彼らは慶長期の侍衆の祖先にあたるであろう。一方、同記録には別に「コモホソナワ　長人衆奉加」ともあり、おとな衆はこの「長人衆」の系譜をひくとみられる。寄進状の充所にみられた侍衆・おとな衆の住民構成は少なくとも戦国期にさかのぼり、侍衆を中心として「氏子」の祭祀集団が形成されていたと考えられる。

おわりに——近世初期の神事祭礼——

寄進状の充所に侍衆・おとな衆と列記される慶長期多賀郷の「当所御神事」は、実際どのように行われていたのであろうか。最後に、近世初期の祭式定書「山城綴喜郡高村大梵天王祭礼之式」から確認したい[17]。

大梵天王祭礼の流れは以下のとおり。八月二五日⑴神社本殿への献饌「御供差上」後に⑵御輿の御旅所への遷宮（下遷宮）があり、⑶御旅所御座の間、「御膳供品々」が出る。九月三日⑷神社本殿への献饌「御供差上」と⑸御輿の在所内への巡幸（上遷宮）の行列が別々に神社に進み、それらが済むと⑹神社境内の御供所で[18]「御膳差上」となる。⑺翌日は猿楽が興行される。⑶の末尾に「慶長十九年改」とあり、別の元禄期の記事にこの祭礼が「久敷中絶」ともあるから、⑷～⑺も近世初期の祭式であると考えられる。御旅所は永正期の「御旅所」と同じ場所であろうか[19]。

この祭式のなかで、祭礼に関わる郷の住民は「宮衆」「座衆」「太夫衆」と呼ばれている。⑵の御輿の行列でみると、「宮衆上下帯刀、太夫衆上下無刀、座衆羽織はかま」とある。このうち、「太夫衆」は「前代ハ太夫十二之物たり」といわれた神職的な身分であり、多賀郷住民は主に「宮衆」と「座衆」により構成されていた。注目すべきは「宮衆」のみが下遷宮の行列で帯刀し、神社本殿への献饌（⑴・⑷）を行っている点であり、「宮衆」は侍衆であると考えられる。一方、「座衆」は御輿の遷宮・巡幸（⑵・⑸）に供奉するが、「御供差上」には加わらない。おそらくおとな衆に率いられた人々となろう。そして「御膳差上」⑹は「宮衆」のみが御供所の「左右之座」に列座する。これが侍衆の宮座であると考えられる。近世初期の大梵天王祭礼は、「宮衆」（侍衆）による献饌（「御供差上」）・宮座（「御膳差上」）と、「座衆」（おとな衆）による御輿巡幸＝祭礼から構成されていた。鎮守神の開かれた性格は、御輿の遷宮・巡幸として表れており、郷内における御旅所の成立が祭祀集団の質的変化の重要な一階梯をなしたと考えられる。

註

（1）萩原龍夫『中世祭祀組織の研究』（吉川弘文館、一九六二年）。

（2）黒田弘子「鞆淵八幡宮宮遷大祭と能」（『中世物村史の構造』吉川弘文館、一九八五年）。

（3）田村憲美「文永九年山城国高神社造営流記について」（『鎌倉遺文研究』第九号、二〇〇二年）。同「荘園制の形成と民衆の地域社会」（遠藤ゆり子・蔵持重裕・田村憲美編『再考　中世荘園制』岩田書院、二〇〇七年）。

（4）研究代表者小林一岳『中世後期の山野紛争データベースの作成による地域社会形成に関する研究』平成二五年度～平成二七年度科学研究費補助金（基盤研究C）研究成果報告書（課題番号25370798）参照。高神社文書の検討にあたり、調査の過程で撮影された写真データを利用させていただいた。

（5）以上、田村前掲註（3）論文による。

（6）『井手町史シリーズ第五集　井手町の近代Ⅰと文化財』（井手町、一九九九年）一〇七頁。

（7）以上、前掲註（4）報告書参照。

（8）一二世紀後半における鎮守社の「領主の祈祷所」から「荘の鎮守」「郷の鎮守」への変化については、木村茂光「鎮守社の成立と農耕儀礼」（増尾・工藤・北條編『環境と心性の文化史』下巻、勉誠出版、二〇〇三年）参照。

（9）前掲註（1）萩原著書三二三頁。

（10）大山喬平「ムラを忘れた歴史学―敷きます神の中世的形態」（『日本中世のムラと神々』岩波書店、二〇一二年）では、これを「民衆的な山の神の、ムラに結ばれた信仰の新しい形態」と位置づけている。

（11）能勢朝次『能楽源流考』（岩波書店、一九三八年）八八四～八八五頁。多賀郷の宝堅神事については、黒田弘子「中世後期の村の女たち」（『女性からみた中世社会と法』校倉書房、二〇〇二年）にも論及がある。

（12）文永九年高神社神輿造営記に「為阿闍梨弘弁僧定有之勧進、同令造畢者也」とある。

（13）豊田武「中世の村落と神社」（『宗教制度史　豊田武著作集第五巻』吉川弘文館、一九八二年）参照。

（14）薗部寿樹『日本の村と宮座―歴史的変遷と地域性―』（高志書院、二〇一〇年）。

（15）『井手町史シリーズ第四集　井手町の古代・中世・近世』（井手町、一九八二年）二五二～二五三頁。

（16）松田家文書・甲二―五（京都府立京都学・歴彩館収蔵）。

（17）高谷重夫「京都府綴喜郡井手町多賀高神社祭礼に関する一史料」（『京都民俗』第一一号、一九九三年）。

（18）宝暦一〇年「焼跡如元御供所建申度御願」（松田家文書・甲三―一（京都府立京都学・歴彩館収蔵）の大梵天王社地境内絵図には、御供所は社地境内の北側に描かれている。

（19）以上、前掲註（4）報告書参照。御旅所の場所は、報告書では安楽寺周辺と推定した。

第六章　村の出挙

窪田涼子

はじめに

本章は、中世の在地社会で行われていた出挙について検討するものである。筆者はこれまで中世の在地社会における寺社のあり方を考えてきた。そのなかでは、信仰という宗教的機能は寺社のもつ基本的な性格であり、それを前提とした在地社会の秩序形成・維持、相互保証の場という機能が、実態としての寺社の主な役割と考えられる。そこで、在地の寺社を拠点として行われている出挙に注目して、それが実際にどのように行われているのかを見ていくことで、寺社が在地社会において果たした役割を考えていきたい。

いうまでもないことであるが稲の生産性は非常に高い。井原今朝男は江戸期の農書から下田でも一つの稲穂から五〇粒、上田では一八〇〜三〇〇粒の収穫があることを紹介し、古代社会においてはより良質な種籾を選択しそれを耕作民に貸し付けて播種し、秋に耕作民は借りた種籾や農料に利息をつけて返済するという出挙のシステムが稲作農業に組み込まれており、不作・凶作がない限りは債務者には負担にならない合理的システムであると指摘する(1)。この古代の出挙については、小田雄三が一〇世紀以降公出挙制は消滅して平安期の富豪層による私出挙が国衙の勧農に代行され公的勧農の性格を帯びるようになるとし(2)、さらにそれをうけて鈴木哲雄は古代の公出挙制が中世的な形態に転換する契機となったものが里倉負名であり、彼らは公出挙を請け負い一〇世紀以降公出挙の本質である種子等（農料を含む）の貸与という勧農の役割を担うこととなり、負名による種子・農料の下行は公的な行為となり中世的出挙が成立したとする(3)。そして中世の出挙については、田村憲美により、出挙米借券・出挙米請文・田地流文などの日付が勧農期の二、三月と返弁の時期である一一月以降に集中することから、勧農に占める出挙米の位置づけが重要であったと指摘されている(4)。さらに小田は南北朝以降の動向について、村落の自立が高まるなかでこれまで領主の主導により果たされてきた勧農が、村落の主体的な運営に委任されていくことにより、種稲の調達・管理の上で、村落の鎮守神や宮座が大きな役割を果たすと指摘しているが(5)、具体的な検討はあまり行われていない。

そこで本章では一三世紀半ばから一四世紀半ばの在地の寺社で行われていた出挙がどのようなシステムで行われていたのかを検討していきたい。

第一節　近江国大嶋奥津島神社宮座の出挙

近江国蒲生郡の式内社、大嶋神社・奥津嶋神社の宮座・大座が行った出挙については、以前検討したことがあるので、まずそれを確認したい(6)。

貞治二年（一三六三）正月一九日に新三郎が大座中に対して出挙米二斗を願い、秋には「五把之利分」を加えて弁進し、もし弁進できなかった場合には「奥嶋御庄内字ほりまちの井田三〇歩を差出す」とする文書を出し、出挙米を手にした。(7)

ところがこの出挙米を願う文書が出されてから五年後の応安元年（一三六八）六月五日に、新三郎は「奥嶋御庄内字ほりまちの井田」三〇歩を「大座中」に沽却した。(8)その売券には「質物方ニ限永代大座神物所沽却進在地明白也」とあることから、貞治二年閏正月に大座に願った出挙米を返済できず、五年後の応安元年にはその担保「堀町井田三〇歩」を大座に沽却するかたちとなったことがわかる。

この新三郎が「堀町井田三〇歩」を大座に沽却した前年の、貞治六年（一三六七）一二月に行われた大座の結解記録が残されている。

【史料1】(9)

貞治六年十二月大座中ケヽ状

合

a一石　衛門允

b一斗八升七合五夕内 出米一斗、シリ田、 五升五月一日御コクニ入、 六月一日四升酒　ケン助弁 治部允

c五斗七升五合 庄所当ニ立用　与二

d四斗二升三合　文書アリ、百姓中

e七升五合十五夕　村人中

f三斗三升七合五夕　文書アリ、新三郎

g五斗七升三合七夕　文書アリ、与一大郎

h三斗三升七合五夕　文書アリ、与一大郎

i六斗六升三合七夕　文書アリ、百姓中

j二斗六升五合五夕　北ノ 文書アリ、大夫四郎

k一石五斗一升八合七夕 此米方ヘホリ町井田卅出候　新三郎

l六斗七升五合　又二郎

m六石三斗七升八合七夕　文書アリ、百姓中　　n廿三石一斗七升五合六夕　文書アリ、百姓中

o卅七石九斗二合　文書アリ、百姓中

p以上七十四石三斗《〃〃〃》八《二》升五合四勺

このうちkには「一石五斗一升八合七夕　新三郎」「此米方へホリ町井田卅出候」とある。この「一石五斗一升八合七夕」という額は、貞治二年に願った出挙米二斗を複利計算した貞治六年段階の額に相当し、ここから結解項目kは新三郎の出挙米借用に関わるものであることがわかる。

つまり貞治六年一二月に大座の決算が行われたなかで、大座が新三郎に貸し付けた出挙米の貞治六年末までの累積額が「一石五斗一升八合七夕」であることが確認され、「此米方へホリ町井田卅出候」、すなわち質物としている堀町井田三〇歩を差出して精算することが決められた。そしてその結解から約半年後に新三郎は「ホリ町井田卅歩」を大座に沽却した。沽却の際の直物は一石五斗七升五合であり、それは貞治六年末での借用額に五升六合三夕を加えた額となる。(10)

さらに、h「三斗三升七合五夕　与一大郎」、l「六斗七升五合　又二郎」、f「三斗三升七合五夕　新三郎」についても、貞治四年（一三六五）三月二一日付の史料「大座米ツカイアシ」(11)から、与一太郎が一斗、又二郎が二斗、新三郎が一斗を、それぞれ大座より支出されていることが判明し、その額を複利で試算すると史料1のf・h・lと一致することから、これらもまた大座が貸し付けた出挙米と考えてよい。そうすると史料1のf・h・l以外の、a衛門允、b治部允、c与二、g与一大郎、j大夫四郎などへも出挙米が貸し付けられていた可能性もある。

以上のことから、南北朝期の奥嶋では大嶋社・奥津島社の宮座である大座が、広く出挙米の貸付を行っていたこと

がわかる。この出挙は、正月に貸付け、秋に利分五割で返済というサイクルで、貸付に当たっては質物をとり、弁済がなされない場合は数年間繰り越し、最終的に返済できない場合は、借用者は質物を大座に売却し、それは「神物」とされた。

ここで想起されるのが、肥後海東神社で行われた出挙である。これについてはすでに田村憲美も注目しているところであるが[12]、あらためて検討してみたい。

海東神社（現、海東阿蘇神社）は熊本県宇城市小川町西海東に現在も鎮座する社で、元寇で戦功をあげた鎌倉御家人・竹崎季長が社殿を建立したとされており、その竹崎季長が正応六年（一二九三）に作成した置文である「竹崎季長置文」[13]は、冒頭に「海頭御社　定置条々事[14]」とあるように、専ら海東社に関連する内容をもつ。

この置文には、正月元節供田、釼御前祭田など行事に関わる田地や神官への給分などとともに、御宮修理田について興味深い内容が記されている。まず御宮修理田は岩下に所在する二段で、その所当米一石については「御使」「祝」「御蔵公文」が共同して「五把」の利息で出挙を行うことが規定されている。出挙の対象は、「百姓」、「御内人々」、「下部」、「季長子孫」であり、それぞれの質物についても細かい規定がある。そして「春下秋収」、すなわち出挙米の春の下行、秋の収納にあたっては、「御使」等が共同して「結解」を遂げ、「神物」を正しく管理することが定められている。

このように、海東社の場合も「神物」が出挙米として「五把利」で貸し付けられており、大嶋の場合と同様である。しかし大嶋の場合はその宮座が主体となって出挙が行われているのに対して、海東社の場合は「御使」「祝」「御蔵公文」が共同して出挙を実施している点が異なる。この点について田村は、「神物管理に当たる「御使」も地頭の使者に他ならず、この時点で地頭支配の枠組みにあることは否定できない」としながらも、海東郡の郷鎮守であった海東神社とその機能を地頭支配に繰り込もうとし、神物出挙も郷社から引き継がれたのではないかという石井進の指摘[15]を改めて是としている。これは、「在地領主は、伝統的な祭事として表現される在地の秩序のなかで、なんらかの役割、とくに神社の経営と維持の役割を演ずることなしには支配できない」[16]という石母田正の指摘にあるように、地頭の出挙でさえも在地の社の「神物」というかたちで行う必要があったわけであり、在地社会における寺社の機能をここに見ることができる。

第二節　大和国下田村の村堂と出挙

つぎに大和国平田荘下田村で行われた出挙についてみたい。現在の奈良県香芝市に鎮座する鹿島社には結鎮座があり建久七年から現代までの座入の記録である座衆帳などを含めた「下田鹿島社結鎮座文書」が残されている[17]。そのなかに「寺内納日記　延文二二年亥　十月十六日」と表紙に記された全一七丁からなる冊子がある。

本史料については、すでに坂本亮太が神仏習合における村落内の鎮守である鹿島社と村堂である法楽寺の特質や存在形態を明らかにするなかで、出挙米の下行、収納についても言及しているが[18]、本章でも村落において行われた出挙の具体的な実態を示す例として改めて検討していきたい[19]。

「寺内納日記」は、「出挙米納日記　亥年分十月十六日」から書き始められ、「出挙米下日記」、「二月餅下日記」等と題する延文三年から貞治四年までの日記が概ね年月を追って書き継がれる。日記は表1にまとめたように①～⑳あり、異なる複数の筆跡が認められ日記ごとに異なる人物が記入したと思われること、合点が付されている日記も存在すること等から、台帳として使用されていたものであると推察される。日記の多くは、「〇斗〇升　人名」といった書上で、一つの日記には三〇～四〇名が連記される。

表1　「寺内納日記」収載日記一覧（年代順）

	1月	2月	3月	10月	月不明
延文三年（1358）戊戌					①カシマノ宮ノ八カウ田所当米納下日記　戊年分
延文四年（1359）己亥				②出挙米納日記　亥年分十月十六日	③キツ子井所当米□□□　延文四年己亥
延文五年（1360）庚子	④ハカウ田米引日記　子正月五日	⑤延文五年庚子　二月餅下日記	⑥寺内出挙下日記　延文五年庚子三月二日在地ニ下	⑦延文五年子十月六日　モチ米ニヲク日記	⑧神ハウ別日記
延文六年（康安元）（1361）辛丑		⑨辛丑年　小在家へ二月餅下日記 ⑩丑二月餅下日記	⑪延文六年辛丑三月一日在地下米日記	⑫丑十月十六日　寺クラニヲク日記	⑬モチノ米納日記
康安二年（貞治元）（1362）壬寅					⑭康安二年壬寅寺米下日記
貞治二年（1363）癸卯		⑮二月餅下日記　卯年 ⑯貞治二年卯二月出挙下日記　二月二日			
貞治三年（1364）甲辰		⑰辰年二月餅下日記	⑱出挙米下日記　辰三月二日人別		
貞治四年（1365）乙巳			⑲出挙下日記　貞治四年乙巳三月二日	⑳乙巳年十月十六日	

「寺内納日記」に収載された①〜⑳の日記の標題等から、その内容は主に八講田所当米関係、二月餅下日記、出挙米関係であることがわかる。「寺内納日記」のなかの八講田所当米に関する日記を検討すると、「八カウ田」の所当米を貸付け一年後には弁済した記録であることがわかる。また延文五年〜貞治三年の五つの日記が残る「二月餅」については「小在家へ二月餅下日記」等の記載から、毎年二月に村落内の「小在家」層一五〜一八名に餅を下すことが行われていることが知られる。⑳このことから「寺内納日記」は寺を拠点に行われたさまざまな融通の記録であると考えられるが、㉑本章ではとくにそのなかの出挙について取り上げたい。

「寺内納日記」に記された出挙に関連する日記は、次に標題を挙げた延文四年から貞治四年までの②〜⑲（○数字は表1参照）となる。

②「出挙米納日記　亥年分十月十六日」
⑥「寺内出挙下日記　延文五年庚子三月二日在地ニ下」
⑪「延文六年辛丑三月一日　在地下米日記　利分四升」
⑭「康安二年壬寅寺米下日記　利分五升」
⑯「貞治二年卯二月出挙米下日記　二月二日」
⑱「出挙米下日記　辰三月二日　人別　小在家七升／ケムシウ二升ツヽ／上ニヲロス大目マテ」
⑲「出挙下日記　貞治四年乙巳三月二日」

②は一〇月、⑯は二月、そのほかはいずれも三月一日または二日の日付である（⑭は月が未記載）。②は「出挙米納日記」とありそれ以外の標題には「寺内出挙下日記」「在地下米日記」「寺米下日記」（傍点筆者）などとあり、記載はいずれも斗数と人名を書上る形式で、書き上げられた人数は二九〜三八名で年により異なる。

そこでまず出挙米の下行記録と考えられる⑥～⑲を検討すると、毎年三月一日または二日を定まった日として、寺と関わりが深い米による「寺内出挙」が行われ、その出挙は「在地ニ下」「在地下米」との表現から、「在地」を対象として下されていることがわかる。また延文六年⑪には「利分四升」、康安二年⑭には「利分五升」と注記がなされている。院政～鎌倉期における出挙の利息は「五把利」＝五割とされており[22]、この場合もおそらく一斗につき四升あるいは五升の利分をもって出挙がなされたと考えられる。

延文五年⑥の場合を例に取りもう少し細かく内容を検討しよう。延文五年の場合、「寺内出挙」は三月二日に「在地ニ下」された。書上げは、

合

〈一斗　四郎殿　〈一斗　道阿弥陀仏　〈一斗　八郎

〈一斗　弥四郎　〈一斗　彦四郎　〈一斗　タツ三郎

（後略）

のような形式で三七名分の記載がある。

これら出挙米を下行された三七名を下行された斗数別にみてみると、一斗が一八名、九升が一名、八升が五名、五升が一〇名、四升が一名、三升が二名となる。

また書き上げられた人名を、二月餅を小在家に下行した記録である「二月餅下日記」の同年分⑤とつきあわせると、出挙米を下された三七名のうち一四名が「小在家」であることがわかり、その「小在家」が下行された斗数は、一斗が一名、八升が四名、五升が九名であり、このことから「小在家」一名あたりに下された出挙米は、出挙下行額全体から見た場合には少額に偏しているといえる。この傾向は翌年の延文六年（一三六一）⑩も同様である。

ところが康安二年（一三六二）⑬になると「合　人別七升宛也」と記載があるように、「小在家」を含めた全員への下行が一人七升宛の均等となり、翌貞治二年（一三六三）⑮は一人宛五升、貞治三年（一三六四）⑰は一人宛七升、貞治四年（一三六五）⑱は一人宛一斗と、下行される出挙米の均等配分が四年間続く。

つぎに②「出挙米納日記　亥年分十月十六日」を検討する。この日記の作成は延文四年（一三五九）一〇月一六日であり、冊子の冒頭に配される。

「一斗一升二合　三郎殿　三升餅米
一升五合経米
一斗一升二合　四郎殿　五升餅米
一升五合経米」

のような形式で書き始められ、三五名分が書き上げられている（傍線筆者）。

これは、「納日記」とあることからも、傍線部分は同年春に下行されたとみられる出挙米の弁済額（元本＋利分）を書き上げたものと推測される。冊子の冒頭に載せられていることから、一見したところ新規の拠出米のようにもみえるが、書き上げの内容を検討すると、三五名のうち三一名の者の額が「一斗一升二合」であり、その「一斗一升二合」という斗数は、八升に四割の利分を加えた数（八升＋三升二合）に相当すること、同様に残り二名の額「八升四合」も六升に四割の利分を加えた数（六升＋二升四合）に相当することからも、四割の利分で出挙米が下行され、その弁済額が記された蓋然性が高いといえる。

これは先に⑥～⑲で検討したような毎年の出挙米下行に対応するものであり、本冊子には記されていないがおそらく延文四年三月にも出挙米の下行があり、一〇月一六日にその弁済がなされ、その際に利分も併せて返済されたものとみられる。

この冊子にはこの後出挙米の弁済に関してこのような詳細な記録は見られないが、延文四年「納日記」の末尾に「十

月十六日　タワラ《（俵）》九ツ寺クラニ納可申候」との記載があり、弁済された出挙米は下田村村堂の法楽寺に付属する蔵に収められたことが記される。[23] 同様に、延文六年と貞治四年の一〇月一六日に寺の蔵に俵を納める旨の記載もあり、基本的に出挙米を三月二日に下行、一〇月一六日に収納、寺の蔵に保管する、というかたちができあがっていたとみられる。

以上のことから、下田村では三月一日か二日に、法楽寺と関わりの深い米「寺米」が二九名〜三八名に対して出挙として下行され、一〇月に弁済するというシステムがあったことが判明する。下行された出挙米には一斗あたり四升あるいは五升の利分が課され、[24] 下行された先は「小在家」層を含む「在地」であった。[25] そしてこのような村の出挙の拠点となったのが、法楽寺と付属する蔵「寺クラ」であった。延文六年の場合（表1⑪）をみると三月一日に在地に合計三石二升を下すなどしたのちに同日に「ノコル分七斗三升」を「寺クラニヲク」とあり、出挙米を貸与した残りはその当日に寺の蔵に「ヲク」ことにもなっていた。寺クラは村の蔵でもあった。[26]

第三節　山城国綴喜郡高神社と多賀郷の出挙

以上、ともに一四世紀半ばの近江と大和における在地寺社を拠点とする出挙の実態をみてきたが、同様の動きは鎌倉期の山城国高神社にも見ることができる。なお高神社については本書第五章（根本宗執筆部分）ですでに検討されていて、重複する部分もあるが本章のテーマに従い以下述べることにしたい。

山城国綴喜郡に座する高神社には、文永九年（一二七二）、高神社の造営勧進に携わった阿闍梨弘弁が、本堂造営の準備状況、造営作業、諸神事、支出と収入、造営までの経緯と願意を記録した「文永九年山城国高神社造営流記」（以下、「文永流記[27]」と略記）が残される。この「文永流記」については田村憲美による再翻刻[28]、基本的な分析が行われており著名な史料である[29]。ここではその造営までの経緯を記した部分を掲げる。

【史料2】

右、当社御宝殿者、自仁平年中御造功之以降、一百廿余年春秋歳積星霜日重之間、朽損過法御体半顕、然而相当無神物、勧進無人力、爰去建長之比、①当郷与田村郷、依境相論、聊闘争出来之時、為郷民之沙汰、少分兵乱米已上二石五斗集置処、②彼闘争自然仁落居之間、以件用途、令寄進于神物畢、存私輩者、可人用之由、雖令結構、③有興隆族少々、加連署籠御宝殿、暫以神主之計、令収納之処、員数倍々之間、④別立御倉、各結番、着毎年二人之沙汰人、令収納之、⑤以彼用途為本質、令勧進氏人者也（○数字・傍線は筆者）

　高神社の本殿は仁平年中（一一五一〜五四）に建てられて以降、時を経て朽損甚だしく、ご神体が半ばあらわになる状態であったが、その修繕に充てる神物もなくまた勧進にあたる者もない状態であった。その後、建長年間（一二四九〜五五）に多賀郷と隣郷の田村郷とのあいだに堺相論があり、「闘争」への備えとして「兵乱米」二石五斗を「郷民之沙汰」として集め置いていたが（傍線①）、実力行使が回避されたため、不要となったその費用を多賀神社に寄進し「神物」とし（傍線②）、高神社を興隆しようとする人たち少数が、連署をしてその二石五斗を御宝殿に籠めた。しばらくの間、神主の計らいで御宝殿に収納していたところ、「員数倍々」となったので（傍線③）、別に「御倉」を建て、順番に毎年二人の沙汰人をつけ、収納した（傍線④）。その費用をもって「本質」として氏人を勧進した（傍線⑤）という。

　ここで興味深いのは、鎮守社の「神物」と位置づけられたものが「員数倍々」となったことで、田村も指摘しているように、これは「神物」を原資とした出挙が行われたとみてよいであろう。そしてその前提として、郷と郷の堺相論という共同で対処すべき事態にあたって集め置かれた「兵乱米」という共有財が郷という単位で形成されたこと、そしてその共有財を保管する施設としての郷鎮守の存在があったことに注目したい。

「暫以神主之計、令収納之処、員数倍々之間」とあるところからも、「兵乱米」のままではなく、あくまでも神主の計らいにより「神物」としたからこそ、「員数倍々」となったと考えられるのである。

その後「員数倍々」となったため「御倉」を別に建てて毎年沙汰人を二人づけ収納を行ったとあるが、「毎年」とあることから、これは単純な保管ではなく「員数倍々」となる、一年を単位とした運用が沙汰人を担当者として行われたことを意味しよう。

この「員数倍々」を具体的に想定してみよう。「文永流記」の決算部分に記された用途員数には「御倉神物」として米二九石九斗三升と銭七五貫三五〇文が記されている。仮にこの銭を米で換算するとおよそ五八石に相当し[30]、「御倉神物」の米は当初の兵乱米二石五斗が約八八石に増加したと考えられる。二石五斗を、仮に出挙の利率「五把利」で毎年運用したとすると、九年後には八八石に近似の九六石一斗強になると試算される。確かに「御倉神物」で出挙等の運用がなされたとみることができる。

ここに、「兵乱米」という郷の共有財を改めて「神物」に変換すること、その「神物」を収めるための「御倉」の存在、そして「御倉」が高神社という郷鎮守に付属し、その郷鎮守を拠点とした出挙が行われていたことをみることができる。

ところで高神社には、永正六年（一五〇九）の「高神社造営記録」という史料が伝来している[31]。永正五年（一五〇八）に成就した多賀郷惣社大梵天王の上葺修造の記録を「時奉行　朝慈・尋海」が永正六年に記したものである。史料文末に記された意趣によると、永正頃の高神社は破損がひどかったものの修理ができないまま時を経ていたが、永正五年正月頃から費用が集まったため修造を始めたという。この際の用途の調達方法については「然仁、地下講朔弊弓場多賀寺山銭少々取集、為是種子雖物成与、炎旱不熨《(熟カ)》ヨッテ雖成之間、貴賤奉加大夫成烏帽子着以下積集、永正五年正月始此ヨリ取立企修造」と記されている。つまり本来は「地下講朔弊弓場多賀寺山銭少々」を何らかのかたちで加増して修造に充てようとしたが、旱天により不熟であったために修造するには足りず、「貴賤奉加」や「太夫成、烏帽子着」などのいわゆる官途直物[32]を集めて修造する費用を得たとみてよい。これに関して同史料には「一　当社銭請取分」としてその具体的な内容が書き上げられているが、これによると、修造費用の充当分として集められたのは確かに「宮山」「多賀寺山」「弓場」、あるいは「太夫成」「烏帽子」、「奉加」などからで、これらの合計額が七四貫二百六文となっている。そしてさらにその額に六一貫二〇七文の「「社頭米[33]」を加え、総額一三五貫五〇三文の修造費用が捻出されたとみられる。

この「社頭米」とは何であろうか。修造費用に加えられた「社頭米」は「前ヨリ倉ニアル分」とされている。また「未仕足」とする二一石二斗五升の米もまた「是も倉ヨリ出畢」とあり、この銭・米を併せて「社頭米銭」とも記されている。この場合の社頭は間違いなく高神社であり、つまり「社頭米」は常々高神社に付属する蔵に米のかたちで納められ管理され、社殿の修造費用が不足するといった臨時的な支出の必要が生じた場合に支出されていると見ることができよう。史料にはこの「社頭米」がどのように生み出されたのかについて直接記されていないが、先に述べたように「然仁、地下講朔弊弓場多賀寺山銭少々取集、為是種子雖物成与」という状況は、修造費用捻出のために何らかの運用が行われていたことを示唆している。そこから敷衍して考えると、永正期の「社頭米」は出挙などの運用により増資され、それが臨時の支出が必要になったときのために、蔵に保管されていたものと考えることができる。

さらに、修造にあたりご神体が仮殿に移されている間の御供については、「五色餅　施主堀殿」「赤飯　施主下司殿」

「御器　施主西殿」「柿□　奥寺殿」「山茸　同上（奥寺殿）」「柑子　明王寺」「野老　和泉殿」「栗　尊海房」とそれぞれに施主が決まっていたが、一方で「毎日御供、施主志次第」であり、そのため万が一「欠如之時」は日別二升一〇文宛を「自倉下行」することになっていたという。この記述からも、高神社を支える基本的な構造が機能不全となった場合の補完として、蔵とそこに保管された米が機能していたとみることができる。

さらに高神社ではこの永正の造営の際に重要な「法堅」を行うことができず、一六年後の大永三年に執り行うこととなったが[34]、その際の費用としても「蔵ヨリ出分米弐拾石二升」「蔵ヨリ出分料足弐拾壱貫五十一文」が支出されたことが記されている。

この永正～大永期の「社頭米」とそれを納める蔵の存在は、さきに見た文永九年の「神物」と「御倉」を想起させる。もちろんその間に二〇〇年以上の年月が経過しているわけでさまざまな変容を前提としながらも、郷の共有財としての「神物」「社頭米」があり、それを納める高神社の蔵が存在したこと、そこには常々米が保管されており、そこからは宮の造営や修造料足、供物の欠如など高神社に関する費用を支出がなされていたものとみられる。一方でそれらは「為是種子雖物成」するなどして「員数倍々」となるよう運用された。高神社神物の運用の具体的な様相は史料からははっきりと読み取ることはできないが、第一節でみた近江の大嶋神社・奥津嶋神社や肥後海東神社の場合のように、郷内の百姓等への出挙米として貸し付けていたものと考えられる。

おわりに

以上、一三世紀半ばから一四世紀半ばの在地で行われていた出挙についていくつかの事例をみてきた。これらにより、まず当該時期に在地において出挙が行われていたこと、そしてその出挙は「神物」「寺米」など仏神物という共有財として蓄積された米が原資として用いられていたこと、その原資を蓄積保管する「寺クラ」「御倉」などが寺社に付属していたことなどがわかった。湯浅治久は村の蔵の存在が確実に確認されるのは中近世移行期から近世にかけてであるとするが(35)、これまでみてきた村の寺社に付属する蔵の機能が村の蔵として位置づけられることを考えれば、少なくとも一三世紀にまでその存在をさかのぼらせてもよいと考える。

その蔵を保管の拠点として行われた出挙実施の主体をみると、奥嶋の場合は宮座「大座」であり、海東社の場合はいわば地頭配下と目される「御使」「祝」「御蔵公文」である。多賀郷の場合は明確ではないものの多賀神社の造営を主導した「氏人殿原」、それはおそらく多賀神社宮座を構成していたとみてよいであろう。

また下田村の出挙については、出挙米の保管は「寺クラ」であり、出挙米は「寺米」とされた。下田村には一二世紀後半には鹿島社が座し、その宮座である「結鎮座」が遅くとも建久七年には存在していることがわかっている(36)。一方、法楽寺は下田村の村堂として鹿島社と密接な関係を持ちながら、村の年中行事の仏事および「習合祭祀」を担っていた(37)。また坂本によれば、下田村には結衆在家、小在家、間人在家の三つの区分があり、一三世紀前半〜一四世紀なかばまでは殿原層を主体としていたが一四世紀半ば以降はそこに小在家が入座するようになったという。おそらくこの結鎮座が「寺米」による出挙を行う主体であったとみてよいだろう。つまり海東社を除いては、寺社を紐帯とした在地の座がその出挙の主体となっていることが注目される。座という点では田村が分析している一三世紀前半の山城国綴喜郡草内郷の草内講も、郷内仏堂を拠点とする寺座に関連する組織であり、それが「仏物」の貸し付けを行っていたことが指摘されている(38)。

以上のように、在地の寺社を器として「神物」「社頭米」「仏物」「寺米」などの財が蓄積され、その寺社を紐帯とする在地の殿原層のグループである宮座あるいは寺座が、その財を出挙として貸し付けるというシステムが一三世紀前半～一四世紀の在地では確立していたことがわかる。

つぎに出挙米の貸付対象についてみてみよう。第一節でみたように、奥嶋の場合、大座の決算書である史料1に記載されるh「与一大郎」、l「又二郎」、f「新三郎」は大座を構成する村人層に属するとみられ(39)、大座から出挙米を貸し付けられる対象でもあった。同時に史料1のd、m、oの「百姓中」も大座から米を貸し付けられているものとみられ、彼らは村人より下位の層であろう。多賀郷の場合は出挙米貸し付けの対象については不明であるが、この郷は田村が指摘するように、多賀神社を支える殿原層とそれ以外の里人から成っていたことがわかっている。下田村の出挙の場合は、結衆と小在家から成る「在地」に向けて下行されている。海東社の場合は「百姓」、「御内人々」、「下部」が貸し付け対象となっていた。総じて出挙貸付けの対象はその寺社を支える上層百姓とその下部に位置付く層が主体で、海東社の場合は地頭の被官も含んでいた。

ところでこの出挙の貸付対象、つまり借用者側はなぜ出挙米を借用する必要があったのか。多賀郷の場合も下田村の場合もその点については史料では明らかでない。奥嶋の場合、新三郎が出挙米を願う文書は残されるが、借用した出挙米の使途については明記されていない。しかしながら「はじめに」でもみたように古代以来の「出挙」の本質は勧農であり、海東社の場合にはたしかに「百姓之農料」として貸し付けられている。田村はこの海東社の例を敷衍し、神物出挙が郷の勧農に果たす役割の大きさを指摘して、併せて広く鎌倉期の出挙米借用状の日付がすべて二月中旬から四月中旬に収まるという事実から「出挙米がたんなる貸付ではなく、地域社会と村落の民衆にとって特別な意味を持っていた」と述べる(40)。

この田村の指摘は出挙の本質を鋭く突いたものであり、首肯できるものである。しかしながら一方ではたとえば先の海東社の例で考えれば、わざわざ「百姓之農料」と明記していることは、逆に百姓であっても「農料」以外の使途があったとも考えられ、御内人や下部について具体的な使途は不明であるといってよい。つまり出挙米を借用する側が本当にその米を種子・農料を必要として借用しているのかどうかは、実のところはっきりしていないといえよう。そのようななかでなぜ多くが出挙米というかたちでの借用をするのであろうか。

この問題については本章の目的を超えることであり今後改めて考えていきたいが、ひとつこれまでの史料の検討からこの問いに答え得る方向性を提示しておきたい。

これまでの研究では、出挙を借用する側に主な視点があったと考えられるが、本章で扱った史料からは、むしろ貸し付ける側に蓄積された財のあり方にその本質が見えるのではないだろうか。繰り返しになるが、在地では「神物」「社頭米」「仏物」「寺米」などの財が在地の寺社に蓄積され、その寺社を紐帯とする宮座や寺座が、その財を出挙として貸し付けるというシステムができていた。そして出挙というシステムは「五把利」という高利で運用することから短期間に「倍々」するという特性があった。その様にして「倍々」され蓄積された財はどのように使用されたのか。下田村の場合は史料上ではよくわからない。奥嶋の場合は個人や惣、百姓中への支出のほか、寄合、結解の際の酒飯、神事、祭礼などに支出された(41)。また高神社の場合はさきにも見たように、神社の蔵に蓄積された米は宮の造営や修造料足、供物の欠如の補完などに用いられた。これは海東社の場合にはさらに明快に「彼出挙米及三百国斛者、専修造」と記されている。

ここから村の出挙、とくに神物・仏物を原資とする出挙は、その運用そのものの目的がその村にとっての「公共性」であることが重要な点だったのではないだろうか。日常的には寄合、結解などに関わる支出、祭礼や神事など村の寺社運営に関わることや、数年から十数年に一度の大型の事業は寺社修造であろう。つまり「神物」「仏物」を原資とした在地の寺社の出挙は単なる利子付き貸借とみるよりも、本来的に「公共性」を属性としてまとっており、運用する側（宮座）にとっても借用する側にとってもそこは必須の属性であったとみたほうがより理解が深まるのではないか。借用する側にとっては「神物」「仏物」、つまり聖なる米を借用することに意味を求めていたことは間違いないと思われるが、それだけではなく「員数倍々」し蓄積されること、蓄積された財は村や郷の共有財となり、公的に使用されることも重要な属性ではなかったろうか(42)。

以上、村の出挙についてそのシステムをみてきた。その全体像は未解明な部分が多いが(43)、今後も在地における寺社の機能という視点で考えていきたい。

註

(1) 井原今朝男「中世債務史の時代的特質と当面の研究課題」（『日本中世債務史の研究』東京大学出版会、二〇一一年）、『中世の借金事情』（吉川弘文館、二〇〇九年）、『史実中世仏教第二巻』（興山舎、二〇一三年）、第二章「中世寺院を支えた経済活動の実態」。

(2) 小田雄三「古代・中世の出挙」（『日本の社会史　第4巻　負担と贈与』岩波書店、一九八六年）。

(3) 鈴木哲雄「中世前期の村と百姓」（『岩波講座日本歴史　第六巻　中世1』岩波書店、二〇一三年）。

(4) 田村憲美「中世前期における民衆の地域社会」（『歴史評論』七一一、二〇一〇年）、小田前掲註（2）論文。

(5) 小田前掲註（2）論文。

(6) 窪田涼子「中世村落における宮座とその機能」（『国史学』第一八四号、国史学会、二〇〇四年）。

(7) 貞治二年正月十九日新三郎出挙米借状（『大嶋神社・奥津島神社文書』滋賀大学経済学部付属史料館編・発行〈以下『大嶋』とする〉五五）。

(8) 応安元年六月五日新三郎売券（『大嶋』六二）。

（9）貞治六年一二月大座中結解日記（『大嶋』五九）。なお『大嶋神社・奥津島神社文書』における文書名は「大座中警固日記」であるが、原本確認および文書内容の検討からは「大座中結解日記」とすべきであるため、本章では後者とする。
（10）この五升六合三夕という加算分は大座が半年の間に若干の利分をつけたものかとも思われる。
（11）貞治四年三月二一日大座米遣足日記（『大嶋』五七）。
（12）田村前掲註（4）論文。
（13）『鎌倉遺文』一八〇九七号（塔福寺文書）。
（14）『鎌倉遺文』一八〇九八号（肥後秋岡氏所蔵文書）では「海頭郷御社　定置条々事」となっている。なお両文書については『中世政治社会思想　上』（岩波書店、一九七二年）四六七頁「置文　補注」を参照。
（15）石井進「解題　家訓・置文・一揆契状」（前掲『中世政治社会思想　上』五三二頁）。
（16）石母田正「解説」（前掲註（14）『中世政治社会思想　上』五九三頁）。
（17）『香芝町史　史料編』（香芝町史調査委員会、一九七六年）に「鹿島神社文書」として翻刻されている。
（18）坂本亮太「中世村落祭祀における寺社の位置―大和国平田荘下田村を中心に」（『国史学』国史学会、第一八六号、二〇〇五年）。
（19）「寺内納日記」については基本的には『香芝町史　史料編』（前掲註（17））の翻刻を参照し、香芝市教育委員会生涯学習課主幹の奥田昇氏にご提供いただいた写真を参考に校正して使用した。懇切に便宜をはかっていただいた奥田氏には深く感謝申し上げたい。
（20）小在家については、平山優、坂本亮太などによれば、下田村の結衆在家・間人在家・小在家の三つの在家のうち、在家は結衆を構成する村の中心階層で小在家はそれに次ぐ家格であり、一四世紀半ばから一五世紀に本来的には座衆を構成しない小在家が座衆になっていく状況がみられるという。（平山優「郷村内身分秩序の形成と展開―郷村祭祀と家役との関連を中心に」『戦国大名領国の基礎構造』校倉書房、一九九九年）、坂本前掲註（18）論文参照。また坂本は小在家へ下行されている餅についてこれを農料であるとするが、むしろ二月三日に行われる行事「オコナイ」に関係するものではないだろうか。応安二年（一三六九）に南北朝以前の年中行事を記録したとされる「経営古記」の二月の「行《オコナイ》」の記事に、餅は「行方《オコナイカタ》エ十九枚」などの記載がある。小在家と「行方《オコナイカタ》」の関係は検討を要するが、「二月餅下日記」の内容は、二月に行われる仏事である「オコナイ」において餅が人々に下行されていることに関わりがあることは指摘したい（坂本「中世村落祭祀の様相—大和国下田村における村落祭祀」『帝塚山大学大学院人文科学研究科紀要』第三〇号、二〇〇二年）。なお「経営古日記」については『香芝町史　史料編』（前掲註（17））、前掲坂本論文に全文の翻刻が掲載されている。

（21）坂本は、二月、三月に農料として餅米・経米を下行・貸与し、四～五升の利息とともに一〇月に寺蔵に納めさせて祭祀費用を得ていたとし、恒常的な出挙は在家別に餅を下ろし、「秋ノ時講枡ノ一升宛納」という形で農耕儀礼としての卯月八日の宮の十講（これは坂本の言う習合祭祀）により行われていたとする（坂本前掲註（18）論文）。

（22）井原今朝男「中世の銭貨出挙と宋銭流通」『中世日本の信用経済と徳政令』（吉川弘文館、二〇一五年）第三部第一章（初出二〇〇二年）。

（23）このクラに関して坂本は、仏事として南北朝期の正月三日に行われていた蔵祭は「蔵開きであり、蔵を閉じ清浄化することで蔵内の種子に稲御魂を宿すために行うもの」とする（坂本前掲註（18）論文）。

（24）一般に出挙米の利分は「五把利」＝五割が原則とされている（井原前掲註（22）論文）。

（25）坂本は小在家に厚く出挙が行われたとするが、実際には小在家へ下行された出挙米斗数は、少額から均等割へと変化しており一概には言えないだろう。併せてこの下田村の出挙について「貞治三年には出挙額が結衆在家二升と小在家七升という差がある」という見解についても次の点で再考する余地があるのではないか。貞治三年（表1⑱）の日記は三三項目が「七升　道阿ミタ仏」の如く七升の均等割で書き上げられているがそのうちの一八項目については「七升」の肩に小文字で「二二」の後筆が認められる。また標題の「出挙米下日記　辰三月二日」につづけて「人別　小在家七升／ケムシウ二升ツヽ／上ニヲロス大目マテ」との記載があり、おそらく坂本の「結衆在家二升と小在家七升」の見解は、この記載を元に述べたものと思われる。しかし書上げの記載内容は均等に七升づつであり、「人別　小在家七升／ケムシウ二升ツヽ」の記載は、肩付きの「二二」とともに後筆の可能性も残り、後考を要する。また「応安六年には小在家のみ宛てている」とするが、小在家のみに下行されているのは「二月餅」であり、出挙についてはこのような事はなく、この見解も再考の必要があろう（坂本前掲（18）論文）。

(26) 坂本は明治四年（一八七一）下田村不残惣田畠絵図に法楽寺に隣接する位置に「郷蔵」が描かれ、「寺クラ」と「郷蔵」との連続性を指摘している（坂本前掲註（18）論文）。

(27) 「文永流記」は現在、京都府立山城郷土資料館に寄託されている。本章では田村憲美による再翻刻（後掲註（28））を、科学研究費（代表・小林一岳、後掲註（31））の調査において撮影を許された原本写真と校合した。

(28) 田村憲美「資料紹介　文永九年山城国高神社造営流記について」（『鎌倉遺文研究』第九号、二〇〇二年）。

(29) 田村憲美「荘園制の形成と民衆の地域社会」（遠藤ゆり子・蔵持重裕・田村憲美編『再考　中世荘園制』岩田書院、二〇〇七年）、同「中世前期における民衆の地域社会」（田村前掲註（4）論文）。

(30) 国立歴史民俗博物館「古代・中世都市生活史（物価）」データベースにおいて文永九年（一二七二）には安芸国で米七石七斗四升が銭一〇貫文、紀伊国で米七石二斗が銭七貫二〇〇文とある。ここでは仮に前者を採用して換算した。

(31) 巻子一巻。現在、京都府立山城郷土資料館に寄託されている。本章では研究代表者小林一岳『中世後期の山野紛争データベースの作成による地域社会形成に関する研究』平成二五年度～平成二七年度科学研究費補助金（基盤研究C）研究成果報告書（課題番号25370798）に掲載された翻刻と、調査において撮影を許された原本写真と校合して検討した。

(32) 薗部寿樹「中世後期村落における乙名・村人身分」（『日本中世村落内身分の研究』校倉書房、二〇〇二年）。

(33) 前掲註（31）科研費報告書では、「社殿米」と翻刻しているが、原本写真との再校合の結果「社頭米」とすべきであると判断した。

(34) 高神社所蔵「大梵天王法堅記録」（大永三年）。この記録は巻子で、十二紙貼継のA本と、七紙貼継のB本があり、ともに写しとみられ、内容に若干の異同が認められる。いずれも現在、京都府立山城郷土資料館に寄託されている。本章では科学研究費報告書（前掲註（31））に掲載された翻刻と、調査において撮影を許された原本写真とを校合した。

(35) 湯浅治久「蔵と有徳人—歴史と民俗のあわいにて—」（小野正敏・五味文彦・萩原三雄編『中世人のたからもの　蔵があら

わす権力と富』高志書院、二〇一一年）。

(36)「結鎮座」の入座記録である「座衆帳」は建久七年（一一九六）以来現在まで書き継がれている。前掲註（17）『香芝町史史料編』。

(37) 坂本前掲註（20）論文。

(38) 田村前掲註（4）論文。

(39) 窪田前掲註（6）論文。

(40) 田村前掲註（4）論文。

(41) 窪田前掲註（6）論文。

(42) 信仰的側面と経済的側面の両面にわたる村落寺社のあり方については川端泰幸「村落寺社と百姓・領主―地域社会の公と宗教」『日本中世の地域社会と一揆』（法蔵館、二〇〇八年）を参照。

(43) 井原今朝男は、令の儀制令のなかの「春時祭田条」にある「酒肴等の物は公廨を出して供せよ」の記載に注目し、八世紀の農村では、村ごとの神社で神々への祈祷料のための出挙である「公廨稲」が春時祭田の酒肴料調達のための社会システムとして機能していたと指摘する（井原前掲註（1）『史実中世仏教第二巻』「第二章中世寺院を支えた経済活動の実態」）。本章で検討した在地の寺社の出挙との類似がうかがわれるが、具体的な関連性については後考を期したい。

第七章　中世村落における「仏」についての基礎的考察

松本尚之

はじめに

本章は中世村落史料に所見する「仏」にかんして、基礎的な考察を行うことを目的とするものである。このとき、紀伊国相賀荘柏原村を具体的な検討対象とする。検討対象との関係において、本章の課題を端的にいうならば次のようになる。すなわち、中世、柏原村の「仏」とは村民や地域社会の人々にとってはたしていかなる存在であったか、ということである。

もっとも、本章が設定するこの課題は特別新しいというわけではない。問題関心などは異なるものの、柏原村にかんする先行研究においては、同村の「仏」についてすでに先学諸氏が分析の俎上に載せられ(1)、優れた成果を挙げられている（この点、第一節にて述べる）。したがって、かかる研究状況を踏まえたとき、本章が設定する右の課題は、一つには柏原村にかんする先学の成果の確認と総括からアプローチすることが可能であろう。もとよりこのアプローチは筆者の能力に制約されて、確認・総括としては自ずから多くの不十分な点を残すことが危惧されるが、研究史の優れた成果によれば、柏原村の「仏」とはいかなる存在として理解可能であるかという点を確認しておくことは、その確認結果の妥当性への批判を含めて、少なくとも柏原村の「仏」にかんする理解を、今後、進めるうえでの捨石になると考える。このようなことを期し、第一節では、柏原村にかんする先学の成果を同村の「仏」という視角から整理する。

本章が採る第二のアプローチは、「仏」の語が所見する史料の整理とこれに基づいた基礎的な考察である。第一節で整理するように、柏原村の「仏」にかんする先学諸氏の研究成果がいずれも優れたものであることは動かないが、こと「仏」の語に特化した整理は管見の限りでは必ずしも十分に行われていない。本章の課題に照らしたとき、ごく基礎的ではあるが、史料整理という方法を採ることとしたい。

第三は、第一、第二の整理・検討を踏まえたうえで、とくに第一節で確認する柏原村の「仏」にかんする研究史の到達点的理解を前提に、第二の整理検討をも踏まえながら、同「仏」についての理解を進めるよう試みるというアプローチである。

以上述べたような問題関心と方法に則って、以下、検討を進めていくこととしたい。なお、基本的に右の第一から第三として示したアプローチ・方法はそれぞれ、第一節から第三節に対応している。

さて最後に、次節以降の前提として、本章が扱う「仏」について述べておきたい。第二節でも述べるように、柏原村の史料には「仏」、あるいは「仏物」などの語が所見する。(2)なお、史料中に頻出するのは「阿弥陀仏」のような形であり、(3)これは同村の西光寺に安置されたであろう仏を指すものと考えられる。(4)したがって、西光寺とその阿弥陀仏は自ずから緊密な関係性を有しており、両者の扱いが、当該期の人々の間でどのようなものであったかはなお課題とすべき問題であると思われ、実際、本章が取り上げる先学諸氏の間でも、その扱いには差異が看取される。例えば、蔵持重裕氏は西光寺と「仏」とを峻別されているが[5]、小倉英樹氏は両者を一括して把握されている、の如くである[6]。峻別すべきか否かという問題は各論考の問題関心によって当然異なってくるし、一律にそれを決定することは必ずしも容易ではない。そのうえで、先述の問題関心に立脚する本章では、さしあたって右の蔵持氏のように、西光寺と「仏」を峻別する立場を採りたい。筆者の能力のために、西光寺と「仏」の関係性分析は今後の課題とせざるを得ないが、本章の検討の先に改めてそうした問題に取り組むことができるものと考える。なお、本章では西光寺の「仏」について、「仏」の語を統一的に用いることとする。

第一節　柏原村における「仏」の諸相——研究史における到達点的理解——

本章が検討対象とする柏原村[7]は中世、紀伊国相賀荘に属した村落である。相賀荘は一二世紀に密厳院の所領として立荘されて以降、その経営が続くが、同荘は一四世紀に領域的に南北に分断されることとなり、南側は高野山領に、北側は密厳院領として存続することとなった。柏原村が属したのは北側の相賀荘であった[8]。

柏原村にかんしては、石田善人氏[9]を嚆矢とする研究史を有し、はやくも七〇年代の原田信男氏[10]の研究によって、その惣村としての具体相は詳細に明らかにされている。以下、原田氏などの研究に依りながら、柏原村について本章の行論との関係において必要な点のみ確認しておきたい。

相賀荘（北側）に属した柏原村は、その周辺を出塔村や菖蒲谷村、山田村、吉原村などと近接させる立地で地域社会に所在していた[11]。「はじめに」でも触れたように、かかる柏原村には西光寺という寺院が所在しており、本章が扱う

「仏」は同寺に安置されたものとされている。この西光寺には中世史料（「西光寺文書」）が伝えられており、柏原村研究における基幹史料となっている。[12] 西光寺には、「一結講衆」「結衆」などと呼ばれる同寺の運営組織が形成されており、経年とともに惣村としての柏原村の運営をも担う「村人」へと組織的展開を遂げた。[13] 西光寺へと寄進されるなどした物件等は、同寺と如上のような関係をもつ結衆、のちに「村人」が担うこととなった。[14]

さて、以上を踏まえて柏原村の研究史の確認へ移ることとしたいが、先述のように、七〇年代の原田信男氏の研究は惣村としての柏原村の実相を詳らかにした貴重な成果であった。一方、同じ七〇年代の市川訓敏氏[15]の研究以降、柏原村にかんする研究は、本章が総称として用いている「仏」にかんする分析を一つの軸として近年まで展開している。もちろん、それぞれの研究は独自の問題関心と分析視角に基づいており、また必ずしも柏原村の専論ではない研究もあるため、柏原村の研究史的展開をこのように理解すること自体、限界を有しているといわねばならないと思う。その点を予め確認したうえで、以下、年次を降るかたちで、柏原村の「仏」にかんする研究として管見に触れた先学諸氏の研究の整理を行うこととしたい。なお、前述の通り、個々の研究の問題関心や研究成果は必ずしも柏原村の「仏」についてのみに収斂しないが、ここでは本章の問題関心に照らして、とくに先学が明らかにされた柏原村の「仏」の諸相とはいかなるものであったか、という視角から整理を行うこととしたい。

さて、柏原村の「仏」についてははやくも七〇年代に市川訓敏氏[16]の研究があり、高度な理論化が果たされている。市川氏は、法制史的な観点から、柏原村などの村落において所見する村落の信仰主体（柏原村でいえば「仏」）に対する寄進行為について取り上げ、これが中世村落において果たした歴史的役割を明らかにされている。市川氏の詳細な議論をここで網羅的に取り上げることはしないが、その要点として、惣村という村民個々の人格から独立した団体の結成、および村落の特定の階層ないし個人に帰属しない財産生成の実現が明らかにされている。市川氏の議論を本章の問題関心に即して捉えようとすれば、すなわち柏原村における「仏」は集団結成、および村落における財産の形成に中核的な役割を果たす存在であった、と把握可能である。[17]

次いで八〇年代には藤木久志氏による研究が公にされている。[18]本研究における藤木氏の全体的な眼目は、同氏が統一的に「惣堂」と呼ぶ中世村落の堂がいかなる存在であったのかを解明することにあるが、そのなかで柏原村の事例が取り上げられている。柏原村にかんして藤木氏は、先学の成果を踏まえながら、[19]同村の財産が「仏物」として集積されていることに注意され、これを村落にとって安定的な財産とするための「すぐれて中世的な村の英知」として評価されている。[20]このように、柏原村における「仏」は、中世村落がまさに村落として（ここでは財産の面で）存立するうえでの重要な役割を果たしていたことが明らかにされたのである。[21]

九〇年代には、蔵持重裕氏[22]の研究がある。蔵持論文の主眼は、中世、とくに村落に近いいわば一般的な生活者としての女性について様々な観点から分析することに置かれ、貴重な成果が挙げられている。そのなかで柏原村についても史料を伴った分析が加えられており同村の研究としても重要な成果が挙げられ学ぶべき点が多い。本章が問題とする「仏」との関連に限っても、柏原村（ないし同村を含む周辺地域）における「仏」への物件の売買等では「本直返」契約が結ばれていること、また一旦、契約が締結された土地を第三者へと移動させることが制限されていることを確認し、このような特徴をもつ「仏」を対象とした契約について、「転売禁止条件付き悔返留保処分」としての性格を析出し、これを「仏」による売却者等への「保護」として把握されている。[23]そして、「仏物」として集積された財産の社会的な管理を一つの契機として「政治的村落」が形成されることにも言及されている。[24]このように、蔵持氏は、村民（蔵持論文の文脈ではとくに女性）にとって経済的な扶助を実現する存在として柏原村の「仏」を捕捉されたのである。[25]

二〇〇〇年代に入ると、川端泰幸氏[26]の研究成果をみることができる。川端論文の主眼は、中世村落や地域社会について「公」「宗教」[27]などの観点から分析することに置かれている。分析対象に柏原村を据えた川端論文では、同村における西光寺などの信仰対象が果たした役割やそれと村落における「公」との関連性が詳しく明らかにされている。こうした川端論文のなかにあって、柏原村の「仏」は「財産保護」という役割、および「信仰」の対象という両様を兼ね備えた存在として理解されている。[28]「仏」の経済的機能については川端論文が述べるように研究史の成果があるが、[29]これに川端論文が強調する「宗教」などの側面を加えて「仏」の位置づけがより明瞭に示されたところに川端論文の研究史的重要性がある。[30]

管見のうち直近の成果にあたるのは二〇一六年の小倉英樹氏[31]の研究である。分析対象を柏原村とする小倉論文では、全体的には、小倉論文が「惣有田」[32]と呼ぶ物件などやこれと関連する柏原村の村落としての展開過程が詳細に明らかにされたという成果が挙げられている。「仏」にかんする小倉論文の見解は、西光寺を宛所とした物件の集合体を「仏物田」[33]として把握し分析を加えている箇所から端的にうかがうことができる。[34]小倉論文は、この「仏物田」について、先学の成果[35]を前提として、かかる性格の物件における悔返権の制限を確認するとともに、同物件移動時の契約で本銭返が結ばれていることなどを確認し、このようにして結ばれている「仏物田」（ないしその管理者たる村人）と物件提供者との関係性を先学の研究成果[36]を踏まえつつ、「融通関係」[37]として評価している。さらに小倉論文ではそうした関係性は諸階層に一般化されているというよりも、「一般百姓や女性」[38]との間に成立するものが基本であったと結論されている。このように、「仏」を一つの軸とした村落における「融通関係」の析出と、それを階層構造的視座から具体的に位置づけた点が小倉論文における成果ということができる。[39]

以上、ここまで柏原村の「仏」にかんする先学諸氏の見解を概観してきた。限られた紙幅での右の整理はいきおいその不十分さを免れがたいが、いま右の整理に基づきそれを一定の抽象化のうえで再整理してみるならば、柏原村の

「仏」にかんする研究史の到達点的な理解はおおよそ次のようである。

1　信仰対象

この点、例えば、先述の川端泰幸氏の研究などに顕著であり、ほかの諸氏にあっても明示如何は別にしても、かかる「仏」の性格を否定する見解は管見の限り見受けられない。

2　村落の財産形成における役割

この点については、先述の市川訓敏氏、藤木久志氏の研究などをはじめ先学諸氏によって詳らかにされている。

3　村落組織の結成ないし展開における役割

この点、先述の市川氏や蔵持重裕氏、川端氏、小倉英樹氏などの研究から窺知《きち》することができる。もっとも先学諸氏それぞれ個別の問題関心に基づいて、生成される組織の性格や重視されている点などは異なるが、2の村落財産形成とも関わり、「仏」との関与に伴って村落に体制的変化が生じる点はこれまでの研究によって明らかにされているものと理解してよい。

4　経済的救済

先述の蔵持氏や小倉氏の研究にあるように、物件移動に関わる「仏」との契約には、物件提供者（旧権利者）の側に一定の経済的利益が担保されている場合があることが研究史によって明らかにされている。当該期の柏原村の人々が「仏」を如何に認識していたのかを理解するうえで、蔵持氏や小倉氏のかかる研究成果は重要なものであるといえよう。

以上のように、先学諸氏の優れた研究によって明らかにされた柏原村の「仏」の諸相はさしあたって右の四点に整理することができる。右の四点の整理の妥当性や筆者の能力のために汲み上げることができていない先学の成果もあるものと思う。この点、ご批判を仰ぐしかないが、いずれにしても、右の四点を研究史によって明らかにされてきた柏原村の「仏」の諸相として理解したうえで、次節では、史料に眼を移して同村の「仏」についての基礎的な考察を進めたい。

第二節　「西光寺文書」における「仏」の所見類型

柏原村の基幹史料が「西光寺文書」であることは第一節にて既述の通りである。本節では同文書群のうち、「仏」の語が所見する史料の抄出整理を行うとともに、その整理をもとに若干の考察を加えることで、柏原村における「仏」についての理解を深められるよう努めたい。ごく基礎的な作業ではあるが、柏原村にかんする研究史では「仏」に特化した整理は管見の限りでは十分でなく、本章の関心に照らしたとき必要な作業であると考える。

さて、『和歌山県史』中世史料一（一九七五年）に収録されている「西光寺文書」は、写などを含めて全一二〇点である。いま、これらの史料のうち「仏」の語が所見する史料として管見に触れたものを整理したものが表である。同表の〈凡例〉に示した通り、整理にあたっては、漢字表記の「仏」に留まらず、同『和歌山県史』が付された傍注などをも参照しながら「仏」表記を意図したと考えられる史料を対象に含むことを方針とした。管見からの遺漏などを含め本表の不十分さについてはご批判を仰ぐほかないが、さしあたって本節ではこの表に従って、以下、行論を進めることとしたい。具体的には表から読み取り得るいくつかの特徴から、柏原村における「仏」の様相をうかがう、というのが本節の内容となる。

まず史料所見の年代である。表の項目「日付」をみたい。№1の寛元二（一二四四）年を初見として、年次の明らかなところでは№33の天正八（一五八〇）年が下限となる。但し、№1の所見は文書裏書になるから、初見はこれよりも若干降ると考えるべきかもしれない。№2が人名であることを考慮するならば、「仏」の語所見の初めは№3の正応二（一二八九）年あたりに求めるのが適当であろうか。いずれにしても、一三世紀から一六世紀に至るまで、各世紀を通貫して所見する存在であることは確認することができる。

次に項目「文書名」に眼を移したい。なお、本文書名は前掲『和歌山県史』中世史料一が付している文書名に依拠したものである。いまここで付されている文書名を参照しながら傾向を捕捉しようとするならば、一瞥して明らかなように、「仏」の語が所見する史料が寄進状など券文類に多く属していることがわかる。もちろん、これは「西光寺文書」に残された史料の残存数に関係するから、この傾向が即、柏原村の「仏」の特徴と置き換えられないのは当然である。ただ、次にみるように、「仏」がどのような存在として史料上に現れるかをみたとき、券文類にその姿の多くをみることができることが単なる史料残存数に対応した特徴であるとのみ言い切れるかは逆に留保が要ると思う。

続いて、表の項目「『仏』所見箇所」をみると、そこに「仏」の具体的な姿を垣間見ることができる。さしあたって類型的にはおおよそ以下の四つに整理することができる。

第一に、①人名の一部に「仏」の語が含まれるものが挙げられる。例えば表の№2にみえる「ソウナモフツ」がこれに該当する。ほかに、№4（「蓮仏房」）、8（「沙弥行仏」）、9（「行仏」）、10（「沙弥仏行」）、16（「慈仏」）などを

表　「西光寺文書」における「仏」の語所見史料一覧

No.	日付	文書名	文書番号	「仏」所見箇所	備考
1	寛元二年三月三日	坂上氏女田地相博状	「西」一号	〈裏書〉「此地之内、上半分ハ阿弥陀仏可知」	―
2	弘安三年正月二五日	僧阿弥陀仏田畠屋敷処分状	「西」四号	「ソウナモフツ（花押）」	・『和』の文書名によれば、「ソウナモフツ」は「僧阿弥陀仏」か。本表ではこの判断に従う。 ・〈裏書〉「山田村物」に『和』は「（仏脱）」の傍注を振るが本表ではこの点なお判断を保留する。
3	正応二年一一月　日	藤原行房田畠売渡状	「西」五号	「志傾於仏心」／「於此地者、依為仏物」	―
4	正応六年八月一五日	柏原御堂結衆田券紛失状	「西」六号	「蓮仏房（略押）」	―
5	正応六年八月一五日	柏原御堂結衆置文	「西」七号	「一通者佐藤大夫西光院阿ミタ仏ニ奉渡売券文」／「あミた仏可奉」／「且阿弥陀仏御照覧可有候」	―
6	嘉元四年七月六日	紀行友屋敷田畠処分状	「西」八号	「西念仏田」／〈裏書〉「山田仏物エ売渡之候」	―
7	延慶三年一二月二六日	権律師西阿田地寄進状	「西」九号	「柏原村西光寺阿弥陁仏」	『和』によれば、「西」一〇号、同一一号は本史料に関わる写。
8	元弘元年一二月　日	沙弥行仏田地売渡状	「西」一六号	「西限念仏田」／「沙弥行仏先祖相伝之私領也」／「沙弥行仏（略押）」	―
9	元弘三年一一月二二日	紀千松女田地売渡状	「西」一八号	「西行仏作」／「山田村仏物ニ売渡事実也」	―
10	延元二年五月一六日	僧王善田地譲状	「西」一九号	〈裏書〉「沙弥仏行母薬師女ヨリ譲得所実也」／「沙弥仏行（略押）」	―
11	康永四年一一月八日	藤二郎利分米寄進状案	「西」二五号	「柏原村仏モツニ」	―
12	正平八年六月一九日	道省畠地寄進状	「西」二八号	「柏原村西光寺阿弥陁仏奉寄進事実也」	本史料の関連として、「西」三三、三四号。なお、この点、同三四号における『和』の解説をも参照。
13	貞和五年七月二八日	行仏置文案	「西」二九号	「行仏カサタ」／「行仏」	―
14	貞和五年七月二八日	山田村人等田地売渡状	「西」三〇号	「限西行仏作」／「柏原西光寺仏物ニ」	―
15	正平九年二月一三日	長教田地売渡状	「西」三五号	「柏原西光寺仏物ニ」	―
16	正平一二年九月二六日	常念等米寄進状	「西」三七号	「十月ノ念仏」／〈追筆〉「フツタメニ」／「慈仏（略押）／〈追筆〉「念仏」	『和』によれば、「フツタメニ」の「フツ」には「仏」の傍注が振られている。本表ではこの判断に従う。
17	正平一六年八月一一日	座子女田地寄進状	「西」三八号	「柏原村之御堂西光寺阿弥陁仏」	―

18	正平二〇年二月二五日	兵衛三郎田地売渡状	「西」四一号	「柏原之西光寺之阿弥陁仏」	―
19	正平二〇年三月三〇日	チヨマツ女彼岸念仏米寄進状	「西」四二号	「念仏」／「西光等之阿弥陁仏に」	―
20	文中二年一二月六日	孫太郎田地寄進状案	「西」四五号	「柏原ノ西光寺阿弥陀仏」	―
21	文中二年一二月六日	片子米長帳	「西」四六号	「念仏田」	―
22	弘和元年一二月一九日	孫太郎田地売渡状	「西」四九号	「カシワハラノ阿弥陁仏」	―
23	弘和元年一二月一九日	千鶴田地売渡状	「西」五〇号	「カシワハラノ阿弥陁仏」	―
24	弘和四年三月一一日	大平田地売渡状	「西」五一号	「西光等之千阿弥陁仏」	―
25	元中元年九月一五日	トウク房畠地寄進状	「西」五二号	「カシワハラノアミタホケニ」	『和』は「カシワハラノアミタホケニ」の「ホケ」に「（ト脱）」の傍注を振る。本表ではこの判断に従う。
26	至徳四年一二月一日	孫太郎田地売渡状	「西」五四号	「西光寺之阿弥陁仏ニ」	―
27	明徳五年三月一一日	明澄田地売渡状	「西」五七号	「西光寺阿弥陁仏」	―
28	応永八年一二月一一日	朝証田地売渡状	「西」五九号	「柏原ノ阿弥仏」	『和』は「柏原ノ阿弥仏」の「阿弥仏」に「（陀脱）」の傍注を振る。本表はこの判断に従う。
29	応永一〇年一一月八日	相観畠地寄進状案	「西」六〇号	「柏原阿弥仏」	『和』は「柏原阿弥仏」の「阿弥仏」に「（陀脱）」の傍注を振る。本表はこの判断に従う。
30	長禄二年一一月一五日	助五郎田畠作職売渡状	「西」六五号	「柏原村阿弥仏下地」	『和』は「柏原村阿弥仏下地」の「阿弥仏」に「（陀脱）」の傍注を振る。本表はこの判断に従う。
31	天文七年六月二一日	寺地・村地段銭控日記	「西」七六号	「子ンフツ田」	―
32	元亀三年二月二四日	正月入目日記	「西」八八号	「正月の御ふつしやうのまいりハ」／「御ふつしやうの物ニ」	『和』は「正月の御ふつしやうのまいりハ」の「ふつしやう」に「（仏聖）」の傍注を振る。本表はこの判断に従う。いま一方の抄出箇所もこれと同様と考えられる。
33	天正八年一〇月一四日	柏原村中借米状案	「西」九九号	「子フツテン」	―
34	（年未詳）卯月九日	柏原惣村地下神主等連署申状案	「西」一一〇号	「仏供」	

〈凡例〉

・本表では、『和歌山県史』中世史料一（一九七五年）所収の「西光寺文書」全一二〇点を整理対象とした。ほかに、『橋本市史』上巻（一九七四年）にも同文書群の掲載があるがここでは同書については整理対象に加えていない。以下、前記『和歌山県史』は『和』、「西光寺文書」は「西」と略記する。文書番号は、「西」何号と表記し、『和』の明記は省略する。

・本表では、「西光寺文書」のうち、「仏」の語が所見する史料を一覧として整理する。なお、片仮名など漢字表記以外も「仏」と判断されるものは整理の範疇に加えた。なお、整理の際には『和』が付している傍注・補注・解説などをも参照させていただいた。

・本表における文書名や文書番号、また裏書などの文書の記載にかんする情報などのほか、すべて『和』所収の「西」に準拠した。

・本表の項目「「仏」所見箇所」では、適当な箇所を抄出し、これが複数箇所におよぶ場合は「／」を挟み併記した。また、「仏」の語の所見箇所が文書裏書などの場合には、〈裏書〉のように、抄出箇所の冒頭に付した。なお、『和』が付す傍注は基本的に省略した。また表記は適宜、常用漢字等に改めた。

看取することができる。

第二に、②人名以外の単語（名詞）、ないしは単語を修飾するものが挙げられる。表のNo.3の「仏心」や「仏物」などはこの範疇に属しよう。該当するものはほかに、例えば、「仏物」「念仏」（「念仏田」）などの語が所見するNo.6、8、9などで、これらの語に該当ないし準ずる語が確認される史料などがこの範疇に含まれる。

第三に、③動作の主体として現れる「仏」の姿が確認される。例えば表のNo.5の「阿弥陀仏御照覧」は、柏原村の「仏」がいかなる存在であったかを知るうえで興味深い一文である。No.5、およびこれに関連するNo.4については田村憲美氏(40)の優れた分析が到達点的理解といえ、そこではNo.5の「阿弥陀仏」の位置づけも含めて、No.4、5の整合的理解が示されている。いま本章では、田村氏の議論の詳細に立ち入ることをしないが、いずれにしても、田村氏の分析やNo.5の表現からして、「仏」は動かざる存在としてただ座しているのではなく、確たる監督者として認識されていたことは間違いない(41)。この③の類型に該当する可能性のある史料は多くなく、その具体相を明確に理解できるのはこのNo.5のみであるが、「仏」のかかる存在形態の所見事実には十分注意しておきたいと思う。

第四に、④動作の対象としての「仏」の存在が挙げられる。例えば、表のNo.5で、「仏」は物件の売却対象（すなわち買取者）となっているのがその具体的な姿である。表に整理したうち、前述の①から③の類型に該当しないほとんどの「仏」の史料上での現れ方はこの④に該当し、その多くが物件等の移譲対象として登場している。これは先に表の項目「文書名」についての分析の箇所で述べたように、一つには「西光寺文書」という文書群の史料残存の特徴に起因する可能性にも配慮しなければならない。したがって、この④のごとき姿がほかの①から③のような姿に比して、柏原村における「仏」の最も本質的なものであったといった断定は避ける必要がある。ここでは、①から④というあり方を史料から看取可能な柏原村の「仏」の諸相として確認しておきたい。

以上、本章では、表に依拠しながら、「西光寺文書」のうち、「仏」の語が所見する史料について整理し若干の考察を加えた。ここでの再掲は避けるが、柏原村の「仏」について前述した①から④のような現れ方を確認することができた。このうち、「仏」の具体的な様相をとくにうかがうことができるのは③、および④であろう。史料にひろく認められるように「仏」は物件等の移動対象ではあったが、一方で先述したように、動作主体としての性格も有していた。したがって、そこには単にいわば人間側の行為を受けるのみでない、主体性が存在しており（存在するものと人々に通念されており）、当然、そこには独特の緊張関係が存在したはずである。[42]次節ではこの点に留意しながら、第一節で確認した柏原村の「仏」にかんする理解に若干の考察を加えることとしたい。

第三節　柏原村における「仏」の実相――研究史の再検討を通じて――

本章冒頭で述べたように、本章の課題は、中世、柏原村の「仏」について当該期の人々の立場に立脚しながら検討することである。第二節で述べた通り、「仏」の史料上の所見類型のうち、相対的にその具体相を示していたのは③、あるいは④であるということができ、本章の課題に取り組もうとする際、さしあたってこれらの類型を念頭に検討を行うことは一つの方法であると思われる。もちろん、類型①や②のように、いわば人名など何らかの名称に付された「仏」の語から、当該期の人々の「仏」に対する認識を探ることも重要な課題であるが、本章では例えば前節にみた類型④のように「仏」という存在を実際に文書上に認めて締結された「仏」と村民や地域社会の人々など（以下、便宜上、「仏」―村民等、などと表記する）の関係性から本章の課題に迫ることを当面の方法としたい。

翻って、第一節でみた柏原村の「仏」にかんする研究史の成果による到達点的理解のうち、「仏」―村民等の関係性に直接的に関わってくるのは、1信仰対象、4経済的救済の実現主体、などといった理解であろう。このうち、恐らくは最も根本部分に関わるであろう1の考察が望まれるが、筆者の能力の限界のためにこれにかんする具体的な考察を本章は有していない。したがって、本章では4に焦点を絞って検討を行うこととし、その際、前述のように第二節の③や④といった「仏」の基礎的なあり方にも配慮しながら行論を進めることとしたい。

さて、第一節で述べたように、研究史的到達として整理した4に直接的に関わる先学は蔵持重裕、小倉英樹両氏の研究である。(43) まずは両研究の要点について確認することから開始したい。第一節にて既述のように、蔵持氏が村落の女性にとくに注目されているのに対して、小倉氏はより包括的に村落のひろい階層を問題としており、そこに研究史的な発展的成果を認めることができるなど、それぞれの研究段階と独自の問題関心に基づいた両氏の研究を一括りにすることには困難が伴うが、両氏の見解いずれにおいても、具体的な方法としては売券など券文における物件等の移動にかんする契約内容の分析を通じて、4のごとき「仏」の機能、ないしそこに形成される「仏」―村民等の関係が析出されていることを確認することができる。そして、その契約内容で注目されているのは、イ．「仏」を対象とした契約であること、ロ．移動した物件を「仏」から別の第三者へ移動させることの制限、ハ．いわゆる本銭返契約の締結(ただしこの点についての蔵持氏の見解には後述するような意味での留意が要る)、おおよそ以上三点に要約することができる。すなわち、移動を制限した(ロ)かたちでの本銭返のごとき条件を含む契約が(ハ)、「仏」との間で結ばれていることが(イ)、物件を売却などした村民等にとって総合的には経済的に一定の利益を認めることが可能である、と大要上記が蔵持・小倉両氏のいわれる4の内容となる。

結論的にいって本章は両氏が認められた4のような事態の存在を否定するものではない。(44) 例えば小倉氏が挙げられているように、たしかに「仏」との間で本銭返契約が締結されているのは事実である。そのことを前提としたうえでしかし、問題を本章の課題に引き付けるならば、蔵持、小倉両氏の4のごとき評価は柏原村における「仏」—村民等関係の一側面を捉えたものである一方で、これに収斂しない（あえていうならば反対の極に位置づくというべき）側面については必ずしも十分に検討されているとはいえず、そこに柏原村の「仏」にかんする理解としてなお進めるべき余地が残されているものと考える。以下、この点について検討を進めることにしたい。このときとくに注意すべきは両氏の議論の要点として整理した前述の三点のうち、ハ．本銭返契約締結にかんする問題である。「仏」—村民等で結ばれる契約において村民等の側に一定の経済的利益の担保を認める場合、本銭返契約締結の事実如何は根本にして重要な問題であろう。

この点について、まずは蔵持氏の所論をみてゆくこととしよう(45)。蔵持氏はその論考において、「西光寺文書」に残された各種券文を表化して整理され(46)、その表の項目「条件等」において、「本直返」条件が締結されている契約を明示されている。同表のこの整理によれば、個別条件を措き、「本直返」条件の締結如何に焦点を絞れば、同契約の事実を確認できるものは全一三点に及ぶものと理解される。では、ここで蔵持氏が「本直返」とされている契約の中身はいかなるものであろうか。これについては蔵持論文における正応二（一二八九）年十一月　日付藤原行房田畠売渡状（左掲史料1）にかんする分析からうかがうことができる。蔵持論文と重複するが、同史料を改めて掲げて「本直返」の内容について確認しておきたい。

【史料1】(47)
（端裏書）「カウトノセマチノ文書」
売渡　田畠事
合田大、畠小者、在字柏原村、

四至　有本券、〈在紀伊国伊都郡相賀庄密厳院之御領河北柏原村、〉
右件田畠者、藤原行房所買取田畠也、雖有可放他人子細、志傾於仏心、為柏原村西光院之燈油田、一結講衆仁宛能米柒斛、限永代、本券二通共所売渡実也、但有他人之妨時者、可返本直、縦余者雖不返本直、於此地者、依為仏物、為行房之沙汰、可奉返本直者也、仍為後日沙汰、放新券之状、如件、

正応二年〈戊丑〉十一月　日　　藤原行房（略押）
嫡子九郎（略押）

さて、蔵持論文では、史料1の「但有他人之妨時者、可返本直、縦余者雖不返本直、於此地者、依為仏物、為行房之沙汰、可奉返本直者也」の箇所に注目され、史料1以降の違乱に対して、とくに本物件が「仏物」という特異性を帯びることから行房が弁償責任を負う契約が交わされている事実を確認し、「「仏物」としての処分の地は特殊な地であることを意味している」とされている[48]。史料1に対するこの蔵持氏の分析は正当で、同氏がいわれるごとく柏原村において「本直返」とは売却者側が買主に対して取引物件違乱時の保障を負うことをその内容としている。

蔵持氏は、史料1の分析を終えたあと、貞和五（一三四九）年七月二八日付山田村人等田地売渡状[49]の分析から、「仏」に宛てた物件の移動が制限されている事実を確認し、第一節で述べた如く、「仏」との間で交わされた物件取引に「転売禁止条件付き悔返留保処分」という性質を確認されている[50]。また、このような処分にかんする事例として康永四（一三四五）年六月一五日付生子女畠地売渡状（左掲史料2）に所見する条件を引き、注意されている[51]。

ところで、蔵持氏が注意しておられる史料1にみられるような「本直返」条件に関連して想起されるのが寶月圭吾氏の研究である[52]。寶月氏はその論考のなかで、日本中世における本銭返契約の出現展開の問題を具体的に明らかにされているが、その際、本銭返契約とは異なり、取引物件の経営が正常に実現されなかった場合の売却者側の弁償責任

を予め定めた契約内容を「本直返弁」として確認されている。そして、寶月氏はこの「本直返弁」条件が本銭返契約の前史にあたることなどを明らかにされている。(53) 以上の寶月氏の議論に学んで本章がいま注意したいのは、本銭返契約と厳に峻別されるものとして「本直返弁」（以下、単に本直返弁、と表記する）条件があり、かつこの条件は基本的に売却者の側に経済的な負担を求める性格のものであったということである。

以上を踏まえたとき、史料1でみたような、蔵持氏が「本直返」としたその条件は右の本直返弁条件に相当するということができる。一方、前述のように蔵持氏が「転売禁止条件付き悔返留保処分」との関連で引かれた康永四年六月一五日付生子女畠地売渡状の条件はこれとは異なっている。いま同売渡状について、左に掲げることにしたい。

【史料2】(54)

（端裏書）「セムシヤウカキトノケム」

売渡　畠立券文事

合弐段者、

在紀伊国伊都郡相賀庄河北字柏原村〈セムシヤウ垣内、〉

四至　有本券文、〈限東道、限南中立、限西与三殿御領、限北路、〉

右件畠者、生子女先祖相伝私領也、而今依有要用、直銭肆貫文限永代、柏原村阿弥陀寺売渡事実也、但雖何時ナリト、買返思時者、可本直銭買返、若於此地違乱出来時者、可本直物返、無他妨、可令領知者也、仍為後日沙汰、本券一通相副、新券文放状、如件、

康永二二年乙酉六月十五日

生子女（略押）
嫡子アクリ女（略押）

「（裏書）弐段カ内半ハノク、」

史料2は蔵持氏も留意されているように[55]、直接「仏」等の語を看取し得ない点への留意が要るが、「仏」と関わる西光寺の性質を考慮しひとまずこの問題は措いておきたい。いずれにしても、ここで確認しておきたいのは次の二点である。第一に、蔵持氏がその「転売禁止条件付き悔返留保処分」との関連で引かれたのは史料2の傍線箇所であり[56]、これは売却者生子女の側に一定の利益を供する条件であるということ、第二に、史料2では第一の条件とは別に、破線部のような条件も交わされており、これは先にみた本直返弁に相当する内容と理解できるということ、以上二点である。傍線部の条件が売却者の側に経済的な利益を担保する内容と解釈できる一方で、破線部の条件は明らかに売却者に負担を強いる内容（少なくとも経済的利益を約束するものではない）といわねばならない。先にみた寶月氏の議論を踏まえるならば、傍線部は本銭返、破線部は本直返弁というべき条件である。重要なのは、これら二つの条件が一つの契約のなかに併存しているということである。すなわち、柏原村において両条件はそれぞれ別個（真逆）の条件として認識されていたと考えられるのである。

以上からすれば、柏原村において「仏」を対象に結ばれた諸契約において、本直返弁と本銭返という両条件は明確に区別して理解する必要がある。蔵持氏の議論にあってはどちらかといえば「仏」を対象とした取引における特異性の解明に注力されており、管見の限りでは本直返弁と本銭返という両条件が必ずしも十分に峻別されていない。蔵持氏による「転売禁止条件付き悔返留保処分」の存在の析出はまことに優れた成果であるが、一方で「仏」を対象とした諸契約は蔵持氏が析出された取引内容に収斂するものではなく、史料1の行房のように一方的に義務を負うケースも少なくなかったのである。事実、先述のように、蔵持氏自身が表として整理され確認しているごとく、事実上、本直返弁というべき「本直返」条件を帯びた契約の締結は一三件にも及んでいるのである。

小倉英樹氏の議論についても、これとの関連から検討すべき課題がある。[57] 本章第一節で確認したように、小倉氏は西光寺を対象とした物件等取引に看取される本銭返などの諸条件締結の事実に着目されるとともに、先学の研究成果を踏まえたうえで、「仏」との関係性において村民等に一定の経済的利益の担保があったことを明らかにしておられる。同じく第一節で確認したように、小倉氏の議論はかかる関係性が村落のいかなる階層との間に基本的に結ばれていたのかという問題へと展開され、研究史を前進させておられる。

このとき、小倉氏がその議論のなかで用いられる本銭返とは、先にみた寶月氏の議論において本直返弁と区別されていた、売却者側に一定の経済的利益が担保された本銭返の意である。[58] かかる本銭返条件に注目分析された小倉氏の議論は「仏」との関係において村民等に一定の利が保障されていたという事態を正しく捕捉されている。[59] また、寶月氏の議論などに依拠して先述来、確認しているごとく本銭返とは対極的な本直返弁について小倉氏は十分に取り上げられておらず、その意味で右にみた蔵持氏の議論が抱える課題は小倉論文には当てはまらない。しかしながら、同時にそのことは小倉氏の議論における別の課題を指し示しているともいえる。すなわち、本節において確認した通り、蔵持氏がその所論で取り上げられたごとく、柏原村における諸物件等取引では、本直返弁（先述のように蔵持論文では「本直返」）条件と本銭返条件という両様が存在していた。既述のように、蔵持氏の議論ではその峻別の不貫徹が課題であった。翻って小倉氏の議論の場合は、本直返弁条件への注意が十分でなく、その意味で「仏」―村民等の関係性の一面のみの把握に留まっているといわざるを得ない。柏原村においては小倉氏が把握された「仏」―村民等の関係性とは正反対に、村民等が「仏」に対して本直返弁条件を負った契約が結ばれていたのである。

おわりに

以上、本章は柏原村における「仏」について、全三節にわたってごく基礎的な整理検討を行ってきた。各節にかんして概括すれば、以下のようである。

第一節では、柏原村研究のうち、とくに同村の「仏」にかんする先学諸氏の研究成果の整理を行った。各要素がいずれの先学の成果によるかなどの詳細は第一節に述べた通りでありここでの明記は省略させていただくが、研究史の到達点的理解として柏原村の「仏」には、1信仰対象、2村落の財産形成における役割、3村落組織の結成ないし展開における役割、4経済的救済、以上四つの要素がその機能、ないし歴史的に果たした役割として明らかにされていることを確認した。

第二節では、「西光寺文書」に所見の「仏」の語を整理し、少しく検討を行った。それによれば、柏原村における「仏」の語は①人名一部への包含、②単語化、ないし修飾、③動作主体、④動作対象、以上四形態が所見することが確認された。

第三節では、以上第一、二節を踏まえたうえで、とくに第一節にみた「仏」の4経済的救済という側面について、これにかんする蔵持重裕、小倉英樹両氏の研究を前提に検討を行った。そこでの結論は、4の機能とは正反対に、経済的負担を強いる（少なくとも経済的救済とは言い難い）側面が「仏」―村民等の物件取引の間に存在していたことを確認した。

ところで、本章第二節において、田村憲美氏の研究にも学びながらみたように、柏原村の「仏」は③動作主体としての側面をたしかにもって存在していた。史料残存状況からは、④動作の対象としての姿が多く見受けられる柏原村の「仏」ではあるが、「仏」との間に締結される関係性は③の側面を捨象して理解することはできないと思われる。無論、③の側面とて、「仏」に対するあくまでも人間側の認識ではあるが、それゆえにこそ③、④両様を捉えてはじめて「仏」―村民等という関係の実態により接近できるのではなかろうか。

その意味で、本章では第一節に確認した4という理解との対比において、5経済的負担を強いる存在として柏原村の「仏」の一側面を捉えたいと思う。このとき、とくに重要なのは、蔵持氏も注目された先掲の史料1の文言である。蔵持氏が、史料1の「本直返」条件とこれがとくに「仏物」であることを売主行房が強調していることに注目され、「仏」に移譲する物件の特異性を読み取られていることは本章第三節史料1にかかる箇所ですでに確認した通りである。同じく第三節で既述のように、かかる蔵持氏の見解の妥当性に本章は大いに賛同するものである。本章が理解したところでは、史料1から続く行論において蔵持氏はこの特異性に重点を置かれて氏の「転売禁止条件付き悔返留保処分」の議論へと進まれるが⑹⓪、本章第三節で確認した蔵持氏による史料1に対する解釈に示されている通り、史料1をそのまま解釈するならば、史料1において本直返弁条件を飲んでいる売主行房は、売券上の少なくない紙幅を使って「仏物」であることを理由に挙げ、進んで、もしくは拒否することができずに、この条件を負っているのである。右に本章の結論として柏原村の「仏」を5経済的負担を強いるものと述べたが、史料1に即せばそこには負担を進んで受けるという自発性を喚起する「仏」との関係性の構造的特質をもあわせて押さえておく必要がある。そして、先述のように田村氏の研究に学びつつ本章が確認した「仏」の③動作主体という側面とこの構造とは無関係でないのはもちろんである。

以上ここまで、本章は柏原村の「仏」にかんして基礎的な考察を試みた。この「おわりに」で結論したことや本章の基礎的に過ぎる考察は、あるいは先学諸氏においてすでに前提されていたものであったかもしれず、また本章の結論もきわめて不十分であることは覆い難いものと思う。しかしいずれにしても、中世村落において「仏」という存在を史料具体的に追うことができると同時に、優れた研究史的蓄積を有する柏原村という村落には検討の余地が残されているものと考える。本章の不十分さゆえに残された課題は多いが、他日のさらなる検討を期したい。

註

（1）例えば、川端泰幸「村落寺社と百姓・領主―地域社会の公と宗教―」（『日本中世の地域社会と一揆―公と宗教の中世共同体―』法藏館、二〇〇八年、初出は二〇〇三年）では、本章でも後に触れるように、「仏」と関係性を有する西光寺について、これが「村落においていかなる存在であったのか、民衆が西光寺に求めたものが何であったのか」（二八頁）という問題設定がなされている。このような重要な問題設定は今後の柏原村の研究史でも共有されるものと予想されるし、「仏」等が当該期の人々にとってどのような位置にあったのか、という課題設定には本章も大いに学んでいる。研究史に共有された重要な課題であるという認識の下、分析を進めたいと思う。

（2）例えば、「阿弥陀仏」の語は、寛元二（一二四四）年三月三日付坂上氏女田地相博状（「西光寺文書」一号、『和歌山県史』中世史料一、一九七五年）に、「仏モツ」の語は、康永四（一三四五）年一一月八日付藤二郎利分米寄進状案（「西光寺文書」二五号、同『和歌山県史』）にみえる。なお、上記のように、本章では柏原村にかんする史料をすべて同村研究の基幹史料たる「西光寺文書」に依拠し、その翻刻・文書番号・文書名をはじめ、傍注など基本的にすべて前記の『和歌山県史』中世史料一に依拠する。以下、史料を示す場合は、「西光寺文書」は「西」、同『和歌山県史』は『和』と略記し、「西」何号『和』、のように示す。

（3）前掲註（2）寛元二年三月三日付坂上氏女田地相博状（「西」一号『和』）も「阿弥陀仏」として表記されている。

（4）この点、例えば原田信男「南北朝・室町期における「惣」的結合の成立」（『地方史研究』二八巻二号〔一五二号〕一九七八年）七七・七八頁に指摘があり、本章も学んでいる。また史料として例えば、正平八（一三五三）年六月一九日付道省畠地寄進状（「西」一二八号『和』）には「柏原村西光寺阿弥陁仏」の語がみえる。

（5）蔵持重裕「村落と家の中の女性」（『日本中世村落社会史の研究』校倉書房、一九九六年、初出一九九二年）二八五頁など参照。

（6）小倉英樹「惣有田考―紀伊国相賀荘柏原村を事例として―」（荘園・村落史研究会編『中世村落と地域社会―荘園制と在地の論理―』高志書院、二〇一六年）三三八頁など参照。

（7）柏原村や相賀荘については、これまでの研究史が詳しく明らかにされ、それらを踏まえた丁寧な整理総括も存在する。以下、柏原村・相賀荘の概要については、小山靖憲「紀伊国」（網野善彦ほか編『講座日本荘園史8　近畿地方の荘園Ⅲ』吉川弘文館、二〇〇一年）のうち、「相賀荘」の項（同書一二頁以下）を参照。

（8）以上、柏原村・相賀荘の概要は小山前掲註（7）論文のうち「相賀荘」の項を参照。

（9）石田善人「郷村制の形成」（『中世村落と仏教』思文閣出版、一九九六年、初出一九六三年）。

（10）原田前掲註（4）論文。

（11）柏原村や近隣村落の位置関係については、さしあたって原田前掲註（4）論文の「第1図・相賀荘略図」（同論文七一頁）を参照した。

（12）「西光寺文書」については則竹雄一「相賀荘」（山陰和春夫編『きのくに（荘園の世界）』下巻、清文堂出版、二〇〇二年）のうち、「相賀荘データファイル」（同書三頁）をも参照。

（13）「一結講衆」、「結衆」、「村人」の語が所見する史料については原田前掲註（4）論文七八頁および同論文同頁の第三章註（10）以下の関連註に示されており、ここでは逐一の掲出は省略させていただく。なお、同註（10）に所掲の史料は本章第三節に掲げる史料1に該当する。さしあたって参照されたい。以下、「一結講衆」、「結衆」の語について本章では、結衆の表記に統一する。

（14）以上、原田前掲註（4）論文（とくに第三節）参照。

（15）市川訓敏「村堂への「寄進」行為について—紀ノ川流域の村落を中心にして—」（『関西大学法学論集』二七巻四号、一九七七年）。
（16）市川前掲註（15）論文。以下、市川氏の見解はすべて同論文による。
（17）以上、市川前掲註（15）論文参照。
（18）藤木久志「村の惣堂」（『村と領主の戦国世界』東京大学出版会、一九九七年、初出一九八八年）。以下、藤木氏の見解はすべて同論文による。
（19）藤木前掲註（18）論文の註（28）に引かれている先学として、市川前掲註（15）論文、原田前掲註（4）論文がある。
（20）藤木前掲註（18）論文第三節（一四頁以下）参照。引用は同一八頁による。なお、「仏物」の語は同第三節など論文各所で使用されている。
（21）以上、藤木前掲註（18）論文参照。
（22）蔵持前掲註（5）論文。以下、蔵持氏の見解はすべて同論文による。
（23）蔵持前掲註（5）論文第四節（二七八頁以下）参照。引用はいずれも同二八七頁による。なお、「本直返」などの語は同論文各所で使用されている（以下、この点の逐一の明記は省略）。
（24）蔵持前掲註（5）論文第五節（二八八頁以下）参照。引用は二九三頁による。
（25）以上、蔵持前掲註（5）論文参照。
（26）川端前掲註（1）論文。なお、初出時から一部に改訂が加えられている旨、同書二二七頁に記されている。本章はすべて同書収録の論文を参照。以下、川端氏の見解はすべて同論文による。
（27）「公」「宗教」の語は、川端前掲註（1）論文二一一頁以下に所見される。以下、この点の逐一の明記は省略する。
（28）「仏」にかんする理解はとくに川端前掲註（1）論文二三四頁参照。引用も同頁による。
（29）この点、川端前掲註（1）論文二三四頁（および関連註）参照。そこでは、藤木前掲註（18）論文の成果が踏まえられている。

(30) 以上、川端前掲註（1）論文参照。
(31) 小倉前掲註（6）論文。以下、小倉氏の見解はすべて同論文による。
(32) 「惣有田」の語は論文表題をはじめ小倉前掲註（6）論文の各所に所見される。さしあたり、「惣有田」についての同論文における位置づけは、同論文三三二頁などの記述を参照のこと。
(33) 「仏物田」の語は小倉前掲註（6）論文三三八頁などで用いられている。その含意についても同三三八頁など参照のこと。以下、この点の逐一の明記は省略する。
(34) 小倉前掲註（6）論文第二節（三三八頁以下）参照。以下、小倉論文の「仏」にかんする評価は同第二節を参照した。
(35) 小倉前掲註（6）論文三三九頁および同論文註（20）にあるように、笠松宏至「仏陀施入之地不可悔返」（『日本中世法史論』東京大学出版会、一九七九年、初出一九七一年）、同「仏物・僧物・人物」（『法と言葉の中世史』平凡社、一九九三年、初出一九八〇年）が前提とされている。
(36) 小倉前掲註（6）論文三三九頁および同論文註（23）にあるように、湯浅治久「日本中世社会と寄進行為―贈与・神仏・共同体―」（『歴史学研究』八三三号、二〇〇七年）が踏まえられている。
(37) 引用は小倉前掲註（6）論文三三九頁による。
(38) 引用は小倉前掲註（6）論文は三四四頁による。
(39) 以上、小倉前掲註（6）論文参照。
(40) 田村憲美「中世村落の形成と「随近在地」「在地」」（『日本中世村落形成史の研究』校倉書房、一九九四年）。とくに田村同論文の二五〇頁以下に詳細な分析がある。田村論文は柏原村にかんする専論ではないが、註（41）や（42）などでも後述するように、本章は田村同論文に多くを学んでいる。
(41) かかる「仏」の位相について、田村前掲註（40）論文二五〇頁以下の№5、関連の№4についての分析に学んでいる。
(42) 本文中先述のように、№5、およびこれに関連する№4については田村前掲註（40）論文の優れた分析理解がある。同論文二五〇頁以下で展開されている分析に本章は、柏原村における「仏」も含めた村落諸階層・組織間に存在する緊張関係を読み取り、学んでいる。あるいは本章の曲解かもしれずその点、ご海容を乞うしかないが、本文中に述べた「仏」と人間との間の緊張関係の問題は、かかる田村論文の成果に多くを学んでいる。

(43) 以下、蔵持、小倉両氏の見解については、それぞれ蔵持前掲註（5）論文（とくに第四節（二七八頁以下））、小倉前掲註（6）論文（とくに第二節（三三八頁以下））を参照。

(44) 本銭返を含んだ契約を確認できる事例についてはさしあたって小倉前掲註（6）論文「表1　西光寺への田畠売渡状・寄進状一覧表」（同論文三四〇・三四一頁所載）の備考の欄を参照されたい。但し同表は西光寺を宛所としたものであって（この点、小倉同論文三三八頁参照）柏原村全体の状況を示すものではない事には留意されたい。

(45) 以下、蔵持前掲註（5）論文第四節を参照。

(46) 蔵持前掲註（5）論文「表9　処分状一覧」（同論文二八二頁以下所載）。

(47) 「西」五号（『和』）。なお、『和』が付す傍注は基本的に省略させていただいた。また、割書は〈　〉にて表記した。

(48) 以上、史料1にかんする蔵持氏の分析は蔵持前掲註（5）論文二八五頁以下参照。引用箇所は同論文二八六頁による。

(49) 「西」三〇号（『和』）。

(50) 貞和五年七月二八日付山田村人等田地売渡状についての分析、および「転売禁止条件付き悔返留保処分」についての言及は蔵持前掲註（5）論文二八六頁以下参照。なお、蔵持論文が用いている「転売禁止条件付き悔返留保処分」の語の引用は以下すべて同論文二八七頁により、逐一の明記を省略する。

(51) 康永四年六月一五日付生子女畠地売渡状は蔵持前掲註（5）論文二八〇頁に引かれており、「転売禁止条件付き悔返留保処分」との関連では、同論文二八七頁に関連箇所が所引されている。

(52) 寶月圭吾「本銭返売券の発生について」（『中世日本の売券と徳政』吉川弘文館、一九九九年、初出一九六八年）。以下、寶月氏の研究はすべて同論文による。本章は同論文に多くを学んでいる。

(53) 以上、寶月氏の見解は寶月前掲註（52）論文による。なお、「本直返弁」の語は同論文各所で使用されている。

(54) 生子女畠地売渡状（「西」一二四号『和』）。傍線・破線は本章が付した。『和』による傍注は基本的に省略させていただいた。

〈　〉内は割書の意。

(55)　蔵持前掲註（5）論文二八七頁には「仏物」の語所見が史料2にないことへの留意がうかがえる。以下、蔵持氏の議論は特記のない場合も含めてすべて同論文による。

(56)　史料2傍線部の箇所の引用や言及はとくに蔵持前掲註（5）論文二八七頁を参照。

(57)　以下、小倉氏の見解についてはすべて小倉前掲註（6）論文第二節を参照。

(58)　小倉論文における本銭返の含意については、小倉前掲註（6）論文三三九頁参照。

(59)　小倉氏による本銭返契約の整理・分析については、小倉前掲註（6）論文三三九頁以下、および同論文三四〇・三四一頁所載の「表1　西光寺への田畠売渡状・寄進状一覧表」を参照。

(60)　蔵持氏による史料1にかんする検討から「転売禁止条件付き悔返留保処分」へと至る行論は、蔵持前掲註（5）論文二八五頁から二八八頁を参照。

[付記]　本章が検討対象とした柏原村（現柏原区）にかんする現地調査では該区の区長さまをはじめ現地の皆様の多大なご理解とご協力を得た。記して感謝申し上げます。

なお、本章は日本学術振興会科学研究費補助金（特別研究員奨励費）（二〇一四～二〇一五年度・研究課題番号14J01491）による研究成果の一部である。

第Ⅲ部　山野紛争と権力

第八章　近江永源寺領における戦争と寺領保全

深谷幸治

はじめに

戦国時代において、戦国大名の領国すなわちその実効支配領域内に立地する地域寺院は、その戦国大名自身、あるいは地域在の国人系被官や在地領主らの必要性に応じ、金銭・物品の負担また人員・場所の提供など、さまざまな形で何らかの負担をしていた。このことは、近年の同時代における地域寺院史研究の進展のなかで、とくに近江国のそれにあたる、蒲生郡長命寺・愛智《えち》郡金剛輪寺・同郡百済寺・坂田郡大原観音寺などに残る文書・記録類を使った研究により詳細が判明してきている(1)。地域寺院がそうした負担を行っていた理由として、寺院自体が戦国大名領域内の一領主であるため負担を要求されるということと同時に、権力側から自己の寺領確保・保全を保証させ、またそれを通じた権力側との関係を利用して、寺領等に関する相論や訴訟などに際して自らに有利な状況を作り出すための必要投資という、寺院経営また自己存立維持の目的があったことは容易に考えられる(2)。

では当時のそうした近江地域寺院は、自らの寺領保全・維持・確保が損なわれるような非常事態（というより、むしろ時期的には戦争が常態か）を原因として発生する、寺院所領に関わる相論・押領などの紛争に際し、どのようなルートを通じ、どういった機会・手段を使ってその確保・安堵、もしくは所領支配権の再確認や再獲得を実現していた、あるいはしようとしていたのであろうか。この問題については、東寺や東大寺など大規模寺院のそうしたテーマに関する研究の蓄積はすでに大きいものがあるが、一方で地域に存在して一定範囲に宗教的・世俗的影響力を持った地域寺院のそれについては、なお検討が必要な部分が少なくない(3)。また近年、大名や在地領主といった権力側の危機管理論の研究が新たな展開を見せている(4)。本章ではそうした視点も考慮に入れつつ、地域寺院による寺領保全のため、戦争という事態に際しての対処のあり方を、実例に基づき詳しく分析していきたい。前述のような、戦国大名との間の負担—庇護の関係によるか、あるいは戦国大名被官の国人系在地領主とのコネクションや、さらに上級権力である幕府奉行人らを通ずる手段など、他のルートも選択肢としてあり得るのか、という状況想定のもとに考察を行っていくものである。

さらにいえば、地域寺院のそうした状況への対処の様相といっても、その状況の内容によっていろいろな事態・局面が考えられる。そのため、本章ではこの論集全体の「紛争と秩序形成」というテーマに鑑み、地域寺院がそうした事態のなかで、いかに所領関係の相論・押領などにより以前から発生していた、あるいは戦争により新たに発生した紛争を、自らの側に有利な形で解決し、また利権としての寺領を防衛・保全しようとしたかという問題を考える。

さてそこで先に述べた視点から、以下地域寺院の対処事例の検討を行っていくが、本章では以下にあげる理由により、近江神崎郡高野に在する臨済宗寺院、永源寺の戦国期における寺領保全目的（と判断される）の活動・対処が表れている所蔵史料を使って、考えていくこととしたい。理由としては、第一にこうした問題を考察するに適切な戦国期史料が比較的多く残されている地域寺院であること、第二にそのような条件を備えている割には、管見の限り同寺のそうした問題を研究対象としている論考があまり多くなく、地元郡史・町史など自治体史による概括的な検討はあるものの、まだ分析・考察の余地が多く残ると考えられること、第三には以下論を展開するなかで判明していくことだが、特定の時期に関連文書が比較的多く残存しているので、戦国期史料が比較的残されている同国内の地域寺院のなかでも、(5)永源寺独自の特徴的な傾向が見出せるのではないかと考えることがあげられる。よって同寺史料を使用し、それが戦争の時期にどのような寺領にまつわる紛争を抱え、どのようにその保全を行っていたかという疑問の解明を目指すことで、問題の一端を解明する一助としたい。

第一節　戦国時代の永源寺と幕府動向との関係

永源寺は近江神崎郡高野（現東近江市永源寺高野町）在で、臨済宗永源寺派本山である。山号は瑞石山だが、もとは飯高山と称するという。本尊は聖観音菩薩で、この像は開山の寂室元光が元から仏師を呼んで造らせた観音像に、以前自らが同寺東の峰で発見した小型の観音像を納入して本尊としたものと寺伝にいう。南北朝時代の康安元（一三六一）年に、近江南部の守護大名であった六角氏頼が、当時近江桑実寺などに居していた臨済僧寂室に帰依し、永源寺を創建して住持とし、周辺地である山上《やまかみ》郷内などの土地を寄進して寺域・寺領が成立した。のち永徳三（一三八三）年に、将軍義満が同寺を祈願寺とし栗太郡田上中荘などの寺領を安堵したという。(6)さらにのち、近辺に門弟により同寺派の寺院が五か寺創建され、それらに永源寺を合わせて「山上六ヶ寺」と呼ばれる。いずれも永源寺を本寺とし、他の五寺が末寺にあたる関係で、史料を見る限り利害関係などで一体的に行動する寺院群であったらしい。ある種の

「組の寺」ともいえようか。その五か寺とは興源寺・退蔵寺・永安寺・曹源寺・含空院（本来は永源寺の院家で開創寂室の庵）であって、前の三寺は現存が確認できる。(7) 以下本章中では、同寺文書中に含まれるこれら「山上六ヶ寺」関係史料も検討対象としており、発給主体また宛所が永源寺だけに限られない場合もある。そうしたものも含めて、ここでは永源寺文書や同寺所領保全関係史料と呼んでいる。六ヶ寺また含空院宛などの文書であっても、永源寺文書として同寺に一括保存されているものが多いのである。

その戦国期の文書残存状況は次に列挙する通りだが、(8) この一覧では、延徳三（一四九一）年の関連史料が突出して多く残されていることが一見して明らかであり、またそれに続く延徳四（明応元、一四九二）年・明応二年・同三年にかけても、他の時期に比べて多くの史料が連続的に残っていることがわかる。もちろんそれ以後でも、永正一三（一五一六）年の四通のような例外もあるものの、総じて毎年一〜三通程度が一般的傾向であり、やはり前記の数年間に続けて多くの史料が残る事実は、その時期の何らかの特別な事情によるものと考えざるを得ない。戦国期の年別残存状況は次のようになる。

応仁二（一四六八）年——一通、文明一〇（一四七八）年——一通、同一二（一四八〇）年——一通、同一八（一四八六）年——一通、延徳三（一四九一）年——一二通、同四（明応元）年——四通、明応二（一四九三）年——五通、同三年——五通、同四年——一通、同五年——一通、同六年——一通、同七年——二通、同八年——一通、文亀二（一五〇二）年——一通、永正元（一五〇四）年——一通、同四年——一通、同五年——一通、同八年——四通、同九年——一通、同一二年——一通、同一三年——四通、同一六年——二通、大永三（一五二三）年——三通、同四年——一通、同六年——一通、同七年——一通、享禄元（一五二八）年——一通、同四年——一通、天文元（一五三二）年——一通、同五年——一通、同七年——一通、同八年——一通、同九年——二通、同一一年——一通、同一五年――一通、同一七年――一通、同二一年――二通、同二三年――三通、永禄二（一五五九）年――二通、同四年――二通、同五年――三通、同七年――一通、同九年――一通、同一〇年――一通、同一一年――一通、同一二年――一通、年不詳――三通。

ここでピックアップの対象としている「寺領保全の動きに関わると判断される史料」とは、当該期の永源寺が寺領に関して、その内容から寺領の保全・確保・取り戻し等の目的で作成・差出あるいは受領していると考えられる奉書・書状・契状・目録などであり、同じく寺領に関するものでも、寄進状や買得・沽却状などは含んでいない。もちろん寄進状等であっても、売寄進や売買などによる事実上の保全活動に関わるものであるかどうかは、内容から確認している。また戦国期にあたる時期を応仁二年から永禄一二年までの範囲で選定しているのは、史料の残存状況によるものである。

この戦国期同寺文書の年別残存状況を見ると、応仁の乱勃発から間もない同二年のものを最初とし、次が文明一〇年と時期がやや飛んでおり、文明末年までのものが四通存在。そのあと本章で注目する延徳三年のものまでまた五年ほど間が空き、同年から明徳三年までのものが毎年点数が多く、計二六通ある。しかし同五年以降はまた各年一、二通程度となり、戦国末までに三通という年が三回、四通の年が一回、それぞれ分散的にあるものの、延徳・明応期のごとく連続して多く作成されている期間は他にない。この時期のことは永源寺における「寺領保全文書興隆期」といえようか。

このように寺領保全関係文書に連続的な残存が見られる、延徳三年から明応四年までの時期に、永源寺（前述のように関係寺院も含む）を取り巻く環境にどのような事態が発生していたのであろうか。所領保全のために同寺が多く文書を通して運動していること、またその保全活動の推移を示すものとして、あるいは成果を示すものとしてある程度多くの文書を作成また受領している事実は、その背後に当然、寺領利権に関わる紛争が複数もしくは多数同時に存在していたことが推定できる。またそれは同寺が地域の実効支配権力であり地域的公儀でもある近江南部守護で戦国大名でもある六角氏との関係を寺領保全に利用していること、さらに先に見た義満による一部寺領安堵の事実から、六角氏のさらに上級権力・権威である幕府との関係をも通じてそれが行われていることなどが想定できる。

では当該期の近江における政治情勢とそれに伴う社会情勢の変動について、時代背景としてここで確認しておかねばならない。念のため関連文書が多い前述の期間の前後までも含め、関係すると考えられる事柄を年表式に記載していく。(9)

長享元（一四八七）年九月、九代将軍義尚（義煕）が六角高頼（初名行高、以下高頼で通す）征伐のため幕府軍と共に近江に出陣、高頼は甲賀に逃亡。一〇月、義尚は栗太郡鈎《まがり》の安養寺、ついで真法館に移動。以後鈎に在陣継続（鈎の陣）。高頼が押領していた近江寺社領を没収し、奉公衆に分与する。

同二（一四八八）年一月、義尚は近臣結城尚豊を近江守護とする。

同三（延徳元、一四八九）年三月、義尚が鈎陣中で死去し、幕府軍は京都に帰還。高頼の近江南部支配が復活。

延徳二（一四九〇）年七月、足利義材（義尹・義稙）が十代将軍就任。八月、義材が六角高頼再征伐を決定。

同三（一四九一）年八月、義材が近江出陣し（第二次六角征伐）、高頼は再び甲賀に逃亡。管領細川政元、近江守護を兼任。

同四（明応元、一四九二）年三月、高頼の軍勢が愛智川付近で幕府軍に敗北。九月、義材は近江寺社領を兵粮料所とする。永源寺が幕府軍の六角氏攻撃に巻き込まれ大半焼失。一〇月、義材は前線付近に進出。一二月、義材は近江守護を六角（高島）虎千代として京都に帰還。

明応二（一四九三）年　四月、細川政元が義材を追放し新将軍に義高（義遐・義澄）を擁立。一二月、永源寺の寺領が同寺に還付される。

同三（一四九四）年一二月、足利義高が十一代将軍就任。

同四（一四九五）年四月、六角高頼が近江守護に復帰し永源寺再興を指示。

このように、年表に登場する近江での政治・戦乱状況と比較してみると、先に指摘した時期に永源寺の所領保全関係文書が集中している事実は、同時期にあたる将軍義材主導による幕府の第二次六角征伐により、幕府軍の近江遠征が行われていた時期に対応しているものと考えるのが妥当である。この時期、つまり前掲のごとく延徳三年八月から翌四年の一二月までの期間は、将軍の近江親征に伴ってその側近である奉公衆や奉行人らが多く同行し、京都から移動していたものと思われ、(10)「近江幕府」が存在したといってもよい状況であった。(11)それ以前に比べて、延徳三年に永源寺の寺領保全に関する文書が急増していることは、このときの幕府・六角戦争の影響を直接間接に受けていると考えられる。このような戦争という異常事態の接近、及びその戦争により発生する事態すべてに責任を持つべき主体である幕府自体の接近（物理的な意味でも、政治的な意味でも）が関係していると見られ、その年以後も数年にわたり関係文書が多く残る傾向にあるのは、その戦争の余波により、本章での当事者である永源寺と幕府あるいは六角氏との間での継続的対応・事後処理が続いていたためと見ておくべきである。なお戦国期同寺文書の残存状態について、いま述べた延徳四年九月の兵火以前のものが多く焼失している可能性は指摘でき、残存数が減少しているということもあり得るが、他方焼失前年の延徳三年の関連文書が一三通残っていること、またそれ以後の同種文書が前述のような残り方に戻っていることなどからしても、今回本章で検討する年間の関連文書はほぼそのままの形で保存されているものと見ておく。

補足的にさらに状況説明を加えおく。各地の本所領などを押領して返還しない諸国守護大名の動きに業を煮やした九代将軍義尚が、それら大名に対する見せしめとして近江の六角高頼を当面の標的として討伐を決定。幕府軍を編成して長享元（一四八七）年九月に京都を出陣し、自ら親征して鈎に在陣した。第一次六角征伐である。この軍事行動は当初から、管領細川政元の非協力や六角氏側への情報漏洩などで頓挫し、高頼は甲賀へ逃亡してゲリラ戦的抵抗に転じた。義尚は高頼押領の近江寺社領を近臣の奉公衆らに分配するも、遠征の目立った成果を挙げることができず鬱屈する。そのため翌々年の同三（延徳元）年まで在陣するが体調を悪化させ、同年三月に陣中で死去した。これによって幕府軍は解散状態となり、近江の琵琶湖南部地域は再度六角氏勢力が確保する。翌月には早くも美濃に逃亡していた足利義視と義材父子が上洛し、義政らの支持を得て延徳二（一四九〇）年七月に義材が十代将軍に就任する。

義材は自らの勢威を示すためか、義尚がやりかけた幕府事業としての六角征伐を継承し、同年八月には諸大名に呼びかけ再び幕府軍を編成させて、軍勢は翌三年四月に出陣した。これにより幕府・六角戦争が再開される。第二次六角征伐である。八月には義材も出陣して近江の園城寺まで移動。このときは細川政元も近江守護に任命されて、有力被官の安富元家を蒲生郡まで派遣するなど、当初は比較的協力姿勢であったらしい。今回も六角高頼は甲賀に逃亡しており、翌四（明応元、一四九二）年三月には反撃に転じたものの、幕府軍に加わっていた浦上・織田・逸見氏らの軍勢に敗北した。九月に義材は近江寺社領を一方的に幕府側兵粮料所とした。奉公衆らへの配慮と、それを使った将軍自身の軍事力確保のためであろう。また同月には永源寺そのものが、六角側が陣地として利用したことにより、幕府側軍勢の攻撃を受け大部分が焼失するという戦禍を被っている。一〇月に義材は園城寺を出て守山、次いで蒲生郡金剛寺まで進出した。高頼の捕縛等はできなかったものの、一応の戦果に満足した義材は、一一月に金剛寺で参加諸将を労い、六角一族である高島頼高の子虎千代を高頼の従兄政堯の養子に入れて新近江守護としてから、(12)翌月に幕府軍と共に帰京した。

このままならば永源寺の寺領は幕府料所とされたままであり、実態は奉公衆らが知行し入部することになったのであろう。実際にそれらしき人物が幕府料所化を契機に現地入部や押領を行っている様子が、次節の事例検討でも見て取れる。だが翌明応二年四月に、河内方面出陣中の義材が京都で政変を起こした管領政元に追放されたことにより、そうした情勢は変化する。同年一二月には幕府により永源寺領が同寺に還付され、翌年に就任した新将軍義高によって、同四年には六角高頼が近江守護に復活するのである。もともとの六角征伐の主要因である、六角氏側による近江国内の寺領等押領の問題は残るものの、結局政治的には征伐以前の状態に戻っている。擁立された状況が状況だけにそうなるのかも知れないが、将軍義材が前将軍の政策を継承して六角再征伐を行ったのに対し、義高は明らかにその政策を否定する方向に向かっている。兵粮料所の寺院への還付もその一つであるし、高頼を守護に還任したこともそうであろう。建物のかなりの部分が戦災で焼失したことは、当然同寺にとって大損害であったはずだが、結果的に永源寺は明応二年の政変と義高の対近江六角氏政策転換にある部分では救われた。寺の再興はそれ以降、六角氏の主導により行われる(13)。

ではここでそれらの時期の関連文書を一通り確認しておこう。第二次六角征伐が実行に移された、当の延徳三（一四九一）・四（明徳元）年、及び永源寺文書の残存状態からして、その戦争の影響が同寺において継続したものと捉えられる明応二・三年の、四年分の寺領保全関係史料計二六通を発行年月日順に掲載したものが、次の表である。その期間（「寺領保全関係文書興隆期」とする）の翌年で、文書が再び一通だけと少ない残り方に戻る、明応四年のものも参考として一通、また年不詳だが、内容からしてこの時期の状況に関連が高いと判断される文書を一通、表の末尾に付加しておく。

表　延徳三年～明応三年の永源寺寺領保全関係文書

通番	文書名	年月日	差出	宛所	内容
一	永源寺雑掌清牧請文	延徳三年七月一六日	永源寺雑掌清牧	御奉行所	永源寺領近江国内所々当知行確認申請請文
二	足利義材御判御教書	延徳三年八月六日	足利義材	（永源寺）	永源寺領の段銭等諸公事免除、守護不入確認
三	足利義材御判御教書	延徳三年八月六日	参議左近衛権中将源朝臣	（永源寺）	含空院領同前
四	足利義材御判御教書	延徳三年八月六日	足利義材	（永源寺）	永源寺領近江国内・他国分の知行承認
五	室町幕府奉行人連署奉書	延徳三年一〇月九日	飯尾清房・飯尾元行	安富筑後守	永源寺と末寺領守護・本所使不入確認通達
六	室町幕府奉行人連署奉書	延徳三年一〇月九日	飯尾兼連・飯尾行房	当寺住持	同前
七	前田代長吉書下	延徳三年一一月八日	前田代長吉	永源寺	永源寺と末寺領を高橋三郎右衛門尉成敗によって寺家代に渡付確認
八	室町幕府奉行人連署奉書	延徳三年一二月一一日	飯尾清房・飯尾春貞	当所名主沙汰人中	永源寺領神崎郡柿園内での反銭賦課等一切禁止指示
九	室町幕府奉行人連署奉書	延徳三年一二月一一日	飯尾清房・飯尾春貞	安富筑後守	永源寺領山での竹木賦課禁止通達
一〇	室町幕府奉行人連署奉書	延徳三年一二月一一日	飯尾清房・飯尾春貞	当所名主沙汰人中	永源寺領愛智郡小椋荘での反銭賦課禁止通達
一一	室町幕府奉行人連署奉書	延徳三年一二月一一日	飯尾清房・飯尾春貞	南都大乗院雑掌	同前
一二	安富元家遵行状	延徳三年一二月二九日	安富元家	高橋三郎右衛門尉	永源寺領と諸末寺領守護・本所使不入確認通達
一三	室町幕府奉行人連署奉書	延徳四年九月一一日	飯尾元行・松田数秀	諸各庵	永源寺領と諸塔頭領等の当所務の御料所化通達
一四	室町幕府奉行人連署奉書	明応元年一〇月一一日	飯尾為数・松田数秀	当寺雑掌	同前につき飯尾行房執沙汰通達
一五	室町幕府奉行人連署奉書	明応元年一〇月一一日	飯尾為数・松田数秀	石泉院雑掌	永源寺領愛智郡岸下郷内当所務の飯尾行房執沙汰確認
一六	飯尾元行書状	明応元年一〇月二五日	飯尾元行	飯尾元房	永源寺領等近江国内所々の御料所化に伴う当年貢納入指示
一七	室町幕府奉行人連署奉書	明応二年七月二六日	飯尾春貞・諏訪貞通	山上含空院雑掌	含空院領伊勢国内名等への萱生弥三郎強入部排除と所務全う指示
一八	伊庭貞隆書状案	明応二年九月八日	伊庭貞隆（出羽守）	目賀田殿	永源寺等領小椋三郷内段銭賦課禁止指示
一九	含空院寺領目録	明応二年九月一七日	含空院	（幕府奉行人？）	含空院寺領田数・所在の書上目録
二〇	並木某契状	明応二年一〇月一四日	並木	小椋三郷名主百姓中	永源寺等領の羽州契銭は以後免除の通達
二一	伊庭貞隆書下	明応二年一一月九日	伊庭貞隆（出羽守）	田上牧庄名主百姓中	永源寺領競望を認めず寺家代官に渡すよう指示
二二	室町幕府奉行人連署奉書	明応三年一〇月一六日	飯尾春貞・諏訪貞通	山上含空院雑掌	含空院領伊勢国内名等への競望を認めず雑掌直務化指示
二三	室町幕府奉行人連署奉書	明応三年一二月三日	飯尾春貞・飯尾元行・飯尾清房	永源寺雑掌	永源寺領栗太郡田上牧荘内の当所務の押領を認めず寺家全う指示
二四	室町幕府奉行人連署奉書	明応三年一二月五日	飯尾春貞・飯尾元行・飯尾清房	楢葉殿	同前につき寺家合力指示
二五	室町幕府奉行人連署奉書	明応三年一二月五日	飯尾春貞・飯尾元行・飯尾清房	仁木左京大夫	同前につき寺家合力指示
二六	飯尾春貞書状	明応三年一二月一〇日	飯尾春貞	当所名主沙汰人中	同前につき年貢等保管指示、押領方に支払えば二重成となることを確認
二七	伊庭貞隆書下	明応四年一二月二一日	伊庭貞隆（出羽守）	山上六ヶ寺	永源寺等領小椋三郷内公事・釣銭免除確認
二八	飯尾行房書状	年未詳一二月九日	飯尾行房	永源寺雑掌	永源寺領等の所務は御料所だが、御祈願所なので還補御下知あり

表に掲載される諸文書を分析する場合、幾つかのカテゴリーで分類ができよう。まず発給の主体がどのような組織あるいは人物に属するかという点から見た分け方だが、一見して幕府奉行人奉書が多く残されていることがわかる[14]。繰り返しになるが、この時期（のなかの多くの期間）には永源寺の大檀越であった六角氏が、幕府の攻撃によって没落しているのであって、その幕府・六角戦争のなかで寺領保全をはかる場合、永源寺は総じて幕府側権力に依拠あるいはそれを利用することが多くなるはずである。またこれら幕府からの奉書通達の場合、この時期に近江守護となっていた細川政元の被官で、細川氏の現地派遣軍勢の指揮を執っていた安富元家（筑後守）を介して、守護使不入等を通達している事例も何点かある。並木某や高橋三郎左衛門尉など正体のわかりにくい人物もいるが、内容からして幕府もしくは安富らの支持を受けていると見られ、奉公衆もしくは安富の被官など、幕府側の立場にいる人物になる[15]。永源寺また山上六ヶ寺に含まれる含空院が出した文書も、幕府への上申を目的としたものであろう。

一方で六角氏側に関わる人物が発している文書も存在し、とくに六角氏の守護代クラス有力被官であった伊庭氏が指示を行っている書状が二通見出せる。発給者はこののち文亀二（一五〇二）年以降に、六角氏当主高頼に公然と反抗する貞隆である。貞隆はこの二度にわたる六角征伐の時期には高頼側の有力武将として活躍するも、とくに第二次征伐の際にやはり六角氏有力被官で一族の山内政綱が幕府側に謀殺されると、単独で六角氏の政治・軍事面の多くを担当することとなり、権力が増大していく人物である[16]。同寺における「寺領保全関係文書興隆期」である期間を過ぎた明応四年にも、伊庭貞隆が山上六ヶ寺宛に一通の書下を出しており（通番二七）、そこでは同寺領の小椋三郷（永源寺在所の神崎郡高野に隣接した愛智郡小椋を中心とした三ヶ郷）での公事と「釣銭」免除を通達している[17]。永源寺の寺領事案に貞隆が書下などを通じて関与していることは、それだけが直接的に貞隆の権力拡大過程と関連するわけではないであろうが、示唆的なものを含んでいる気もする。

次に内容から見た分け方だが、これはそれぞれの文書が作成・発給されている時期とも関係するので、両者を絡めて判断していきたい。最初のものは延徳三年の七月から一〇月にかけての一連のもので、表の通番一～六に該当する。これを論述の都合上Aグループと括っておこう。その内容としては、永源寺側の寺領確認申請に対して、その承認や守護使等不入を幕府側が同寺など関係諸方に通達したものになる。総合的な寺領安堵確認をまず行ったものと考えられる。次いで同年一一月から年末にかけての内容的まとまりをもつものがあり、これは通番七から一二にあたる。Bグループとする。前のグループによる幕府安堵を受けて、具体的に寺領内各所に反銭賦課・竹木伐採・守護使等入部の禁止や土地自体の渡付などを幕府・守護細川氏側に属する者が指示しているものになる。次に翌延徳四（明応元）年九月・一〇月にかけてのまとまりがあり、Cグループとする。通番一三から一六になる。これらは同寺領が幕府御料所化されたことに伴い、その旨の通達や年貢の納入先変更などに関係する一連の内容を持つ。一方年不詳のもので、内容からこの時期の御料所化に明らかに関係する文書が一通あり、これは通番二八としたが、この時期のグループに含めておく。それに続くのは明応二年七月から翌三年一一月のまとまりで、Dグループとする。通番一七から二二まででである。これらは永源寺領及び含空院領に対する反銭賦課禁止・強入部排除・競望禁止など、前のB・Cグループで表面化してきた事態を受けての収拾策を指示しているものと把握することができる。またこのグループには幕府側ではなく六角氏側の伊庭氏及びその関係者が出していると判断されるものが三通（通番一八・二〇・二一）含まれており、同寺領が一旦幕府御料所化した前後の混乱と、それにより同寺領に六角氏側の勢力が再浸透してきている可能性を指摘することができる。最後に明応三年一二月の四通、通番二三から二六までがあり、Eグループとする。これらはすべて永源寺領の前出栗太郡田上荘（ここでの表記は田上牧庄）の当所務確保に関わるもので、その寺家全うを幕府奉行人から同寺に指示し、さらに奉公衆・伊賀守護仁木氏（左京大夫政長）・現地名主沙汰人にそれぞれ永源寺への協力を指示しているものである。

これらは多くが当時永源寺が直面していた寺領関係の相論や紛争・対立の内容を具体的に含むものであり、とくにBグループは御料所化される以前の段階で、寺領のどこで紛争が発生していたのか、そこで何が問題となっていたのかを示すものである。またCからEのグループは、幕府の処置で御料所化されて以後、そのこと自体によってどのような紛争が起きているか、同時進行で以前からの寺領分での相論もどのような形で継続しているかを示すものである。Aグループの寺領全般に対する安堵確認関係文書も、もちろん以前からの紛争・相論の存在を背景として作成されたものになろう。

表に示し、また右でグループ別に説明した各文書の具体的な内容提示と分析は次節で行っていきたい。なおこの表に示したすべての文書が、七月から一二月までに作成・発給されている事実は（各年前半の日付ものがなく後半期のそれのみということ）、当然秋から冬場にかけて紛争が生じていたことに対する対応なのであろうから、永源寺領でのそうした問題は、多く所務つまり年貢の納入時期に発生していることが確認できる。それは当然といえば当然であって、これ以外の時期・地域でも同様と推定されるものの、このように明確な形で表れていることはやはり興味深い。

第二節　永源寺による寺領保全の具体的様相

以上のことを確認した段階で次に課題となるのは、実際にその近江における幕府・六角戦争の時期に、戦争の被害者であるという一面も持つ永源寺が、どのような寺領の問題を、誰と関係性を持ちつつ、どのような形で解決しようとしていたのかという実態面を、寺領保全関係各文書を分析して、その具体相を明らかにしていくことである。本節ではその分析と内容解明に進んでいくこととする。

まず前節で示したAグループに属する、当該期の永源寺側が寺領としていた近江国内各地の書き出し上申書と、それに対する幕府側の知行確認及び守護使不入等を同寺に通達した奉書を、史料一・二として次に掲げる。

【史料一】（表通番一）

近江国山上永源寺領同国愛智郡池庄内名田・栗本南郡田上中庄下司公文職・牧庄内在家・田上庄牧中庄内名田・小椋庄岸下郷下司惣追補使職両職・蓮仏弥平次名散在田地・利松得垣藤二郎名田中別当職名田・神崎郡栗見本庄小社郷内所々・柿御園下郷名田・蒲生郡安吉郷田地・日野牧上保内池尻田地・奥津野散在名田・買得散在名田幷諸末寺等之事、当知行無相違、若偽申者任御法可預罪科者也、仍請文如件、

延徳参年七月十六日　　永源寺雑掌清牧（花押）

御奉行所

【史料二】（通番六）

近江国山上永源寺末寺永安寺領同国所々散在事、任去八月六日　御判之旨、為守護幷諸本所使者不入地之段、寺家弥可被全領知之由所被仰下也、仍執達如件、

延徳三年十月九日　　散位《飯尾兼連》（花押）
散位《飯尾行房》（花押）

当寺住持

まず史料一は、延徳三（一四九一）年七月時点での、永源寺領の近江国内分すべてと見られる「当知行」（同寺側の認識）田地・所々・職を、同寺雑掌清牧なる人物が確認した請書として書き出したもので、事実上この時点での国内所在同寺領目録になっている。宛所は「御奉行所」であり、幕府奉行所であろう。翌月に予想される将軍義材の六角

征伐親征に対して、あらかじめ幕府側に寺領を通知し保全また再確保を図ったものと考えられる。文中には請文とあるので、事前に幕府側から確認通知があったか。同寺が立地する神崎郡高野を含む山上郷が挙げられていないが[18]、根本所領のためか。

次いで史料二は、まず前提として八月に入ってから将軍義材が出した御教書三通があり（通番二一〜四）、この文中の「去八月六日　御判」がそれにあたる。その御教書によると、義材自らが永源寺に対し公事・守護使等入部の免除、元来永源寺の塔頭で六ヶ寺の一つとして別格扱いされていたらしい含空院に対する同様の処置[19]、また近江だけでなく他国に在する寺領の知行も承認している。通番二の御教書には「山上永源寺領幷諸末寺等敷地・散在田畠目録在別紙・段銭臨時課役・守護人夫・諸公事以下事、所令免許也、早於有限本所年貢者致其沙汰、至下地者止方々綺」とあるので、そこでいう「目録在別紙」とは、史料一を基に作成した目録として同寺に渡されているものであろう。同文中の「止方々綺」は、寺領紛争が現にあることを認識した上で、一種の禁制的意味合いで書かれているとも読める。加えて御教書の通番四では、史料一に書き上げられている寺領がすべて写される形で並んでおり、さらに史料一にはない他国分「播磨国河内別府下方地頭職闕所分内田地等」も付加されているので、幕府側の目録の内容に反映されているものは史料一の寺領だけではない。同寺は他にも寺領書き出しを出しているのだ。それら御教書を受けて、奉行人飯尾らが永源寺と守護政元被官安富に宛て、一〇月になって史料二のような内容を確認・指示したものもある（通番五・六）。八月の御教書による通達が、安富の側で遵守されていなかったことによるものか。

この一連の動きは、予想される戦争に伴って、永源寺側からあらかじめ幕府に働きかけを行い、幕府から寺領の知行承認、つまりその保全確認墨付きを得たものと推定される。もちろんこの時点で永源寺側がこれら書き上げの寺領をすべて当知行していたかどうかは確定できない。しかし将軍と幕府が戦争のため近江にやってくるという非常事態、しかも大檀越である六角氏が没落するという、本来同寺にとって都合が悪いはずの事態をもむしろ逆利用して、同寺は寺領確保の名分獲得をはかろうとしたか。

次にBグループに属する、奉行人連署奉書の南都大乗院宛のものを見たい。史料三として掲示する。

【史料三】（通番一一）

近江国山上永源寺領同国愛智郡小椋庄事、帯度々御判、為守護幷諸本所使者不入地之処、号納所替相懸反銭云々、太不可然、所詮於向後者任証文等之旨、可令停止催促之、若又有子細者不日可被明申之由候也、仍執達如件、

延徳三
十二月十一日　　　　　　（飯尾）清房（花押）

　　　　　　　　　　　　（飯尾）春貞（花押）

南都大乗院雑掌

この時期、延徳三年一一月以降年末にかけては、Aグループ奉書等の決定・指示に従い、先の御教書等に列挙された永源寺領に対する反銭付加禁止等が実践されているはずなのだが、時期のこともあってか（通達から間もないこと及び当所務納入期であること）、それが実行されておらず紛争になっている事案が複数発生していたらしい。それらが文書上に表出してきたものがこのBグループである。この史料三の場合、永源寺領の小椋荘内の土地に関して、守護・本所使不入としたにもかかわらず、本所である大乗院が「納所替」と称して反銭を賦課してきており、その催促を改めて禁止した。

それでも大乗院に対しては若干遠慮があるらしく「有子細者不日可被明申」と付け加えている。[20] 現地では大乗院側の使者が入って催促を加えており、それが現地から永源寺に通知され、さらに同寺から幕府側に要請が入ってこのような奉書が出されているのであろう。これと同日付で、現地名主沙汰人中宛にやはり奉行人奉書が出されており、そちらでは大乗院宛に催促停止の奉書が出されたので、その旨を承知しておくようにとの通知がなされている。これら

の本文を所蔵しているのは永源寺なのであるから、同寺はこの通知を受けて写しなどを作成し、自力で大乗院と現地住民に内容を通告するのであろう。先ほど幕府からの通知等が禁制的意味合いを持つと述べたことは、それにも関係してくる。

他にこのBグループには、永源寺領神崎郡柿園中郷内田地への反銭賦課や年貢の抑え置きなどを行っている者がいるので、そうした行為を一切禁止すると現地名主沙汰人中に通知した奉書があり（通番八）、小椋荘内と同様の事態が柿園中郷においても発生していたことを確認できる。ただしこちらでは賦課などの当事者が誰なのかは不明である。また通番七・九・一二は守護側の一連の動きにつながるもので、七が「前田代長吉」なる人物が永源寺に対し、高橋三郎左衛門尉なる人物の成敗によって愛智郡内同寺領を寺家代に渡し付けると通知しているもの。「前田」もその代理「長吉」も誰なのか不明だが、高橋は一二で安富から同寺領につき守護使等不入を承知しておくよう指示を受けている人物であり、安富の下僚などであろうと推定されるので、その成敗を通知している長吉らもまた安富の関係者と思われる。すると皆守護側の人物となり、幕府決定によって具体的に寺領の扱いにつき永源寺に通知しているものが「前田代」の書下なのである。九ではその間の一一月に、安富側の誰かが永源寺の境内と山で竹木伐採を行っていたらしく、それを禁止するよう奉行人奉書で安富に出された通達になる。先のAグループの一連の奉書を考えると、守護側の対応が遅くチクハグな印象を受けるが、連絡の未達などによるものか。

次のCグループは、前述のごとく延徳四（明応元、一四九二）年九月に実施された、幕府側による近江国内寺社領の御料所（兵粮料所）化という突然の措置の、一連の永源寺に対する通達文書である（表通番一三～一六）。最初の幕府奉行人奉書を次にあげる。

【史料四】（通番一三）

近江国山上領同諸塔頭幷各庵等散在除田上内年貢当所務事、被成御料所訖、宜被存知　之由被仰出候也、仍執達如件、

延徳四
九月十一日　（飯尾）元行（花押）

諸各庵　（松田）数秀（花押）

これによると、通達されているのは同寺領の御料所化というよりも「当所務」の御料所化であり、例外として寺領の栗太郡田上荘年貢は除外となっている。田上が例外とされたことは、同所が将軍義満によって安堵された由来を持っているため、特別扱いということになろう。永源寺側はこの年の年貢が入らなくなるわけであるから、当然困惑したことと思われるが、この措置に対する同寺からの抗議・反論にあたる文書といったものは見当たらない。なおこれと同月中に永源寺は幕府・六角戦争の戦火にかかり、建物がほとんど失われるという大被害を受ける。同寺は愛知川中流域に境内を持ち、周辺地域も末寺六ヶ寺が集在しているので、その流域から伊勢方面に抜ける八風街道の近江側入口付近を、好むと好まざるとにかかわらず押さえる位置にあったことになる。[21] また六角高頼側軍勢が籠城できるほどの、城郭的体裁や地勢的優位性も備えていたらしい。[22] 同寺側は事前に、もしくは被災と同時に重書等を疎開させたのだろう。あるいは延徳年間以前の所蔵文書の作成時期にいささか間隙があるのは、このときの戦災の影響かとも思われる。

永源寺は自身の存亡に関わるような被害に遭ったわけだが、なおも寺領保全の努力は同時進行で続いている。史料四のちょうど一か月後の日付で、所務の執沙汰は飯尾行房に仰せ付けられたので、それを存知するよう通達した奉書（通番一四）、また愛智郡岸下郷（現東近江市上岸本など）の内にある永源寺領で「寄綺於左右被及違乱」という行為をとっていた、叡山の塔頭である可能性がある石泉院という寺院雑掌に対し、[23] 同寺領所務は御料所となったのだから

妨害を中止すべし、もし異儀に及ぶならば「異沙汰」があるという旨を通知した奉書がある（通番一五）。さらに通番の一六は奉行人である飯尾元行が、同寺領の執沙汰を担当するとされた一族であろう飯尾行房に宛て書状で出しているもので、内容は永源寺の近江国内所々の当年年貢につき、御料所として「預置」いているのだから、一〇月二九日以前に沙汰せよといっている。そしてもし地下が所納を延引させるようならば「相当分以他足可有進済」と仰せ出されたとの由である。永源寺にこの書状の本文（飯尾の花押有り）が残るということは、行房からのち同寺に交付されたということであろうか。永源寺領所務の預かり所となっている行房は、その分の年貢を充足できなければ、他所分を充当してでも規定額を納入するよう事実上強制されている。一方通番二八の年不詳飯尾行房書状では、そうした同寺領御料所化の状況を覆す内容が記載されており、次に掲載する。

【史料五】（通番二八）

御山上永源寺同諸寺庵領等当所務事、為御料所雖被仰付之、為厳重御祈願所之上者、　寺領等悉以目録被申入候者、還補御下知則可申達候、此分各可被存知候、恐々謹言、

十二月九日　（飯尾）行房（花押）

当寺雑掌

これは永源寺領所務の執沙汰をするとされた飯尾行房が同寺に宛てて出しているものである。ここで行房は、同寺領当所務が御料所とされたが、将軍の「厳重御祈願所」なので、寺領等の全てを目録にして申し入れれば、還補の将軍下知をすぐに達すると述べている。年は未詳だが、永源寺領が幕府御料所化されていたのは明応元年九月から同二年一二月までと確認されるので、明応元年一二月の可能性もあるが、以下検討するDグループ史料の内容からしても、おそらくその寺領還付の年、明応二年一二月に比定できよう。幕府は実際上の近江寺社領御料所化維持の困難性を考

慮した上で、その本来の寺社への返還を行ったものか、あるいは永源寺領については、旧同寺領からの年貢納入の難しさを体験した行房自身が、永源寺領について還付が行われるよう斡旋したとも思われる。どちらにせよこれによって同寺領所務は、この年以後同寺に返還されたのであり、一二月の時点で集積されていた年貢も同寺の所有に帰したか。結局のところ、幕府料所としての永源寺近江国内寺領分の所務収納は一回だけ、明応元年の一年分のみ実行されたと考えられる。この時期の寺領返還は、ある意味将軍職が義高へ交替したことに伴う一種の徳政、代替わり安堵のようなものであろうか。

次に内容を見るDグループの諸文書は、明応二年七月から翌三（一四九四）年一〇月までのもの。この間年表にある通り、明応二年四月には将軍義材が追放され、同年一二月には永源寺領が同寺に還付されている。このグループは六通だが、うち山上六ヶ寺の一つで永源寺塔頭の含空院関係のものが三通ある。これは幕府奉行人から同院伊勢所領への萱生弥三郎なる人物の「強入部」を禁止したことを通達した奉行人奉書と（通番一七）、含空院から所領田数・所在一覧を作成し提出している目録（通番一九）、また西山出雲入道という者が同院の伊勢所領公文・代官職を競望しているため、それを禁止して同院「雑掌直務」とすべきことを通知した奉書（通番二二）、この三通になる。

含空院は永源寺所属の院家だが、前述のように創設時の格によって六ヶ寺の一寺扱いされており、そのため奉行人の側も含空院所領に関してこうした配慮をしているものと見られる。またこの場合は近江ではなく伊勢という在他国所領の案件なので、御料所化は適用されていなかった分である。しかし内容によると、現地では萱生という人物の強引な入部、また西山という人物の職競望など、武士と思われる者らによる同院の利権侵害行為が発生しているのであり(24)、これらが一連の戦争以前から存在した現地武士との間の紛争（の継続）であるのか、あるいは戦争の影響により六角氏権力が後退したことなどを契機として、奉公衆らの勢力が現地に浸透し、新たに引き起こされている紛争であるのかは判断しがたい。西山は自らの行動の由緒として「今出川殿江州御動座之刻、西山出雲入道一旦申給兵粮料所、令相続」と主張している。今出川殿義視は大乱が勃発した応仁元年に伊勢へ出奔、一旦帰洛するも翌年また叡山に出奔しており、西山のいう「江州御動座之刻」とはこの時期のいずれかであろう。その時期から院領に対する西山の競望は始まっており、明応二年まで二五、六年間ほども伊勢現地の紛争が継続していたとも考えられる。

義材の近江在陣は明応元年の一二月で終了しているので、この時期には「近江幕府」はすでに存在せず、含空院を含む永源寺側は京都幕府と寺領保全のため交渉を行っているのであり、これら奉書はその一応の成果といえよう。しかし繰り返すようだが、それは文書上の成果であり、現地実態がこれによってどうなったかは未知数である。

またこの時期には、将軍・幕府の京都帰還に伴って六角高頼側権力が復活してきている様子が見られ、その証左が高頼重臣である伊庭貞隆に関係する三通の文書である。

以下にその一つ、伊庭の書状を掲示する。

【史料六】（通番一八）

小椋三郷内山上寺領事、号御門役段銭支配之段不可然、山上御免之上者可被相除者也、恐々謹言、

（明応弐）九月八日　　出羽守（伊庭貞隆）（花押）

目賀田殿

これは永源寺領のなかで小椋三郷の内（前出史料一で書き出されていた永源寺領のなかの、小椋庄岸下郷以下の三ヶ所を指す可能性が高い）で、「御門役」なる名目で段銭が賦課されていることを禁止し、同寺領は「山上御免」であるから賦課対象地から除外するという趣旨になろう。宛所は目賀田氏で、この一族は六角氏被官で愛智郡目賀田（現愛荘町目賀田）を本拠としており、[25]神崎郡内所在の永源寺とは比較的近隣に在所を持つ。そうした関係で永源寺領に何

らかの賦課を行っているか。それが紛争化して同寺側が伊庭に訴訟し、このような通知が出されているものであろう。この事例などは、以前からの在地における関係性のなかで発生した、もしくは発生して継続していた紛争であろうし、当事者が目賀田であったため六角側に話を持っていったものと考えられる。「御門役」は詳細不明だが、寺院などに賦課される役銭等であろうか。

また伊庭氏関係では通番二〇の並木某による小椋三郷名主百姓中宛契状と、同二一の貞隆による田上牧庄名主百姓中宛書下が残る。まず前者は小椋三郷名主百姓らに、この時点で賦課されていたらしい出羽守（貞隆）「契銭」の「上進分」は寺家の嘆願によって以後は賦課しない、その旨を心得ておくようにとの通達である。内容から並木某は伊庭出羽守の被官と見られる。この「契銭」もまた内容不明だが、伊庭氏側と何らかの契約によって支払われる金銭であろうか。先の史料六と日付が一ヶ月余しか違わないので、あるいは「御門役」と関わる可能性もある。もう一通の田上牧庄宛では、現地にある永源寺領を競望する輩がいるので、以前からのように同寺代に早く渡し付けるようにと伊庭から指示が成されている。やはり六角氏勢力が戻ってくる状況のなかで他者の競望が発生し、それを除こうとした同寺側が発給を要請したものであろう。ここでは「早如先々可被渡付寺家代官」と指示を受けている相手が、宛所の名主百姓中であるように読めるので、それらが年貢納入だけでなく執行の責任を負わされることになるか。

最後のEグループの分析に入ろう。これら四通は前に述べたように、いずれも明応三（一四九四）年の一二月三日から五日というかなり限定された期間に作成・発給されたもので、四通全て永源寺領栗太郡田上荘内芝原（現大津市上田上芝原町）の当所務に関わるものになる。以下にその最初の奉行人奉書を掲げる。

【史料七】（通番二三）

（付箋）「法住院殿義澄公御奉書　当寺再興之事」

近江国栗太郡田上牧庄内芝原当所務事、号兵粮料佐々木小三郎押領云々、太無謂、早退彼妨可被全領知由被仰出
候也、仍執達如件、
十二月三日《明応三》
（飯尾）春貞（花押）
（飯尾）元行（花押）
（飯尾）清房（花押）
山上永源寺雑掌

内容は同地当所務に対する佐々木小三郎なる者による押領を認めず、永源寺側で領知を全うするようにとの将軍の指示を、奉行人三人が連署で通知しているもの。奉行人飯尾一族三人の連署という形態が珍しい(26)。田上牧荘は義満の安堵により永源寺領として認定されてきた場所であり、義高の代に代わってもその同寺領としての幕府側による認定は変化していない。同地に関連する他の三通のうち二通は、それぞれ同様の旨を伝達し、寺家雑掌に対する合力を椿葉某（奉公衆か）に指示した三人連署奉書（通番二四）、仁木左京大夫に指示した同形式奉書（通番二五）である。残る一通は現地名主百姓中に宛て、奉行人の一人飯尾春貞が出した書状で（通番二六）、「号兵糧料所、守護押妨之旨被歎申之条、可被成御下知候、其間年貢等可拘置候、若致沙汰者可為二重成候」という。守護が兵粮料所として押妨してきたので、現地住民らが永源寺に連絡、それを同寺側から幕府に上げて奉書を獲得しているらしい成り行きがこの内容から見て取れる。また将軍下知が出るまで年貢納入は保留しておき、守護方に支払えば二重成となると警告する。佐々木小三郎とは誰であるのか特定できないが(27)、「守護押妨」ともあるので、守護本人か守護方佐々木六角氏の一族などの人物であろう。

ここで注目されることは、将軍義材の京都帰還とその翌年の義高への交替という政治変動によって、現地近江では守護権の混乱があるらしきことで、義材が決定した新守護の虎千代は事実上立場を失い、六角一族間でも復権しつつ

ある高頼とそれ以外の一族、例えば六角山内氏などとの間で紛争があり、それがはからずも永源寺領同所の所務収納の時期にこうした形で噴出してきているものではないかと推定される。さらに幕府から寺家側収納への合力要請が出されているのが、奉公衆と見られる人物と隣国伊賀守護の仁木（政長）氏であることは、そうした勢力が幕府帰還後もまだ（あるいは意図的に）近江のこの地域に影響力を有しているということを示す。永源寺領（この場合は当所務）に関わる佐々木氏側との紛争が生じたため、その保全のため同寺が幕府向け訴訟を起こしたことが、その意図を越えて幕府奉公衆や近隣国守護までをも巻き込んだ紛争の拡大につながりかねない状況があったことが確認されるのである。

以上この三節で本章での検討対象としてきた、永源寺領に関する戦国時代「寺領保全関係文書興隆期」の全史料を、一通り具体的に解釈し分析した。次の節でそれらから導かれる当時の寺領保全活動の実態をまとめ、結論と今後の展望を示したい。

おわりに

以上延徳三（一四九一）年から明応三（一四九四）年にかけての、永源寺と幕府・六角氏側との間で交わされた、同寺領保全に関わると判断される交渉関係の史料二七通（年未詳で同年間に比定されるものを含む）を見てきた。その翌明応四年のものも参考のため一通入れたが、明応六年以降は同寺領関係で幕府奉行人奉書が全く見られなくなり、全て六角氏側との遣り取りとなる。そこには時代背景として二度にわたる六角征伐、特に今回の一連の文書事例に深く関係する第二次六角征伐があったわけだが、この幕府・六角戦争は永源寺にとっては大檀越と大檀越の闘いということになるわけで、実際に被災するなど影響は少なくなかった。

そのような災厄を被りながらも、前記の一連の関連史料の内容分析の結果として、将軍と幕府が向こうから近江にやってきたという現実を、同寺は逆に寺領関係の諸問題を「整理」する機会として利用しているように思える。例えば前述のBグループに属する、通番八から一一の幕府奉行人連署奉書が全て同日付で連続的に発給されていることは、これを契機として、同寺が複数の相論・押領など他者と紛争になっている案件を、同時に幕府側に申請・嘆願して持ち込み、その解決のため奉書発給を要請していることを示す。永源寺の寺領自体は、通番一の当知行書き出しに見られるように、近江国内各地の散在であり、また国外にも若干存在した。そのような散在形態の寺領を一括して安堵申請することで、この時点までに対応困難なほど同時多発的に発生していたと思われる各寺領での紛争・相論などに、同時一斉的に解決を図ろうという意図が見て取れる。

戦争の当初、同寺からの申請によって将軍自身の同寺領への守護使・本所使不入という「宣言」を永源寺は勝ち取っており、その権威及び近江在留中の幕府権力を利用することが可能となっている。実際に同寺はこの時期、以前から使者入部の問題を巡って対立していたと思われる、寺領内一部の本所になっている興福寺大乗院の使者派遣に対し、幕府指示による禁止を得ており、一方守護使のそれも同様に排除できるわけであるから、戦争期間中の守護であった細川政元やそれに続く将軍義材認定の守護六角虎千代の代には、守護の介入を排除したことになる。ある意味では同寺の創設者で大檀越という特別の存在、六角氏自体による守護使入部も、少なくとも書面上の効力では拒絶できるのであり、その点でやはり戦争の接近という事態を自らの利権、具体的には寺領保全という最大の経済的なかつ世俗的な目的のために利用したものと捉えられる。永源寺寺自体の創建や再興に関わっていた、後ろ盾ともいえる六角氏でさえも、寺領利権との関わりという部分では、同寺にとって干渉を排除すべき対象となっているのである(28)。同寺は自らに比してはるかに大きい勢威を持っていたであろう、南都大乗院や叡山塔頭（ではない可能性もあるが）と寺領紛争で対峙し、また守護細川政元の被官である安富らに対峙し、幕府権威を背景としつつ自らの利権を認めさせることに成功している。それらを示す実例は、すでに右で検討してきた通りである。

また寺領（所務）の幕府御料所化については、もちろん永源寺にとって甚大な損害をもたらすものであったはずだが、そうした事態は裏返して見れば、永源寺の幕府権力との一体化、あるいは同化とも評価できるわけで、それを逆に自己のため利用して、相論の解消をはかるということもあり得たのではないか。結果として同寺領からの所務が御料所分として収納されたのは、これも前述のごとく明応元年分の一年のみと見られるので、御料所化という事態が実害としてどの程度であったかは判定しにくい。

政治的変動である六角征伐は、永源寺にとっては大檀那同士の戦争ではあるが、六角氏支配下で未整理であった寺領関係利権の確認、未解決であった紛争の解決、あるいはこの動乱に便乗してすでに押領されていた同寺領支配の復活を企図できる大きな好機であった。同寺はこれを好機として、一気に今までの押領や相論を解決せんとしたため、この時期、「寺領保全文書興隆期」の文書数が多くなったものである。これについて、同寺が幕府軍の攻撃により大半焼失した前後の寺領関係史料が、前出戦国期寺領関係文書列挙のごとく、それ以前のものも含めてかなりの程度連続的に残されている事実は、重宝として保存され火災の際には優先して持ち出されたことを示す。

このように、近江で戦乱が発生し、幕府や戦争そのものが接近してきているために寺領保全の働きかけがむしろ容易になったという部分があり得るのであり、またその機会を自らに有利な形で永源寺は利用しようとしたものと思われる。一方、逆に戦争が起きたからこそ発生している新たな問題もあり、この時期の近江における戦乱はそうした意味で、地元地域寺院である永源寺の寺領保全のためには、プラス・マイナスの両面での作用があった。その事態は同寺にとっては、想定内として使えるべきところを使ったという面もあり、また想定外の事件も起きていることは戦争というものが相手であるだけに当然だが、それをも可能な限り利用しようとしていたと思われる。地域寺院たる永源寺側の対応能力が見て取れる。

さらに述べると、今回本章で検討対象とした時期は、幕府・六角戦争によって一時守護であり戦国大名である六角氏（宗家）勢力が没落したため、幕府と現地地域寺院である永源寺の文書出入りが活発化するのは当然のことだが、将軍が京都に帰還した明応三年までが、文書上で同寺と幕府の関係性が最も高かった時期であり、同四年以後は通番二七のような六角氏側の伊庭氏などとの通信が再開されて、同六年以後は幕府との密な交渉が復活していない。これは近江の政治・社会情勢が再転換して元の形に戻ったことを意味し、戦争という地域的嵐の過ぎ去った後に残った現実との対面を迫られた同寺は、先の「寺領保全文書興隆期」に獲得した成果の確実化と再検討を迫られたことであろう(29)。

今後の展望を示して最後とする。これは問題点でもあるのだが、本章で検討対象とした、戦国期の近江地域寺院としての永源寺は、前述の内容から判明している通り必ずしも一地域寺院という枠にとどまらないという見方も可能であろう。永源寺は本論中に登場した、同寺と寺領利権を巡る紛争を抱えていた興福寺や叡山ほど政治・宗教的に広範な影響力を持っているわけではないが、一方では近江南部守護で戦国大名でもある六角氏の帰依寺として創建された寺院であり(30)、その部分では初めから大きな後ろ盾を持っていた。また将軍義満の寺領安堵を受けて祈願寺となり、さらに伊勢・播磨といった遠隔地にも寺領を保持していた。そう考えると一種の地域権門とも言えるかも知れず、地域の小規模寺庵や一地域のみ影響力を持った寺院とは別の分類をすべきかも知れない。地域寺院の定義の問題である。それを認識した上で、そうした由緒を持つもの持たぬもの、さまざまな個別形態の寺院と権力との関係、また地域・

村落・寺院相互間との関係性の実態を追求していくことを課題としたい。

註

（1）これら近江地域寺院の負担等に関しては、蒲生郡編『近江蒲生郡誌』（蒲生郡、一九二二年）・愛智郡教育会編『近江愛智郡誌』（愛智郡、一九二九年）・坂田郡編『坂田郡誌』（坂田郡、一九一三年）など、大正から昭和前期発行の郡誌類にすでに先行的な言及がある。また湯浅治久『中世後期の地域と在地領主』（吉川弘文館、二〇〇二年）、第一部第二・三章、拙稿「戦国期地域寺院への諸役賦課とその負担」（藤木久志・蔵持重裕編『荘園と村を歩くⅡ』校倉書房、二〇〇四年）などを参照。

（2）戦国期の五山・本願寺など大規模寺院の経営については、五味文彦・菊地大樹編『中世の寺院と都市・権力』（山川出版社、二〇〇七年）の三を参照。

（3）こうした問題に関しては、大和薬師寺・法隆寺の中世所領関係相論等を扱った、勝俣鎮夫編『寺院・検断・徳政』（山川出版社、二〇〇四年）所収の諸論文、また東寺のそれを扱った、東寺文書研究会編『東寺文書と中世の諸相』（思文閣出版、二〇一一年）所収の諸論文などが成果としてあげられる。

（4）黒田基樹『戦国大名の危機管理』（吉川弘文館、二〇〇五年）。

（5）近江地域寺院の、戦国期の存在形態等については、宮島敬一『戦国期社会の形成と展開―浅井・六角氏と地域社会―』（吉川弘文館、一九九六年）第三を参照。

（6）この事実自体が、当時すでに永源寺が栗太郡というやや遠隔地に所領を有していたことを示しているのだが、同時に義満による安堵はこの時期の幕府側による「諸宗興隆」の動きと関わっている可能性を指摘できる。大田壮一郎「室町幕府宗教政策論」（中世後期研究会編『室町・戦国期を読みなおす』思文閣出版、二〇〇七年）を参照。

（7）以下永源寺の詳細については、大橋金造編『近江神崎郡誌稿』上・下巻（神崎郡教育会編、一九二八年）や、永源寺町史編纂委員会編『永源寺町史通史編』（永源寺町、二〇〇六年）・同編『永源寺町史永源寺編』（永源寺町、二〇〇二年）、また

平凡社地方史料センター編『日本歴史地名大系二五　滋賀県の地名』（平凡社、一九九一年）の「神崎郡」「永源寺町」の項などを出典とする。

（8）以下本章で検討対象とする永源寺文書は、滋賀県教育委員会事務局文化財保護課編『永源寺関係寺院古文書等調査報告書』（滋賀県教育委員会、一九九八年）収録のものを基本とし、東京大学史料編纂所所蔵影写本『永源寺文書』全五巻収録のものを照合して使用している。また永源寺町史編纂委員会編前掲註（7）『永源寺町史永源寺編』掲載の写真版等、および栗東歴史民俗博物館編『特別展　永源寺の歴史と美術』（栗東歴史民俗博物館、二〇〇三年）掲載の写真版等も参考にした。

（9）大橋編前掲註（7）書、また吉川弘文館編集部編『誰でも読める日本中世史年表』（吉川弘文館、二〇〇七年）などを使用。

（10）この時期の幕府の状態や奉公衆・守護大名らとの関係については、山田康弘『戦国期村町幕府と将軍』（吉川弘文館、二〇〇〇年）第一章、木下昌規『戦国期足利将軍家の権力構造』（岩田書院、二〇一四年）第三章などを参照。

（11）堺幕府論や鞆幕府論がその論拠としているごとく、一定の期間将軍家御判御教書や奉行人連署奉書が近江国内（具体的には将軍在所とされた園城寺）で作成され発給されていると考えられることなどにより、こうした名称を使用している。

（12）戦国期六角氏の守護権継承順とその時期については未確定部分も残る。松下浩「戦国期六角氏権力に関する一考察」（新谷和之編『近江六角氏』戎光祥出版、二〇一五年）を参照。

（13）以上の第二次六角征伐の過程は、続史料大成増補『蔭凉軒日録』（臨川書店、一九七八年）第三・四巻の記載による。また山田康弘『足利義稙　戦国に生きた不屈の大将軍』（戎光祥出版、二〇一六年）第Ⅰ部第三章を参照した。

（14）以下に関連して、室町幕府発給文書の分類や性格については上島有編『室町時代の武家文書』（吉川弘文館、一九八七年）所収諸論考を参照。また六角氏側発給文書のそれに関しては、村井祐樹『戦国大名佐々木六角氏の基礎研究』（思文閣出版、二〇一二年）第六章の三を参照。

（15）幕府奉公衆の活動実態に関しては、森幸夫『中世の武家官僚と奉公人』（同成社、二〇一六年）所収の諸論考を参照。

（16）伊庭氏の政治権力増大の過程については、蒲生郡編『近江蒲生郡志』巻二（蒲生郡、一九二二年）第三編を参照。

（17）「釣銭」は原文ママ。意味は不明だが、文書上の現れ方からして、段銭などに関係するかと思われる。

(18)「山上六ヶ寺」などと当時から使用される山上郷の範囲は確定しないが、前出平凡社『滋賀県の地名』「山上郷」の項では、山上（現東近江市山上）を中心として、隣接する永源寺在所である高野や、その愛知川対岸にある相谷（現同市相谷）などを含む愛知川中流域一帯のやや広域地名であったと推定されている。

(19) 含空院が別格扱いされる理由は、本文中で述べた通り。ここで検討する義材御教書三通のなかでも、永源寺宛てのものは同人の花押のみであるのに対し、含空院宛のものには「参議左近衛権中将源朝臣」という名乗りと花押が併記されている点からしても、将軍自身が特に同院に配慮している様子がうかがえる。

(20) この遠慮は大乗院を含む興福寺など大寺院の戦争勝利祈願などによるか。関連して、久野修義「中世日本の寺院と戦争」（歴史学研究会編『戦争と平和の中近世史』青木書店、二〇〇一年）を参照。

(21) 六角氏の八風街道など流通路支配に関しては、畑井弘『守護領国体制の研究―六角氏領国に見る畿内近国的発展の特質―』（吉川弘文館、一九七五年）第四章、深谷弘典『永源寺町の史蹟と文化財Ⅲ　中近世地方文書による八風街道筋の歴史』（永源寺町郷土史会、一九八〇年）第三章などを参照。

(22) 近江寺院の城郭的立地・建築様態については、中井均『近江の城―城が語る湖国の戦国史―』（サンライズ出版、一九九七年）第三章を参照。

(23) 石泉院は叡山東塔に所属する京都塔頭石泉院のことであれば、姉小路町東に存在した同名の院になる。ただし同院は応仁元年の京都兵火で焼失し廃絶したという。下坂守『中世寺院社会の研究』（思文閣出版、二〇〇一年）第四篇などを参照。

(24) 萱生氏については、伊勢三重郡の萱生城（現四日市市萱生町）と関係する地元武士かとも思われるが詳細は不明。西山氏については、義視との関係から幕府奉公衆とも考えられるがこれも出自等不明。

(25) 目賀田氏については、蒲生郡編前掲註（16）巻二第三編を参照。

(26) 今谷明・高橋康夫編『室町幕府文書集成　奉行人奉書篇』（思文閣出版、一九八六年）掲載の諸奉行人奉書と比較しても、三人連署という形態は多くはない。

(27) 当時守護であった前出の六角政堯養子である（高島）虎千代は「八郎」であり、また政堯自身や高頼及びその嫡子氏頼はいずれも「四郎」という名乗りを持っていた。「小三郎」という名乗りに該当する守護的人物がいるとすれば、第二次六角征伐で高頼が再没落した際、一時守護的地位にあったと見られる六角（山内）就綱ではないかと考えられるが、確証を得られない。佐々木哲『系譜伝承論：佐々木六角氏の系譜』（思文閣出版、二〇〇六年）を参照。

(28)　六角氏による地域寺院所領への対応については、湯浅治久「中近世移行期における社会編成と諸階層」（『日本史研究』六四四号、二〇一六年）を参照。

(29)　戦国大名による総合的な寺院政策に関しては、末木文美士ら編『躍動する中世仏教』（佼成出版社、二〇一〇年）第六章を参照。

(30)　祈願寺・帰依寺などについては、伊藤正敏『中世の寺社勢力と境内都市』（吉川弘文館、一九九九年）を参照。

第九章　戦国期東国の境界相論と大名権力

則竹雄一

はじめに

編者から与えられた課題は、戦国期東国での境界相論について論じようというものである。しかし、東国における境界相論の史料はほとんどない(1)。三千通に及ぶ小田原北条氏の関係史料を見ても境界相論についての史料は、以下に紹介する数点にしか過ぎない。それも大名権力による裁許状であり、相論自体の具体的な内容を示すものではない。そのため東国における境界相論の様相を知ることはなかなか難しいが、わずかな事例からその様相のいったんを紹介して責めを負うことにしたい。

第一節　境界相論裁許状の事例

【史料1】北条家裁許印判状写（「肥田文書」『戦国遺文』後北条氏編、東京堂出版以下戦北八八五と略す）

境論之事、赤沢百姓以目安申付而、八幡野百姓以相目安遂糺明可之（マヽ）、然ルニ八幡野百姓申候事、堺ニ埋炭所可証拠由申付而、立検使処ニ八幡野之百姓如申、炭を鑿出、厳密ニ見届処也、然ル上者、彼所自今以後赤沢・八幡野之境ニ被定置旨、被仰出者也、仍状如件、

永禄七年甲子極月廿八日　評定衆

大膳亮

泰光（花押）

豆州

八幡野百姓

伊豆国赤沢と八幡野（静岡県伊東市）との「境論」に際しての北条氏の裁許状である。赤沢百姓が北条氏へ目安をもって境について訴えたところ、八幡野百姓は相目安で反論した。北条氏の裁許は目安と相目安で原告と被告の言い分を聞いた上で行われた。

八幡野の主張は「堺ニ埋炭所可証拠」と両村の境には炭が埋めてあり、これが証拠となるというものであった。北条氏は、検使を現地に派遣して調査を行ったところ、八幡野百姓の主張の通りに炭が掘り起こされたことから、改めてこの場所を両村の境とすることを裁許したのである。両村の「境論」がどのようなことを原因としているのかは、

具体的な問題点が何であるのかは、関係史料がないことから不明であるが、この史料は村境に炭を埋めて指標とする慣習の事例として注目される。境に炭を埋める慣習は、広く行われていたようであるが、近世の地方書の一つである『地方凡例録』の「国郡郷里発之事、附地境へ炭を埋める原始の事」には、「第四十六代聖武天皇天平七年乙亥吉備公・僧行基・僧泰澄の三人に勅して…又古より五畿七道は分る、といへども、封侯も詳かならずして、闘争止時なく、辺境穏かならざりし故、右三使勅を奉じて境の地に炭を埋めて経界を正し、…炭ハ地中に在て万代不朽のものゆへ、境の地に炭を埋めて後来の証とすることを此時を以て始めとす」とある。(2)これは伝説の域をでるものではないと見られるが、近世において境界埋炭の起源が古代にあると認識されていたのであり、炭は地中にあっても腐ることがないために境の目印に利用されていたことがわかるのである。(3)

【史料2】　北条家裁許印判状（「宮内文書」戦北二二八四）

柿木郷百姓三郎左衛門就捧目安、大平百姓宮内隼人以相目安、遂糺明了、

一、非公儀而、於他領之山、無体ニ炭焼木可剪取事、柿木百姓申所非分候、先年船原百姓柿木百姓公事之砌も、於舟原山就木切、大刀取儀、船原非儀ニ無之由、裁許候キ、自今以後、可存其旨事、

一、自大平郷山之間十里大平山之由、此度申上候、然則十里之外者、可為入籠間、剪候共、大平之者申事有間敷候事、

右、依仰状如件、

天正九年辛巳十月廿五日（虎朱印）

評定衆
伯耆守
康忠（花押）

大平百姓
宮内隼人

伊豆国柿木郷と大平郷（静岡県伊豆市）との山論に対する北条氏の裁許状である。いくつかの論文に引用されている比較的よく知られた史料である[4]。柿木郷の百姓三郎左衛門の目安に対して大平百姓宮内隼人の相目安が出され裁許が行われた。柿木郷の百姓が、公儀（公儀の許可、または公儀からの公事負担という意味か）ではないのに「他領之山」＝大平の山に入って無理矢理に炭焼きのための木を切り取ったとして、柿木百姓の主張を北条氏は認めなかった。以前にも柿木百姓は、隣村の船原（静岡県伊豆市）百姓と相論を起こしていた。柿木百姓が、船原山に入り木を切ったところ、船原百姓に「大刀取」されて、木を切るための斧などの道具を奪い取られたことから、柿木百姓が北条氏への訴訟に及んだと見られる。北条氏の判決は、船原百姓による「大刀取」は正当な行為として、柿木百姓の主張は「非分」として退けられた。これを前例として示していることから、天正九年の柿木・大平両郷の山論でも、柿木百姓が大平百姓により「大刀取」が行われ、北条氏への訴訟に及んだと推定される。

二ヶ条目は山の領域確定である。大平百姓が大平郷から山までの一〇里（約六・五キロ）を大平山とし主張したことを受けて、北条氏はこの主張を承認した上で、一〇里から外側の山は、「入籠」[5]＝入会山として他の百姓が木材を伐採したとしても、大平の百姓が訴えを起こしてはいけないとした。これにより山には、百姓の共有の村持ち山と村々の入会地＝「入籠」があったことがわかる。山境界の確定は、山論の主張を通じて行われ大名権力によって承認されていくことが示されている。

【史料3】某印判状（「冨山文書」『岩井市史』資料古代中世編）

此度小泉郷与境論之儀申出候、双方之申所雖無届有之、唯今　御物主無御座間、改而不及付是非候、仍如近年互入込ニ可致之、此上寸歩も開作不可仕出候、此条於相背者、此度之論所を可付小泉へ、明日ニも　御当家御立之上、申所者可遂披露候、其聞可相守此掟者也、仍如件、

天正十七己丑

黒印　九月二日　　　　　　評定衆

矢作郷

百姓中

下総国矢作郷と小泉郷（茨城県坂東市）との山境論に際しての裁許状である。[6] 両郷の主張には「無届」として不十分な点があったとしても、「御物主」が不在のため改めて主張には及ばないとして、暫定的な裁許を行った。近年のように相論地は両郷の「入込」＝入会地とし、少しの開発をしてはいけないとした。これに背いたならば係争地を相手の土地として与えることにする。新しく「御当家」が立った時に、さらに主張すべき事があれば披露することを命じている。当時、矢作・小泉両郷は、古河公方料所であり、公方「評定衆」による裁許である。天正一〇年閏一二月二〇日に公方足利義氏は死去し男子の世継ぎがいなかったために、女子氏姫を中心に「御連判衆」と呼ばれる芳春院松嶺以下七人の公方の伝統的家臣が実質的な政務を担ったとされる。[7]「御物主無御座」、「御当家御立」とは、公方義氏死去後の公方不在状況を示していて、評定衆とは「御連判衆」でこの文書は公方家による裁許といえる。

第二節　常陸国阿見・若栗村野境相論の事例

相論裁許状の紹介を行ったが、前述したように具体的な相論内容を明らかにすることは史料の限界から困難であった。次は戦国期史料でないものの少なからず相論内容がわかる史料である。[8]

【史料4】阿見野野論若栗村訴状（「湯原尹氏所蔵文書」）

若くり□

御めやす□□、

一、常陸国江戸崎領松平むつの守知行若栗村とくらはしたくミさま御知行安見之郷野境之儀ニ而申上候事、

一、①安見之内ゆわつぼ村より当年五十八年先に若栗村之内へ山を立出し申候間、ふせき申候処ニ、互ニぼう打仕候時、若栗村之百姓三人うたれ申候間、②若栗村之地頭はたの山城殿ゆわつぼへおしかけげし人をとるべきよし被申候処ニ、③ときの越前殿□□近郷ニ吉原と申処へ御出候□□あつかいにハ、げし人之かわりにゆわつぼ村ニ、また人を置間敷と被仰候間、けし人之儀いまに取不申候処ニ、あミ之百姓此度ゆわつぼニ人を可置よし申候間、前々の御地頭ニ候ハヽ、ゆわつぼたてたや□□ふよし申上度ハヽ、且□□やうに□□申上候間、さ候者野境を立其上おこし可被申由申候へ者、若栗村之内ミかちり屋つほうをうと申所まてあミの内ニ候やう申候、彼ミかちりとほうおふ前々若栗之田地ニ候間、天下之御なわにも永荒ニ付上申候、

一、④右之在所作場不作申候事ハ、当年卅五年先に岐の大夫殿御子ニ五郎殿ノ御知行安見村罷成候時とき殿之御判を申うけ若栗村へとどけなくあらためてさかいを立申候ハヽ、⑤若栗村百性共江戸崎之御奉行衆へ罷出申上候へ

者、⑥若栗村之百性申分よぎなきよし被仰とき殿御判をハぬき被成、其上阿ミいたはめに候ゆわつぼ村をあらし申せと被仰付候間、いまに不作申候、⑦其上江戸崎おとな衆御意見にハ御判をぬく上ハ若栗村之内も少あらし申候へよし被仰候之間、右に書付申候ミかちりやつ・ほうおふと申所三町五反あらし申候、彼ミかちりやつ・ほうおふハ天下之御なわにも付上申候間もしいつわりとおほしめし候ハヽ、御前帳とも被召出御らんし可被下候、太閤様御代にも中河内伝五郎と申人村々さし出し御取被成候時又ミかちり・ほうおふさし出しに上申候、もりしけ殿へも上申候事、

一、野境御たてあるべきよし被仰候而御弓衆御奉行我等之代官衆罷出被申候時あミのくらの助申分ニハ、ゆわつぼ村六十三年より以来不作申候と堅申候間、三十五年と六十三年のあらそひニ候間、憐郷之者も可存由我等代官被申候処ニ、又只今上申候御目安にハ三十三年以前に者作申候由かやうの儀申候、此儀御うたかいニ候ハヽ、其時被罷出候両之代官衆へも御たつね被下へく候者也、仍如件、

慶長拾六年　　　　若栗村
九月十六日　　　　惣百姓
御奉行所

この文書は、慶長一六年（一六一一）の仙台藩伊達領の若栗村（現茨城県阿見町若栗）と旗本倉橋内匠の安見郷（茨城県阿見町阿見）との野境相論に際して若栗村が幕府に提出した訴状の案である。ここには過去に発生した五八年前（天文二三年）と三五年前（天正五年）の戦国期の相論が記されている。

一　天文二三年の境界相論

訴状の二ヶ条目の下線部①②③に天文二三年相論の経過が記されている。

①相論発生

天文二三年に安見郷内岩坪村民は、隣村の若栗村内に「山を立出」たことから、若栗村民は阻止しようとしたところ、互いに村民が棒を持って実力行使に及ぶ「ぼう打」となり、若栗村百姓三人が打ち殺されてしまった。

②領主登場

若栗村地頭波多野山城が岩坪村に押しかけて下手人を要求した。

③仲裁と決着

土岐越前が近郷の吉原村に出てきて、「あつかい」＝仲裁を行い、岩坪村が下手人を出す代わりに岩坪村に人を置かず＝廃村とする案で解決して、現在＝慶長一六年に至るまで若栗村は下手人をとっていない。

慶長一六年に至り安見郷百姓が、廃村としてきた岩坪村に人を置いて再興しようとしたことから問題が再発した。欠字で意味のわからないところがあるが、前々から地頭が行ってきたことは、岩坪村を再興する時は野境を決めて行うことと言われてきた。そこで境を決める際に、本来は若栗村内の「ミかちり屋つ」＝三日尻谷津と「ほうをう」＝鳳凰までも安見百姓が安見郷内としたことから、若栗村百姓は、三ヶ尻谷津と鳳凰は前々から村内と主張した。その根拠は、若栗村検地帳に永荒と記載されていることと述べている。

慶長一六年の相論の具体的内容は、明確ではないが、安見郷による岩坪村再興と境界設定に伴い三日尻谷津と鳳凰と呼ばれる場所の領有をめぐる相論であったと見られる。ここで問題となっている二ヶ所は、現在の阿見町大字鈴木の内の小字「西鳳凰」「東鳳凰」「南鳳凰」「三ヶ尻」と大字若栗内の小字「三日尻」「鳳凰原」「鳳凰」にあたる。大字鈴木はもともと明治二二年までは鈴木村であり、この村は阿見原のなかで阿見・若栗両村の地先を明治一二年に山形県士族鈴木安武が開墾して鈴木牧場を開設し、明治一五年に独立村となった経緯を持っている。明治初期に至るまで阿見原の一部を構成する入会原野であったのである。岩坪村の地名は現存しないが、大字鈴木内の小字「屋敷形」があり、岩坪村の旧地と考えられる。

二　天正五年の境界相論

訴状の三ヶ条目の下線部④⑤⑥⑦には天正五年に「鳳凰」「三日尻谷津」が不作となっている経緯を記述している。

④岩坪村再興

天正五年（一五七七）に土岐大夫（治英）の子五郎が安見村の領主となった時に、安見村百姓は領主土岐五郎の「御判」＝許可を得て、若栗村には届けもしないで、改めて境を立てて岩坪村を再興しようとした。

⑤若栗村出訴

若栗村百姓は江戸崎の土岐氏「奉行衆」へ出向き訴えた。

⑥奉行衆判決

若栗村の申し分は異議ないとして、前の土岐五郎の「御判」＝許可を反故として、岩坪村を「あらし」＝廃村にすることを命じた。

⑦おとな衆判決

さらに江戸崎土岐氏の「おとな衆」が意見したことは、領主の許可を反故にした上には、出訴した若栗村に対して村内の「あらし」を命じたので、二ヶ条目の「三日尻谷津」「鳳凰」の三町五反を不作とした。

慶長一六年で「三日尻谷津」「鳳凰」の所属村がどこなのかが問題となっているが、天正五年の相論を受けて、「三日尻谷津」「鳳凰」は若栗村内であることを主張し、その証拠として御前帳と秀吉時代の中河内伝五郎に対する指出を挙げている。

御前帳とは慶長七・八年に行われた常陸国総検地で作成された検地帳を指すと見られ、信太郡は総奉行内藤清成の検地役人によって実施され若栗村検地帳が残されている。これは表題に「常陸国信太庄若栗村御縄打水帳写」とある九冊で構成される検地帳で、小字「ふうおう（鳳凰）」は下田三筆、小字「みかじりやつ（三日尻谷津）」は下田三筆で合計六筆が見える。すべてが「永不」と不作となっている（阿見町史編さん委員会『阿見町史編さん史料（九）近世史料集（補遺）』一九八三年）。

慶長一六年相論の関係文書は残存していないことから、その決着は不明であるが、貞享二年（一六八五）七月二五日付けの若栗村と阿見村との野境の取り替え証文（『阿見地域の入会地』阿見野二〇号文書）には「前代より右両村入会之子細阿見村岩坪若栗村之三か尻谷津ほうおう屋つ田畑互ニ荒地ニ罷成、野原谷津共ニ何方迄も入相之場所ニ御座候間自今以後茂互ニ無相違入合可申候」とある。前代とは慶長一六年のことと見られ、前代において岩坪村と三日尻谷津・鳳凰を荒地として野原・谷津の両地域ともに入会として決定したことが示されている。つまり、慶長一六年の訴状に対する裁定は、阿見野にある岩坪村と谷津に展開した耕地は共に、荒地として入会に編入するものであった。

三　阿見郷周辺の領主と政治動向

阿見郷と若栗村との野境相論と領主・大名権力との関係の考察の前に当該地域の政治動向について、『阿見町史』『牛久市史』『龍ケ崎市史』などを参考に確認を行うことにしよう。(9) 戦国期に阿見郷の属する信太荘一体に勢力を持っていたのは、江戸崎城主土岐原（土岐）氏と小田城主小田氏である。

信太荘東部に勢力を持っていた山内上杉氏下に土岐原氏が存在し、永正年間末期の当主は土岐原源次郎某であった。その詳細は不明ながら、この時期に土岐原氏では内訌があり、土岐本宗家の美濃土岐政房の三男が小田政治の支援を得て、源次郎治頼と名乗り家督を継承したと見られる。また、治頼の妻は土岐原一族の土岐原越前守頼基の姉妹であることから、土岐原氏の内訌は土岐原本宗家と一族越前守家の対立でもあったことが想定されている。そして治頼の「治」は小田氏の通字であり、小田氏からの偏諱を得て元服した可能性が指摘されている。このように小田氏と土岐原氏の密接な関係があったと見られるが、大永三年（一五二三）閏三月には、土岐原源次郎（治頼）と小田政治の間で東条庄屋代城（龍ケ崎市）をめぐり激しい攻防戦が繰り広げられた。治頼はもともと同輩の信太庄領主一揆中であった木原城主近藤勝秀を従えて屋代城を攻略して、天文六年から一〇年ごろに受領名美作守を称した。そして弘治二年（一五五六）までには、土岐原氏から土岐氏へ名字を改称している。これは主家山内上杉氏のもとでの信太荘一揆中の一領主から自立的な地域権力への変化を示していると理解されている。土岐氏は江戸崎城を中心に信太荘西端の久野郷（牛久市）や東条荘まで勢力を拡大し、天文年間には小田氏と和睦を結んだ。治頼は弘治二年一二月四日に死去するが、これ以前の天文二二年（一五五三）には、嫡子大膳太夫治英が家督を継承する。治英の「治」も小田氏の偏諱と見られ、小田氏との密接な関係がうかがえる。その後、治英は天正元年（一五七三）には入道し、永禄期に上杉謙信が越山してくると、小田氏と共に上杉氏に従属した。小田氏は天正七年末ごろに北条氏から離反して佐竹氏と和睦するとしたが土岐氏は同調せず、天正一八年まで北条氏に従っている。治英は天正九年ころには嫡子治綱に家督を譲り、天正一三年四月二五日に死去した。阿見若栗村相論の時期の地域領主は、土岐治頼・治英父子であったといえる。

治英は次のような裁許状を発給している。

【史料5】土岐治英判物（小松沢文書『牛久市史料』中世Ⅰ）

役人
板橋左近将監

上条与乙原之郷野之境之事、□（半）分つゝ、不可有相違者也、仍如件、

永禄八年乙丑
卯月廿四日　（土岐治英花押）

乙原百姓中

この裁許状によれば土岐治英は、上条村（茨城県阿見町）と乙原村（茨城県阿見町）との境相論が起こり半分ずつとする「中分」と裁決を行っている。土岐氏も裁定権力として役割を果たしていたことがわかる。役人板橋左近将監は土岐氏の家臣であり、役人とあるように、この相論の担当奉行人であったと見られる。すでに指摘されてるように、当該地域の領主が「百姓中」に直接発給している希有な文書である。

次に若栗村地頭波多野山城守について見てみよう。山城守の関係史料は皆無であり詳細は不明であるが、「安得虎子」所収の循縫神社（美浦村木原）大般若経奥書（『阿見町史』）に「常州信太荘大檀那波多野刑部少輔願主天文廿五年丙辰三月吉日　秦治宗敬白」とあり、山城守との関係は不明ながら、波多野氏が信太荘領主として存在したことがわかる。飛田氏は天文期において信太荘北部の霞ヶ浦沿岸地域は土岐氏の勢力が及ばなく、波多野山城守は小田系の人物として、天文二三年の相論は小田分国内の相論と位置づける。しかし、天文年間では信太荘地域のほとんどは土岐原氏勢力範囲とするのが近年の理解であり、中人が久野城主土岐越前守が登場することから考えても土岐原分国での相

論と見るべきであろう。

次に中人として現れる土岐越前である(10)。これは久野郷観音寺（茨城県牛久市）棟札のうち大永五年（一五二五）のもので「大檀那当庄守護土岐原源次郎源治頼并近藤八郎三郎藤原勝秀」の名と共に「当所領主土岐原親類孫九郎頼基」とあり、永禄二年の棟札には「大旦那土岐原越前守」、天正五年の棟札には「当郷領主土岐越前守」とある。ここに見える土岐原（土岐）越前は全て同一人物と見られる。越前守は土岐治英の伯父であり、越前守の姉妹が治頼の妻となっている。越前守は久野城主として土岐領国の東の拠点をおさえていた。

天正五年に安見郷地頭となった土岐五郎は「ときの太夫殿」＝治英の子である。治英の男子として宇都宮興綱の娘を母とする嫡男治綱と千葉氏（昌胤ないしは利胤）の娘を母とする次男胤倫が知られるが、ここでさらに五郎が確認されることになる。

【江戸崎城主土岐（原）氏系図】

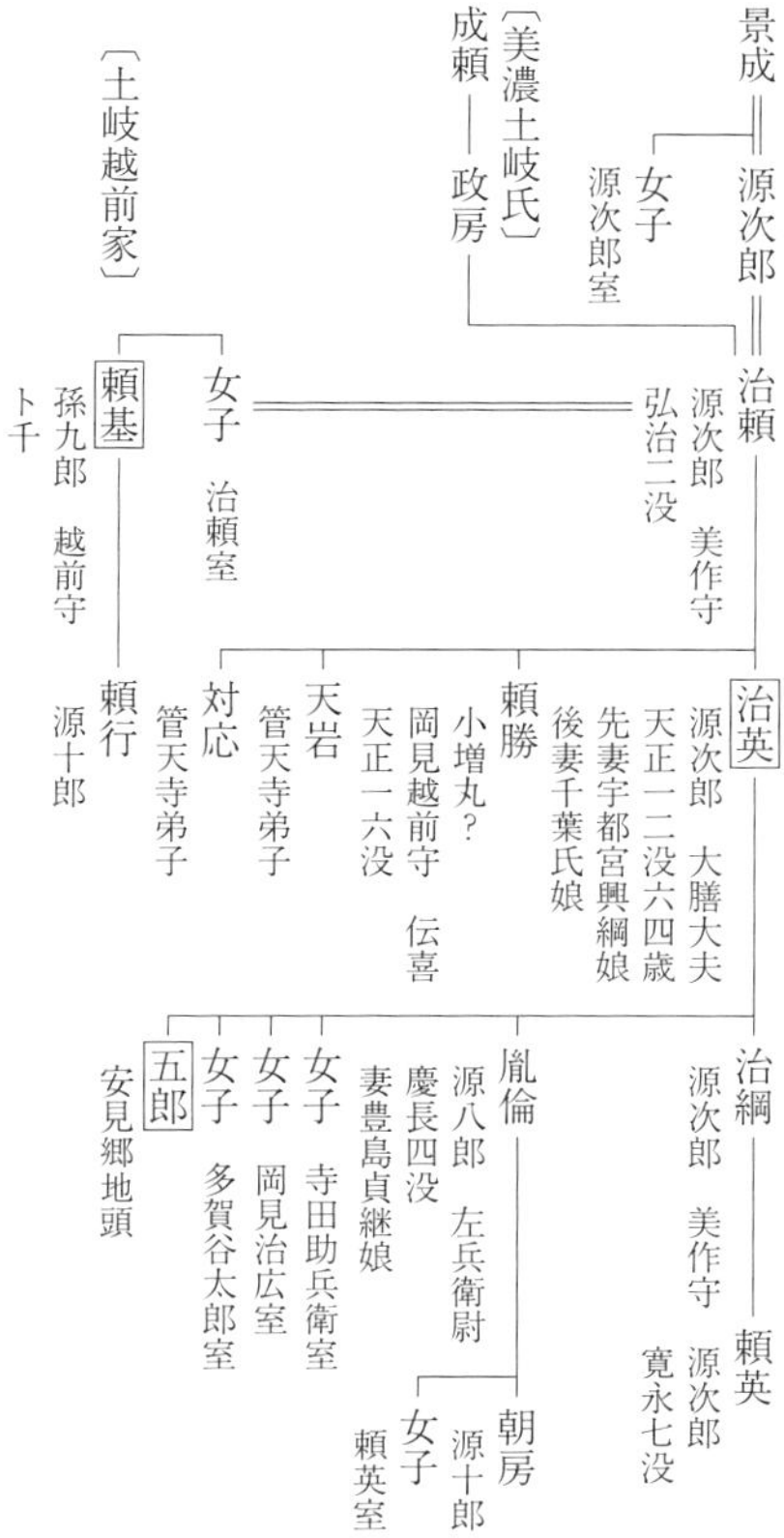

四　相論地岩坪村の復元

相論地域の比定に重要な史料は、飛田氏が紹介している湯原尹家所蔵の近世絵図である。年代は不明ながら、阿見原を全面に描き、東西方向に桂川両岸に細長く展開する低地を描いている。これは飛田氏が指摘するように阿見原の野論裁許に関わる絵図と見られる（図1）。

　北に「竹来村」「大室村」「あミ岡崎村」「安見まへ野村」「安見原村」「からす山村」「ミきもミ村」、南に「荒川村」「十石村（実穀）」「上永村（上長）」、東に「吉原村」「上条村」があり、これの村々に囲まれた部分が阿見原の入会地で「大室入来も入野」「安見若栗入会之野」「安見入会」「あミ岩田之入会」の記載がある。安見と若栗の入会が一番大きく描かれていることもあり、また、中心からやや左側の桂川の谷

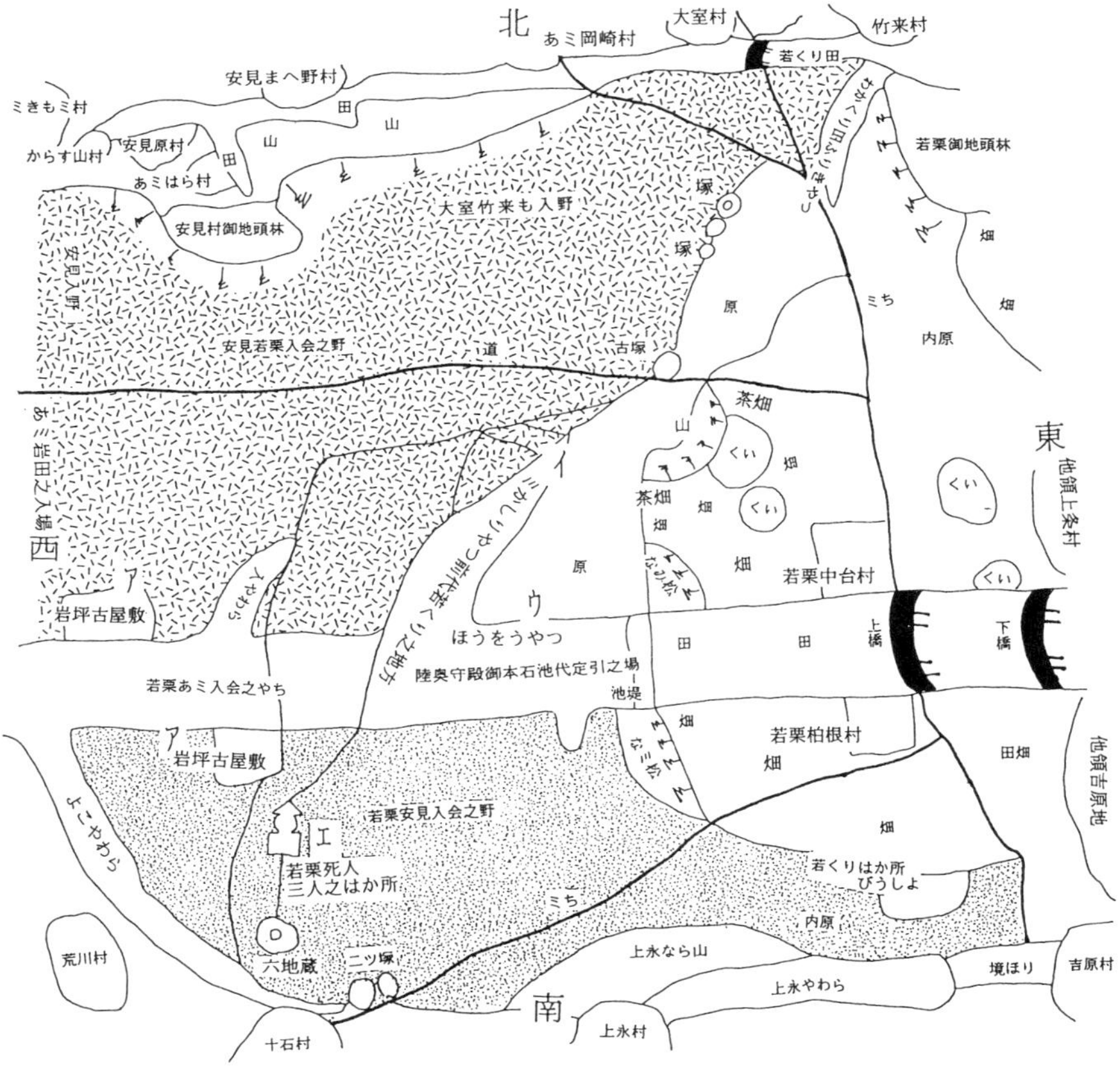

図１　若栗村入会地絵図（飛田論文より）

戸の両眼に「若栗中台村」「若栗柏根村」との記載があるように、若栗村を中心とする入会相論の絵図と見られるのである。年代は未記載ながら桂川谷戸の部分に「陸奥守殿御本石池代定引之場」とあることから、若栗村が陸奥守＝伊達氏の知行となる慶長一一年以降に絵図が作成されたことは確実であり、その内容から慶長一六年の若栗安見相論に直接関わる可能性が高い。これはすでに飛田氏が注目するように、慶長一六年訴状に著されている内容と関連すると考えられるア「岩坪古屋敷」、イ「ミかしりやつ前代若くり之地方」、ウ「ほうをうやつ」、エ「若栗死人三人之はか所」との注記が見られるからである。

「岩坪古屋敷」は訴状で廃村とされた「ゆわつぼ」であり、「古屋敷」とあることから絵図の時点では屋敷は存在しなく廃村の状況を示している。エには五輪塔と見られる石塔が若栗の三人墓とあり、天文二三年の相論で棒打ちで殺害された若栗三人百姓であり、この場所は絵図では「若栗安見入会之野」とされる桂川南側の入会地内に描かれていて、おそらく相論時に実際に百姓三人が殺害された場所の五輪塔を造立して供養を行ったのであろう。残念ながら現在地は不明であるが、阿見三区上の金比羅社横にある三区共同墓地がほぼその位置にあたるように思われるが、確定することはできていない。相論地となっている訴状の「ミかちり」「ほうおふ」については、三日尻（谷津）は桂川から北側に延びる地域にイ「ミかしりやつ前代若くり之地方」とあり、この場所の位置が確定できる。鳳凰は「ほうをうやつ」として桂川沿いに注記され位置がわかる。

これらが現在のどの場所に当たるかは、現況の小字から見てみたい。一九七五年に帝国地図が発行した「阿見町土地宝典」の小字区画を白地図に落としたのが図2である。大字阿見、鈴木、若栗の接続する部分に当たる。大字鈴木は前述したように明治期に新たに独立した鈴木村を示している。現在の「どうめき橋」から東側の桂沿いの谷戸部分と谷戸から南北に張り出す部分で構成されている。桂川沿いに東から「八坪」「屋敷形」「南鳳凰」が並ぶ、そして北

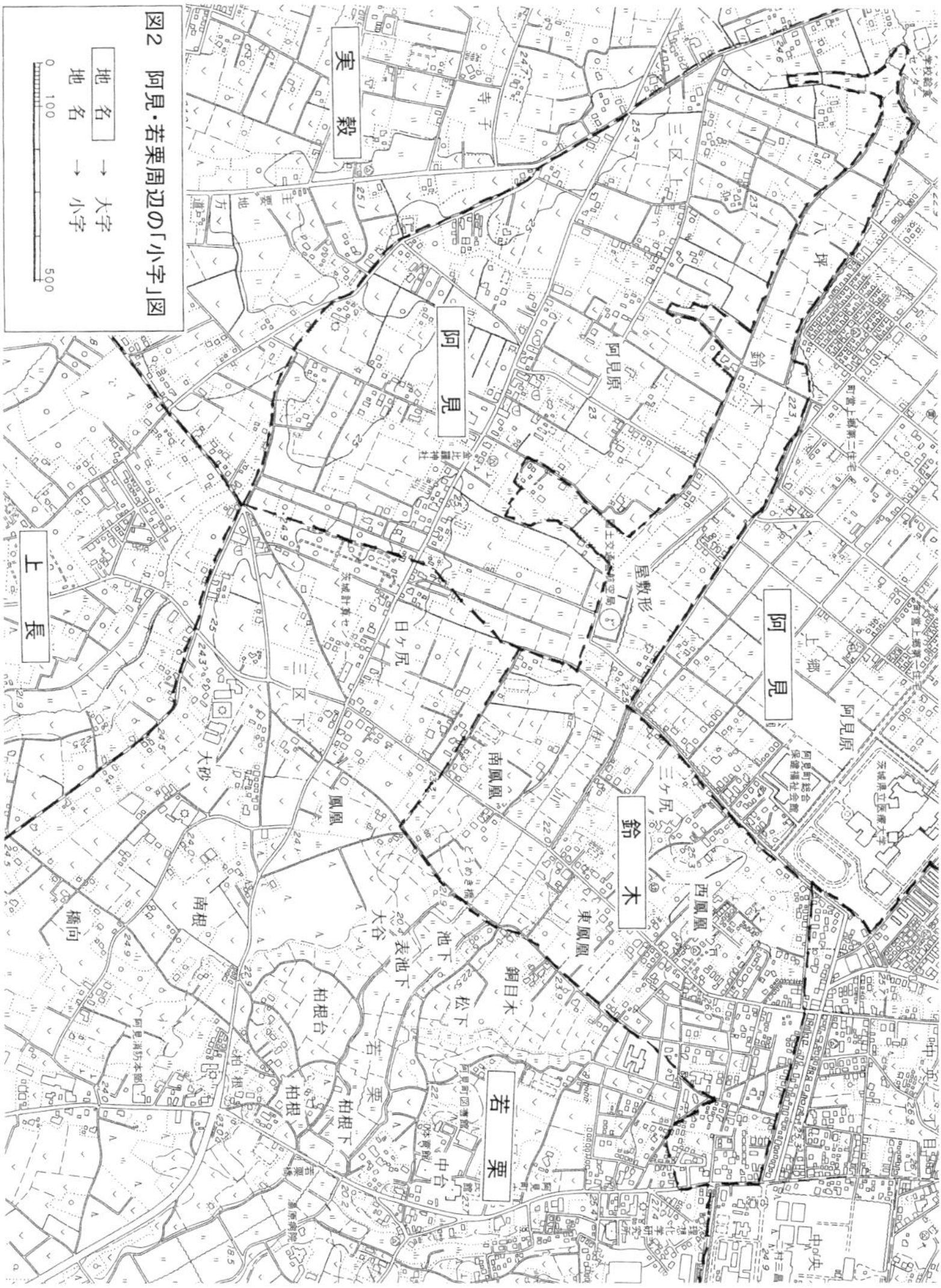

図2　阿見・若栗周辺の「小字」図

側に「三ヶ尻」「西鳳凰」「東鳳凰」が張り出す形で構成されている。

これにより大字鈴木の場所が、訴状で問題となっている場所にあたることがわかる。このなかで「屋敷形」が、その位置などを見ても絵図の「岩坪古屋敷」に比定される。ただし、小字「屋敷形」は、谷戸の田んぼの展開する谷戸地であるが、絵図の二ヶ所ある「岩坪古屋敷」は谷戸内ではなく、谷戸の両岸上の場所にあり、現在字でみれば阿見原にあったと見られる。谷戸南側の「岩坪古屋敷」は、小字「屋敷形」が不自然に阿見原に張り出して南に突き出ている部分であろうか。この突き出た部分の小字「阿見原」地内に金比羅社と三地区共同墓地が存在している。このように明治期に独立した鈴木村の地である現在の大字「鈴木」の場所が境界相論の故地であったことがわかる。

五　境界相論と領主・大名権力

山野相論は、村人たちの生活・生業用の物資を獲得する場をめぐる問題として重要な意味を持ち村落間の対立として展開する。この相論に対して領主・大名権力がどのように関わったのであろうか。

天文二三年相論では境界そのものが問題とはなっていない。岩坪百姓の若栗村山野への立入が問題とされた。実力行使にともなう百姓死亡という状況に対して、被害者側の若栗村領主であった波多野山城が登場する。波多野山城は領主として加害者岩坪村に対して下手人を要求する。下手人は被害者側への損害の代償として加害者側から被害者側に引き渡される人のことである。ここでの争点は、死亡者の発生による対立拡大の解決が課題とされている。つまり、下手人の引き渡しが行われなければ、再度の実力行使による報復合戦が展開することが危惧されるからである。下手人の引き渡しは、村落間の均衡を図ることで村落間紛争の拡大を抑制する方法の一つであった。このとき領主波多野氏の登場は、被害者側の若栗村の百姓が、領主波多野氏に合力をもとめたとも見られるが、むしろ領主の積極性は、村落の自力による紛争の拡大を恐れた主体的な行動を見た方がよいのではないだろうか。その後、紛争の解決には中人＝仲裁人としての土岐越前守（頼基）が登場する。江戸崎城主治英の叔父と言っても、大名権力としての土岐氏ではなく、近隣領主としての立場からの関連であるというべきであろう。若栗村の南に位置する吉原で第三者の立場から調停行動を行う。これも中世社会において紛争解決の手段として広く行われた「近所の儀」という慣習の存在を示している。「相当」「近所の儀」とともに東国における中世的慣行の存在を確認できるのである。土岐越前守の調停は、岩坪村からの下手人の引き渡しではなく、岩坪村から百姓を退去させて廃村とするものであった。「相当」での被害の均衡を下手人ではなく、廃村で均衡をはかる珍しい事例であるが、少なくとも岩坪廃村化は、次の天正五年相論まで守られたのである。

天正五年には安見郷領主として新たに土岐五郎が登場する。岩坪村再興に際して、安見郷百姓が五郎の「御判」を要求する行動は、領主変更に伴い前代の状況を回復する＝岩坪村再興のいわゆる徳政と見なしうる。若栗村は、安見郷側が相論相手であった安見郷に無届けで岩坪村を再興していることを問題視している。「仲裁」による合意を尊重するのか、代替わり徳政を重視するかが問題なのである。注目すべきは、岩坪村再興には改めて境を立てていることであろう。岩坪村の廃村化は、住民の追放と耕地の原野（荒地）化で具体化された。新たな耕地化は原野から境を確定しての分離化が前提として必要だったのである。若栗村は解決のために江戸崎土岐氏への訴訟を選択した。訴えを受けた江戸崎奉行衆の裁定は、若栗村の主張を承認するかたちで領主土岐五郎の承認を反古とした。上級大名権力が、下級個別領主の許可書を否定するという注目すべき裁定である。領主権力がかならずしも一枚岩でなく裁定権力としての大名権力が、領主と百姓中に対してフラットな関係において裁定に臨む姿が見られる。しかも、上級権力も一枚岩ではなく「奉行衆」とは違う「おとな衆」が登場する。奉行衆の裁定を否定したものではないが、領主許可書の反古は重大な判断と見なし、それに見合う若栗村の不作化を命じたのである。ここでも中世的な「相当」原則に対応する裁定があり、領主許可書の反古化は出訴した百姓側にも痛みを伴うものであり、領主側の権威維持として必要な措置であったと見られるのである。在地による大名権力への裁定要求による判決は、必ずしも在地側の全面的な勝利を保障するものではなかった。

おわりに

藤木久志氏によれば[11]、中世の自力社会にあって山野や用水をめぐる相論は、合戦相論や弓矢相論と言われ武力衝突に至ることがしばしばあるが、そこには一定のルールが存在することを指摘する。つまり村落間の実力行使は、①兵具＝武装、②相当＝同量補償、③合力＝近隣の共同介入を正当なルールとして、武器使用についても殺しを目的としない、半殺し・峰打ちまでとする規制が存在したとする。一方、平和的な紛争解決においても「近所の義」「異見」「中違」とよばれる近郷共同裁定が図られたとする。また、在地紛争に対する領主権力の関わり方は、山野紛争に対しては、田畠紛争に証文が重視されること（のちには検地帳主義がとられる）と対照的に、入会紛争では先例主義が、開発紛争では中分主義が採られることが指摘されている。

戦国期安見・若栗村相論も例に漏れず、中世的な作法のなかで推移したことがわかる。

① 棒打ちの不問化に対して、三人百姓殺害の問題化。裁定の論点は境界侵入や棒打ち＝実力行使そのものではなく、自力救済そのものとしての行為が問題とされることはないとする中世的紛争解決の原則に即したものであった。問題視されたのは実力行使の結果としての百姓殺害であった。これも武器使用の自律規制としての殺害禁止

原則に即していた。この違反こそが紛争の争点であった。

② 相当の要求。三人百姓殺害に対する相当としての岩坪村廃村化や領主裁定反故に対する相当としての荒地化などである。具体的な相当事例としては、希有な事例であると見られるが、いずれにしても中世的な相当原則が貫かれていることが重要であろう。

③ 近隣領主による仲介裁定。当事者ではない久野城主土岐越前守が登場している。若栗村地頭波多野山城による介入は、当事者村の地頭といっても当事者村落間の衝突を回避させる仲介的な役割を果たしていると見られる。

安見・若栗村相論の事例は、広大に広がる入会地阿見原で起こった野境での相論であった、その解決・裁定のなかで岩坪村の廃村化や耕地の荒地化が実行されたことにより、山野と田畠の問題が絡み合って複雑化している。[12] しかし、慶長一六年の相論に際して、岩坪村復興での荒地問題は、荒地であっても検地帳が根拠となっていて、長年の荒地化は山野化を意味しなく、太閤検地以下が「永荒」とあくまでも耕地としての位置づけを与えていることがわかる。

一方、訴訟を受け入れることになった戦国期大名権力の裁定の特徴はどのようなものであろうか。土岐氏の裁定は、在地の訴訟を受けてのものであり、いわば「自由裁定（訴訟）」「選択裁定（訴訟）」とも呼ぶべきものである。一方で、秀吉政権の惣無事体制が、私的紛争を停止させた上での上からの「強制裁定（訴訟）」と呼ぶべきものであり、そこには相違があるのではないか。小田原北条氏が目安箱を設置して、[13] 広く在地からの容易な訴訟体制を確立したことは周知のことである。しかし、これは戦国期の裁定権力のあり方はあくまでも「選択裁定」権力であることには変わらないといえる。阿見原での入会地紛争は一七世紀まで継続するが、[14] そこでの実力行使の継続は、紛争解決の具体的な様相と惣無事体制での「強制裁定」とのずれが見え、惣無事体制も過大評価できないことを示している。

註

（1）研究代表者小林一岳『中世後期の山野紛争データベースの作成による地域社会形成に関する研究』平成二五年度～平成二七年度科学研究費補助金（基盤研究C）研究成果報告書（課題番号25370798）の山野紛争関係史料データベース山論史料一覧には、北条領国関係では①天正二年六月二一日付け裁許印判状（氷川神社文書）、②天正九年一〇月二五日付け裁許印判状（宮内文書）、③天正一〇年五月八日付け北条家印判状（神原氏所蔵文書）の三点がある。この内、①は武蔵国氷川神社の宮山保護に関する文書で、③は相模国足柄城掟書で城の位置する足柄山保全に関する文書で、直接的に境界相論を示すものではない。

（2）大石慎三郎校訂『日本史料選書1　地方凡例録』上巻（近藤出版社、一九六九年）。

（3）樋口清之『日本木炭史』（全国燃料会館、一九六〇年、のち講談社学術文庫）に、「木炭は普通八〇～九六％の炭素から成っているので、熱を加えなければ酸化しない。すなわち一七〇度以下の温度では化学変化を起こさず変化しない点を利用して、土地の標識に埋納せられる。所有権や行政権の境界表示のため、炭塊を点々と土に埋めて、境界が問題になるときのために備える方法がわが国では古くからおこなわれ、現在にも残っている。おそらく永久的な標示法として標石よりも便利な場合がある。」と具体的な事例はないものの木炭が境界に埋められたことが指摘されている。

（4）宮内文書は、稲葉継陽「中世史における戦争と平和」（『日本史研究』四四〇、一九九九年、のち『日本近世社会成立史論』校倉書房、二〇〇九年）、同「中・近世移行期の村落フェーデと平和」（『紛争と訴訟の文化史』青木書店、二〇〇〇年、のち前掲『日本近世社会成立史論』所収）、黒田基樹「戦国大名権力と在地紛争―農村における立山・立林―」（『史苑』一六六、二〇〇一年、のち『中近世移行期の大名権力と村落』校倉書房、二〇〇三年所収）論文でも触れられている周知の史料である。

（5）佐脇栄智「後北条領国における「入籠」考」（『日本歴史』五六九、一九九五年、のち『後北条氏と領国経営』吉川弘文館、一九九七年に所収）。佐脇氏は史料中の「入籠」が従来は「勝手に押し入ること」「強制的に入り込んで」と解釈されていたことを批判して、「入籠」＝入会（地）と解釈することを指摘している。また、入会には一村の百姓全員が入会利用する「村中入会」と複数の村々が広大な林野を利用する「村々入会」があることとし、後北条氏は、郷村に接する山について一〇里（約六・五キロ）を基準として「村中入会」と「村々入会」とを区別していたことがうかがえるのである」とする。

（6）岩井市史編さん委員会『岩井市史』通史編（二〇〇一年）参照。

（7）佐藤博信『古河公方足利氏の研究』（校倉書房、一九八九年）を参照。

（8）阿見郷と若栗村野堺相論については、阿見町史編さん委員会『阿見地域の入会地』（一九七九年）、阿見町史編さん委員会『阿見町史』（一九八三年）、飛田英世「戦国期信太荘西部における秩序と権力―安見郷・若栗郷の境界相論をめぐって」（『常総の歴史』八、一九九一年）、栗原亮「近世村落の成立と入会地紛争―常陸南部の入会地紛争を中心として」（『関東近世史研究』五七、二〇〇四年、のち『近世村落の成立と検地・入会地』岩田書院、二〇一三年所収）を参照のこと。また、この訴状は所蔵者の事情により、残念ながら原本を確認することはできなかった。同史料は『阿見地域の入会地』や『牛久市史史料』中世Ⅰに全文が掲載されている。特に『牛久市史史料』には中略があるものの写真が掲載されてることから、原本が見られない状況において、これによって確認するしかなかった。欠損部分や史料集により読みが違っている部分もあるので注意を要する。また、同じ事情で若栗村絵図も原本調査が行えず、飛田氏の論文に掲載されるトレース図を使用せざるを得なかった。

（9）この地域の戦国期の動向については、阿見町史編さん委員会『阿見町史』（一九八三年）、牛久市史編さん委員会『牛久市史　原始古代中世』（二〇〇四年）、龍ケ崎市史編さん委員会『龍ケ崎市史　中世編』があり、個別論文としては、市村高男「戦国期常陸南部における地域権力と北条氏」（『地方史研究』二三一、一九九一年、のち『戦国期東国の都市と権力』思文閣出版、一九九四年所収）がある。

（10）市村高男「久野郷の領主土岐氏とその史料」（『竜ヶ崎市史研究』第二号、一九八八年）を参照。

（11）藤木久志『村と領主の戦国世界』（東京大学出版会、一九九七年）。

（12）「結城氏新法度」第五八条（石井進ほか校注『日本思想大系21　中世政治社会思想』上　岩波書店、一九七二年）に「一、境論之沙汰、如推量者、前々より持来候所、田畠何段と云所に、論者あるまじく候、其所帯の側に候はん原か野か山か、何、ても候を、自両方開き詰、これは此方の内と論ずべきと見及候、それは証拠も榜爾もなき事にて候間、調べたて候て、十段の所ならば、両方へ五段づゝ付け候歟、それをも兎角ならば、手許にさし置き、別人に可刷候、此両条たるべく候」とある。

これには境相論が起こる場所と結城氏による解決方法が記される。境界相論は以前から所有者のはっきりしている田畠何反という場所で起こるものではなく、所領の周囲に展開する原野や山林で起こるものであるとする。そのような場所は証文や境界の標識もないことから、解決方法としては①測量調査＝検地を行って一〇段ならば相論当事者両方に五反づつ分け与え、②それでも文句があるときは結城氏が没収して別人に与える、としている。ここには係争の開発地を大名権力の仲裁による「中分」による解決を表している。おそらく没収を行う②方法は、現実的ではなく、①の「中分」での解決を実行ならしめる脅し文句であったのであろう。また、ここに原野山林と田畠（開発地）に対する認識の相違が示されている。原野山林は証文や境界標識のない本来、相論が起こる場所でない共有地であり、田畠は証文を根拠とする個別的な所有が認められる境界の標識の明らかな場所として理解されているのである。このことは、観点を変えれば境界相論と検地との関係としても理解される。所有の明確化は検地により確定され、原野山林と田畠の相違は検地対象地なのかどうかによって区別されるのである。

(13) 目安箱設置の意味については、伊藤一美「戦国大名後北条氏の「庭中」と「目安」」（『戦国史研究』九、一九八五年）、藤木久志「豊臣の百姓越訴令」（『戦国史研究』一四、一九八七年、のち改稿のうえ「村の越訴」『村と領主の戦国世界』東京大学出版会、一九九七年）、久保健一郎「戦国大名領国における訴訟と裁許」（『戦国史研究』三七、一九九九年、のち『戦国大名と公儀』校倉書房、二〇〇一年所収）、稲葉前掲註（4）論文などの論文がある。

(14) 近世前期での紛争については、栗原前掲註（8）論文や『阿見地域の入会地』掲載の史料を参照。

第十章　摂津国山田荘における山野紛争と摂津・播磨国境紛争

徳永裕之

はじめに

摂津国山田荘（神戸市北区）は、摂津国西部（八部郡）に位置し、播磨国（明石郡・美嚢郡）と国境を接していた荘園である。平安期末には平清盛領となり、平家滅亡後の文治三年（一一八七）に源頼朝より京都六条若宮左女牛八幡宮（六条八幡宮と称す、以下、六条八幡宮と表記する）に寄進され、中世を通じて六条八幡宮領となる(1)。

山田荘をめぐる紛争に関しては、稲葉継陽の一連の研究がある(2)。稲葉は、藤木久志・酒井紀美などの村落争論の研究を前提として、山田荘と淡河荘などの播磨国内の荘園・村との紛争を検討した結果、こうした紛争を実力によって回復される自力救済・自救行為である「村落フェーデ」として位置づけている(3)。また「村落フェーデ」が行われる境界帯を「村共同体の重層的な用益＝知行の場としての境界帯が、中世・近世を通じて村落フェーデが潜在する場」として位置づけ、「国郡境界における山相論の本質は、村共同体どうしの山野「知行」紛争」であったとする。基本的な点は指摘されているが、山野紛争と国境紛争の相関関係を現地に即して考察することは課題であろう。

また近年、『新修神戸市史』刊行のための調査の過程で発見されたのが、「山田出張所旧蔵文書」の応永五年（一三九八）管領斯波義将施行状である。[4] 従来、この文書は「醍醐寺文書」、「栗花落《つゆ》家文書」に残された写しが『兵庫県史』史料編に収録され知られていた。今回、その原本が発見されたのである。[5] さらに注目されることは、この文書が明治九年（一八七六）の裁判の証拠書類として使われ、その結果、神戸市北区役所旧山田出張所（現山田連絡所）に明治九年の訴訟関係の書類とともに保管されていたことである。[6]

本章では、摂津国山田荘と播磨国内荘園・村との鎌倉時代から江戸時代にかけての紛争の経過をみることで、山野紛争と国境紛争の関係や紛争解決へ向けての文書の蓄積の様子を検討していきたい。

第一節　鎌倉時代の播磨国内の荘園との紛争

まず、鎌倉期における紛争の様子をみていきたい。建治二年（一二七六）に比定される隆恵書状によると、「当御領摂津国山田庄□（与ヵ）播磨国淡河庄境相論并□（蓮ヵ）華心院候、両庄共依為武家所□（領ヵ）、於六波羅雖致沙汰候、山田庄者摂□（州ヵ）北端、淡河庄ハ播州南端にて候、□□雖為両庄沙汰、両国境候、仍可□（為ヵ）公家御沙汰之由、存候歟之間、自鎌□（倉ヵ）□可申下院宣之由、秘計候」[7]とある。この頃には、摂津国山田荘と播磨国淡河荘（神戸市北区）との境界紛争があったことがわかる。この時、山田荘・淡河荘は武家領であるため、六波羅探題において沙汰が行われたが、摂津国と播磨国という二つの国境にもあたるということで朝廷による沙汰を依頼している。この紛争の契機は不明であるが、のちにみるように室町期に両荘が山野をめぐって争っていることから、山野紛争で

図１　山田荘と摂津・播磨国境相論関係地図（国土地理院発行５万分１地形図「神戸」を縮小して作成）

あったと考えられる。

ここで注目されるのが、国境であることにより、六波羅探題が裁許を拒否して、朝廷の裁許を依頼していることである。国境は律令制にもとづく区分であり、六波羅探題（鎌倉幕府）が裁許することにより、律令制の国堺が改変することに抵抗があったのであろう。山野紛争が、国境紛争に展開すると、上部権力にとっても容易に裁決できない存在となる。

元徳三年（一三三一）には、山田荘において悪党事件が発生している。播磨国住吉上保（神戸市西区）預所光誉跡輩・図師四郎入道などが吉川観法らの数多の悪党人を率いて、山田荘加納村に乱入し、所務を濫妨し、追補以下の種々の悪行狼藉を行ったとして六波羅探題に訴えられている(8)。この山田荘の加納村がどこにあたるか不明であるが、おそらく播磨国境に近い地域であろう。この時、六波羅探題は、高橋新左衛門尉・筑後二郎の両名を使節として命じ、狼藉を鎮め、山田荘の地頭代に沙汰をすえ、交名人らについては身を捕らえるように命じている。この悪党事件も、住吉上保との境界争いが背景にあり、その結果、近隣の住人などによる合力による乱入事件となった可能性が考えられる。

断片的ながら、鎌倉期に山田荘と播磨国の国境の荘郷保との山野紛争があったことが確認できた。この地域では鎌倉期の紛争から、山野紛争と国境紛争が相互に関連しながら展開していたのである。

第二節　応永期の淡河荘・押部保との紛争

鎌倉幕府が滅亡し、南北朝内乱がはじまると、山田荘は合戦の中心地となる。建武三年（一三三六）、湊川合戦で敗れた播磨守護新田義貞の被官であった金谷経氏が播磨国東条谷で蜂起し、その後、摂津国内に勢力を広げていった。経氏は、同年に丹生山で、さらに翌年には山田荘でも北朝方との合戦を行っており、山田荘などを中心に活動していた。こうした背景には山田荘が湯山街道の東西のルートと鵯越え・烏原越えなどの南北のルートを結ぶ地点にあり、戦略上の拠点であったためといわれる(9)。

暦応三年（一三四〇）以降には、金谷氏の活動が見えないことから、北朝方によって攻められて没落したのであろう。文和四年（一三五五）四月には、山田荘が摂津守護赤松光範に播磨在国のとき料所として一旦預け置かれていたが、六条八幡宮の厳重の社領であるとして返付するように光範へ足利義詮御判御教書が出されている(10)。同年六月六日、光範は守護代と思われる佐藤中務入道へ社家雑掌に沙汰し渡すことを命じている(11)。

南北朝内乱が終息すると、再び播磨国内の荘郷保・村落との紛争が顕在化してくる。応永三年（一三九六）六月六日管領斯波義将室町幕府御教書によると、山田荘西北山堺へ播磨国押部（神戸市西区）・淡河両荘との境界を越えて、播磨守護赤松義則被官人が乱妨しているが、早く牓示を探して両荘の乱妨を止めるように摂津守護細川頼元へ命じている（醍醐71）。ここにみえる播磨守護赤松被官人とは、押部・淡河両荘の住人が赤松方被官となっていたのであろう。鎌倉期にみた淡河荘と山田荘の紛争が南北朝内乱を経ても続いていたのである。翌年にも同様の幕府御教書が摂津守護細川満元へ宛てて出されている（醍醐75）。御教書を受けて、摂津守護によって四至の調査が行われたのであろう。こうした調査を受けて幕府は、下記の文書を発給している。

【史料1】管領斯波義将施行状（山田出張所旧蔵文書）〈　〉内は割書

六条八幡宮領摂津国山田庄堺〈限東野香、限西柱上、限北奈昊（呉）町、限南大津野木、〉事、早任去十一日御下知可致沙汰付之由所被仰下也、仍執達如件、

応永五年四月十五日　沙弥（花押）

細川右京大夫殿

史料1は、調査の結果、山田荘の四至が改めて幕府から認定された下知状を受けて、管領斯波義将が摂津守護細川満元へ六条八幡宮雑掌に沙汰付けることを命じている。山田荘の四至が、東は野香（不明）、西は柱上（神戸市北区山田町衝原柱上）、北は奈呉町（投町山）、南は大津野木（おつのき山、現在の菊水山）とそれぞれ改めて認定されている(12)。

この文書は、旧山田出張所に保管されていたものであり、明治九年の山田村と神戸町との中一里裁判において証拠文書として使用されたものである。本文の上部には、朱書きで判事が裁判の際に証拠として確認したことが記されている。こうした正文は、本来であれば荘園領主である六条八幡宮に残されるべきものであるが、何らかの理由で山田荘に保管されていたのであろう。ここで確定された四至の枠組みが、のちに見るように近代まで継承されていった。

しかし、詳細な境界が画定されたわけでもなく、山田荘の主張に基づいた四至であったと考えられ、山野での紛争を根本的に解決するものではなかった。

また応永三二年八月一三日、「大杣山」においては山田荘内であるのに、摂津国有馬郡八多荘屏風村（神戸市北区八多町）、播磨国押部保・淡河荘の地下人らが押領したといい、摂津守護細川満元へ社家雑掌に沙汰付けることを命じている（醍醐102）。そして、同月一七日には、摂津守護より守護代奈良信濃入道へ遵行を命じている（醍醐103）。「大杣山」の場所は不明であるが、杣は材木を切る山のことであり、「大杣山」と呼ばれるような大量に建築資材を産出する場所があったのであろう。こうした杣を目当てとして、近隣の荘郷保・村落が合力をして乱入してきたのであろう。

第三節　康正元年の淡河荘三津田村との紛争

嘉吉元年（一四四一）、赤松満祐は自邸において六代将軍足利義教を暗殺し、その後、播磨に帰国して幕府との戦争に備えた。それに対して、幕府は各国の守護・国人を動員して、播磨を攻撃し赤松氏を滅ぼした（嘉吉の乱）。山田荘においても、嘉吉元年七月八日、管領細川持之より軍勢の乱妨を禁止する禁制が発給されている（醍醐107）。山田荘にも幕府軍が駐留もしくは通過したのであろう。

嘉吉の乱後、播磨守護に山名持豊が補任され、明石・加東・美嚢三郡については赤松満政が実質的な守護となった。しかし、文安元年（一四四四）正月、明石・加東・美嚢三郡は没収され山名持豊に与えられ、満政は没落した。同年十月、満政は、赤松満祐の遺児彦五郎則尚とともに、播磨に乱入して一時的に実効支配を行うが、翌年三月に摂津有馬郡において敗死した[13]。その後、享徳三年（一四五四）一一月には赤松則尚が再び播磨に侵攻して実効支配を行う、しかし翌年五月には山名方に敗れて自害した。こうした播磨国の政情の不安が、山田荘と播磨国淡河荘との紛争にも影響を与えたと考えられる。

康正元年（一四五五）、播磨淡河荘が山田荘との山野紛争を幕府に訴えている。その申状をみていこう。

【史料2】播磨国淡河荘百姓等申状案（醍醐116）

目安

播州淡河庄御百姓等謹言上

右子細者、当庄之内三津田村ニ作和谷と申山候、彼山ハ播州・摂州之さかい《（境）》ニ堂塔をこんりう《（建立）》候丹生寺のミねと
をりより、はるかニ北ニあたり候て、播州の国中ニある山にて候、さ候間、昔より今ニ至候まて、三津田村之知
行無相違候処ニ、近年山田の庄より、おさゐて山木をきり取候間、法ニまかせて、せいもつをとり候へハ、取返
とかう《（号）》して、路次ニおいて米二荷・こし《（腰）》の刀まておさゐとり候、言語道断の狼藉、無是非次第候処ニ、結句、山
之事ハ山にての沙汰にてこそあるへく候お、免（晩ヵ）ニ三津田村へ押寄候て、家お悉くやきはらい、乱妨みさ
くり中々申上ニおよはす候、やかて寄返候て、無念さんすへく候処ニ、折節当国之乱世にて候間、于今延引候、
惣而淡河之庄と山田之庄とのさかいと申ハ、両国のさかいの事にて候間、昔より申つたゐおき候境の在々所々、
東ハ花ひらい小河もちふち、次ハれんせいかおか、大むれの辻、丹生寺の塔より南ハ山田之庄、北ハ淡河之庄、
西ハほとけさか・はしらあけ、北ハ清水寺ならいの本堂、南ハけちかおか・白拍子のつし立石・一谷国さかいの
松、如此のさかいハわうこ《（往古）》より申つたゐたるか支証にてあるへく候、所詮彼さくハ谷ハ、むかしよりいまに至候
まて、三津田村の本知行更に無異論候、以此旨吉様預御成敗候者、可畏入候、粗謹言上、

康正元年九月日　　　　　　　播州淡河庄御百姓等

進上　御奉行所

史料2の申状によると紛争の場所となったのは、淡河荘の三津田村の作和谷という山であった。ここは三津田村の知行が間違いない場所であり、近年、山田荘が強引に山木を切っていたので、法にまかせて済物（年貢の意味、ここでは山木をとったことに対する山手銭のようなものをさすか）をとったという。

それに対して、山田荘側は、取られた済物を取り返すとして、路次において米二荷、腰刀を押さえ取った。さらに、山の問題は、山で解決することが慣習であるのに、山田側が三津田村に押寄せて家を悉く焼き払ったという。三津田村も本来であれば無念をはらすべく山田荘へ攻めていくところであるが、当国が乱世のために今に延期しているという。

こうした報復行為は、「相当」という当時の主観的平衡感覚が満足されるまで行われた(14)。また山の紛争は山で解決するという慣習が山野紛争にあったことがわかる。しかし、その慣習は容易に破られ紛争が拡大していった。山田荘側は、三津田村を攻撃して家を悉く焼き払っていた。これに報復しようとした三津田村側であったが、乱世によりできなかったという。

一方で、訴えられた山田荘はどのような主張であったのであろうか、みていきたい。

【史料3】摂津国山田荘百姓等申状案（醍醐117）〈　〉内は割書

目安

摂州山田庄御百姓等謹言上

右子細者、六条八幡宮御領山堺事、後鳥羽院　御下文・代々　御判御教書并御施行等六通〈封　裏、進上之、〉

一、彼作和谷と申者、丹生寺山王之西仁在之処、播州淡河庄内三津田村より動令押領、結句、制物取種々致狼藉候之条、無是非次第候、佐（左）候之間、此方より彼取返仁、去春米弐荷・腰刀一、於丹生寺山中押置候段、無子細候、

一、三津田村江寄候事、無別子細候、彼於作和谷数年山木於盗取候、剰神役炭於焼、御公事等仕候竈於、悉破却仕候之間、押寄所存於申候、

一、丹生寺塔より南ハ山田庄、北ハ為淡河領之由申之条、太奸訴にて候、塔より南にハ堂舎一宇なく候之処、淡河庄と申之条曲節露顕候、既山田庄事者、御下文明文仁丹生寺子午堂領職と在之、何可混淡河庄候哉、種々掠申条、言語道断次第候、所詮代々任　御判御教書・御施行等旨、如元為蒙御成敗、粗言上如件、

康正元年十一月　日

進上　御奉行所

山田荘側の主張によると、淡河荘の三津田村が作和谷に対して押領し、さらに制物（済物）をとるなどの種々の狼藉をしていたという。山田荘方は、済物として奪われたものを取り返すために、丹生寺山中において去春に三津田村の住人から米二荷・腰刀一を強制的に押さえた。さらに三津田村に押寄せた（攻めた）ことは、三津田村が作和谷の山木を盗み取り、さらに神役の炭を焼き、御公事をおさめるための竈（炭窯）を破壊したためであるという。山野の堺については、淡河荘側の丹生寺塔の南側は山田荘、北は淡河荘という主張は奸訴であり、山田荘の山堺を示す支証として後鳥羽院下文や代々の御判御教書・施行状等を幕府法廷に提出しているという。

この紛争の山田荘側の三津田村住人に対する米二荷・腰刀の押え置き事件がおきたのは、去春とあることから康正元年（享徳四年）正月〜三月の間であろう。さきにみたよう前年一一月より赤松則尚が播磨に乱入してきた時期にあ

たり、三津田村側の主張でも「当国之乱世」とあるように、この紛争がおきたとき、播磨国内は大きな混乱となっていたのである。

両者の主張では互いに紛争の責任を相手方にあると主張しているので、どちらが先に契機をつくったのかは不明である。『神戸Ⅱ』では「山田荘側は、乱による播磨の混乱に乗じて作和谷の木を切り、三津田村を襲撃した可能性がある」とする。(15) しかし、逆に三津田村側が赤松則尚方の力を借りて、山田荘側に侵攻したのかもしれない。(16)

この紛争の場所となった作和谷を両者とも自己の領域であると主張している。三津田村側は、丹生寺塔より北側が淡河領であるといい、山田荘側は後鳥羽院の下文以来丹生寺子午堂領職と記されていたと主張する。両者の主張する場所は不明であるが、淡河荘と山田荘の支証の示す範囲は、両者ともに作和谷を含みこむ領域であったことは間違いないであろう。こうして互いに異なる由緒（正当性）を持っていたことが、紛争に発展していったのであろう。

この紛争の裁許は、翌康正二年に幕府より出されたようである。その裁許を受けて、三津田村へ触れることを命じた播磨守護山名持豊の被官田原道円の遵行状が残されている。

それによると、山田荘と三津田（史料では「三田村」と誤記する）の両方の主張を聞いて、ともに「柱上」が堺であるというので、両荘の境、摂津・播磨国境の「柱上」を堺とするように三津田村へ触れるように命じている（醍醐118）。裁許自体は、従来の主張に沿った内容を幕府が追認したということになろう。この裁許によって両者の合意が形成されたかは不明である。この文書が、六条八幡宮の別当であった醍醐寺に残されていることから、実質的には山田荘側の主張が現地で通ったのかもしれない。

鎌倉期において国境紛争は朝廷による裁許を必要としたが、室町期には公武を統一した存在である室町殿による裁許が担った。さらにその遵行は、各国守護がおこなった。

第四節　江戸時代の紛争と再生産される「室町幕府」権力

室町期の紛争以降江戸時代になるまで、山田荘における播磨国境との山野紛争の史料は確認できない。おそらくは史料が残されていないだけで、断続的に山野紛争は続いていたのではないかと考えられる。

元禄一一年（一六九八）四月、幕府が元禄の国絵図を作成するに際して、淡河荘の野瀬村・神田村・中山村・東畑村の百姓たちが、播磨の絵図奉行を国境に案内した。このとき、山田荘下谷上村・原野村・福地村・中村などの四村は、この一行が自らの山田荘側の山に入ってきたとして、同一三年に京都所司代に訴えでている。

【史料4】　摂津国矢部郡山田庄四カ村訴状（村上正弥氏所蔵文書[17]）

一、今度御国絵図之儀ニ付、①松平若狭守様御知行所播州美嚢郡淡河之庄野瀬村・神田村・中山村・東畑村・撫石村此五ケ村之百姓共、去ル寅ノ四月御絵図御奉行様方江国境御案内仕候由ニ而、私共所持之山内江入込候故、罷出おさへ候得ハ兎角之不及返答ニ退候処ニ、此度又此山内を播州之山ニ而候由新規を申立、其趣播州御絵図御奉行　松平若狭守様御役人中迄五ケ村より書付出シ申候由ニ而、摂州御絵図御奉行青山播磨守様御役人中迄被仰付候ニ付、青山播磨守様御役人中より当八月廿六日ニ私共呼ニ被下、右書付御見せ被成候御事、

一、②摂州丹生山田庄山内四方境之儀ハ、往古より御証文御座候、三拾壱年以前戊ノ年播州淡河庄拾弐ケ村と丹生山田庄之内東下村・西下村・坂本村と国境山論仕、其節為御検使と市岡利右衛門様・杉山五郎兵衛様・大岩清兵衛様御見分之上、御裁許絵図御裏書被下置候、御証文ニも往古境目之通なけ町山限りニ被仰付候、此なけ町山あま堤長尾限リニ摂州丹生山田領之山内ニ紛無御座候、依之其段書付、青山播磨守様御役人中へ当八月二十

八ニ差上ケ申候得は、其書付江戸御絵図方へ被遣候由被仰候御事、

【史料5】右山論につき裁許状（大堂博治氏所蔵文書）[18]

播州矢田部郡丹生山田五ケ村と同国有馬郡八多庄九ケ村并播州三木郡淡河庄五ケ村国境郡境論之事、今度為御検使和久七郎兵衛・平岡四郎左衛門被遣之、吟味之上裁許之旨趣

一丹上山田五ケ村百姓所申之国境は、寛文十戌年異論之刻蒙裁判候通、なけ町山より東江かはか谷・仙人か尾・芦谷・雨堤・宿之谷・はいか尾之谷・二ツ釜谷・大沢なるこ谷口川端迄何も谷筋を限摂播之境ニ而候、従是谷続小屋之谷口・石仏谷迄落合よりつつき尾江上り、天下山之峰を限、矢田部・有馬両郡境之由申之候、

史料4傍線部①によると、元禄十一年四月に播磨国淡河荘の野瀬・神田・中山・東畑・撫石村の五ケ村の百姓等が、国絵図作成の調査のために播磨側の奉行を案内していたところ、摂津山田荘側の山内に入ったという。それに対して山田荘側が現場に向かい問答をしたところ、播磨側の百姓等は退いた。その後、播磨国の国絵図作成に際して、問題となった山が新規に播磨国内の山として描かれ、これに対して山田荘側が訴えて訴訟となった。

史料4の傍線部②や史料5によると、寛文一〇年（一六七〇）に淡河庄拾二ケ村と山田荘東下村・西下村・坂本村が国境山境相論を行い、その裁許が山田庄側の主張する「往古境目」の通りに勝訴し、その内容が裁許絵図に裏書きされたという。元禄一一年の訴訟においても、こうした過去の裁許の絵図や、山田荘側の四方境が記された「往古より御証文」を提出していたと考えられる。

さてこの訴訟は、元禄一四年一二月に裁許が出された。その際には、摂津国有馬郡八多郡九ケ村と山田荘の村々との村境・郡境の確定もあわせて行われた。訴訟では、それぞれの主張する旧来からの荘境の場所はそれぞれに異なり、さらに榜示の場所も不分明であり、古証文や絵図を差し出させても、堺を確定することができなかった。こうした経

緯を踏まえ、新たな荘堺（国・郡境）を確定させて絵図に示したという。

このように江戸時代においても断続的に紛争が継続していた。こうした紛争の契機が、在地による問題だけではなく、幕府権力による「国郡」の境目の決定という政策によって発生した点が興味深い。地域社会は、上部権力の「国絵図」作成という契機をも、紛争地を自己の権益に確保しようとする際に利用したのである。

この元禄の争論に関連して、中世山田荘の荘官であった山田荘内原野村の栗花落家には「元禄十四巳七月一八日御検使御奉（行脱）様江写シ上ヶ候控」という端書を持つ文書が残されている。

【史料6】足利義満下知状写（栗花1）

「元禄十四巳七月十八日御検使御奉（行脱）様江写シ上ヶ候控」（端裏書）

六条八幡宮領摂津国山田庄

堺〈限東野香、限西柱上、限北奈具町、限南大津野木〉事

右堺者、任保安三年　鳥羽院庁下文等、停止押部・淡河違乱、可令全領知之状、下知如件、

応永五年四月十一日

入道准三宮前太政大臣　御判

史料6は、端裏書にあるように元禄一四年の争論に際して検使奉行に提出した文書であることがわかる。一見すると先にみた史料1の「去十一日御下知」の下知状に相当する文書のように見える。またこの文書とほぼ同文を写した額が、現在でも山田荘鎮守である六条八幡神社の拝殿に掲げられている。

しかし、この文書の文言には違和感をもつ。さらに「任保安三年　鳥羽院庁下文」とあるが、この鳥羽院庁下文の写と思われるものが、神戸市立博物館所蔵栗花落家文書（後掲）に見える。ただし、この文書にも文言に違和感があ

り、さらに中世の山田荘の争論の文書において鳥羽院庁下文が引用されていることが見えない。こうした点から、史料1の文書を補完するために史料6が後世に作られ、さらにその由緒として鳥羽院庁下文も同じころに偽作されたのであろう。由緒として鳥羽院庁下文が出てきた要因は、史料3に「後鳥羽院　下文」とある点や、山田荘鎮守六条八幡神社が保安四年四月六日に源為義により勧請されたという伝承により、「保安三年　鳥羽院庁下文」という文が採用されたと考えられる[19]。

では、この文書はいつ作成されたのであろうか。大正九年（一九二〇）に編纂された『山田村郷土誌』には、「八幡宮の御能の始り」という荘鎮守六条八幡神社に対する奉納の能の由来を載せている。「六条八幡宮に毎年秋祭りに御能の奉納をすること

図2　六条八幡神社拝殿に掲げられている「足利義満下知状写」の額

は、幾程久しい歴史がある。（中略）又北方の山の境目については、美嚢郡の南方部落と訴訟沙汰になって、これは結句六条八幡宮への花折証文といふ四至の榜示を点定された古証文が有力の証左となって、訴訟は全く山田庄の申立が勝利を占めた。これが元禄十四年に判決になったので、一郷の者共は全く八幡宮の御蔭であるとして、其明る年の正月から、神前に御能奉納して神慮を慰め奉ることを永久の儀式としたものである」とあり、御能が元禄一四年の裁許の翌年から行われているという伝承をのせる。

　そのなかで注目されるのが、傍線部の「花折証文」とよばれる裁許に影響を与えた古証文である。神戸市立博物館所蔵栗花落家文書には、「花折」の文言が見える文書がある。

【史料7】快秀遵行状写（神戸市立博物館所蔵栗花落家文書）

　播州押部庄子生村令越境付而、所詮長暦守勅宣之旨為花折境之由、細川右京大夫任下知可令領知者也、仍執達如件、

　　応永五年四月五日　快秀　御判

　摂州山田庄名主百姓中

　この文書には、応永五年四月五日（日付は、五日になっているが史料1の日付が一五日であるため一五日の誤りヵ）に長暦の勅宣を先例として「花折」を境とすることを命じる「細川右京大夫任下知」て、領知することを命じたものである。「細川右京大夫任下知」とは史料1の応永五年四月一五日付細川右京大夫宛の文書を指すと考えられる。史料7は、史料1を受けて出された遵行状を意図したものであろうが、あまりにも中世の遵行状とはかけ離れた文書である。おそらく、寛文もしくは元禄の訴訟に際して史料1の施行状だけでは、支証として弱いと考え、それと関連する史料6の下知状と史料7の遵行状を偽作し、下知状―施行状―遵行状をセットにして支証としたのではないかと考えられる。

『山田郷土誌』に記された「花折証文」とは、これらの一連の文書を指すものと考えられる。さらに四至が記載されているという点から、一連の文書のもっとも上位に相当する史料6が代表して「花折証文」として位置づけられ、元禄一四年の「勝訴」以降に六条八幡神社に「花折証文」を写した額が拝殿に掲げられ、さらに奉納の御能が行われるようになったのではないかと推測される(20)。

このように、江戸時代に作成された「足利義満下知状」が、山田荘の領域を保障する権威として位置づけられ、地域住民によって「室町幕府」権力が再生産されたのである。地域にとって権力の存在意義とは、自己の権益を保証してくれる存在であるというものであろう。その表象として、鎮守である六条八幡神社に掲げられた「花折証文」が権力の象徴とされたのであろう。

第五節　山田荘下司栗花落家と『栗花落家文書』

最後にこれらの文書群を保管していた山田荘の下司家である栗花落《つゆ》家の文書保管についてみていきたい。

『山田郷土誌』によると、「鎌倉時代には政所、公文、下司、荘官の四職を起きたり、政所は下村なる鷲尾家にあり、公文は畠田家、下司は栗花落家、荘官は村上家にて務めたるものの如し」とあり、鎌倉時代から下司家をつとめた家であったという伝承が残されている。また、栗花落家には白滝姫伝承を有する。天平宝字八年（七六四）、山田左衛門尉眞勝が恵美押勝の兄藤原豊成の娘白滝姫を娶るが、三年後の五月三日に死去した。白滝姫の死後、毎年五月の「栗花のおつる比、清水涌沸として出す、旱天甚しと雖も且て已むことなし」という。そのため氏を栗花落と呼んだとある。近世には、京都で薬「白瀧円」の販売が認められ、紀州藩の御用も務めている(21)。

従来、栗花落家文書として『兵庫県史』の史料編中世一に収録されている「栗花落家文書」や、『神戸市文献史料』（神戸市、一九七八）1巻所収津由貞夫氏文書が知られていた。これらの文書には、史料1の文書の写や史料6の文書などが含まれている。

さきに史料6でみたように、元禄訴訟に際して栗花落家から検使奉行に文書が提出されていることから、山田荘の由緒に関わる文書が近世においても栗花落家に保管されていたと推測される。おそらく、史料1の応永五年管領斯波義将施行状の正文も栗花落家に保管されていたのではないかと推定される。慶長年間におきた中一里山をめぐる福原荘との争論の経過を記した置書には、「栗花修理書之」とあり、これも栗花落家の人物によるものと考えられる。(22)

さて、近年、あらたな栗花落家の文書が発見され、神戸市立博物館所蔵となっている。(23)その内容は中世から近世・近代まで含み、新たな情報を得ることができる。この文書群は、主に近世近代以降の年紀のものが中心であるが、一部は中世の年紀を有する。中世の年紀を有する文書に関しては、文末に掲げた。

まず資料群を概観しておきたい。文書は中世の年紀を有するものから江戸時代末の慶応年間の年紀を有するものまで長い期間の文書が含まれている。そのなかで、中世の年紀を有する文書が一〇点確認できる。文書は、大きく二種類に分けられ、山田庄原野村栗花落家の由緒に関わる文書（栗花落家に対して出された文書や、下司として栗花落家が山田荘の運営に関わった際の文書）と山田荘の由緒に関わる文書（他荘との訴訟や山田荘に発給された文書）に分けられる。

栗花落家の由緒に関わる文書から見ていきたい。もっとも古い年紀を要するのは安貞元年（一二二七）の三宝院下知状写である（1―1）。この文書は原野村下津中溝井林に関するもので、康応元年（一三八九）にも井林が往古の下知に任せて安堵されていることがみえる（1―2）。下司聖□田地宛行状は、源次衛門跡田土を闕所として原野村人に宛行った文書である。下司聖□は、栗花落家に関係する人物であろうか。

つぎに明応三年（一四九四）の山田荘の算用状とみられる摂津国山田荘年貢米銭算用状をみていきたい。明応三年の山田荘の年貢は、谷上村上下六八石、原野村八二石、小部村六一石、中村四〇石、下村七三石、衝原村一二石、藍野村二二石の約三四〇石が納められている。諸立用を見ていくと、八幡宮など正月行事に関わるものや井料免などがみられる。注目されるのが、「押部押領公文方分」、「同之小河藤右衛門方分」、「押部押領式部方分」、「押部押領下司方分」などの記述であり、明応三年においても押部による押領が発生していたことがわかる。

その他に、桜本坊々具注文は、天文一一年（一五四二）に栗花落家に関連する寺院と考えられる桜本坊が所持していたものを記したものである。山田荘番頭職役高書上は天文年間における山田荘の番に関わる文書である。

次に、山田荘の由緒に関わる文書についてみていきたい。まず、一紙として残されているものは、伏見天皇綸旨写、快秀遵行状写（前掲史料7）、管領斯波義将施行状写（前掲史料1の写）である。

伏見天皇綸旨案は、正応四年（一二九一）一一月七日付で、播磨国住吉上保と山田荘堺相論について「度々雖被申京極后、不被返進実検文書上者、任長暦国宣幷保安院庁御下文旨、四至可令領掌給候也」とある。この文書も文言に違和感があり、また長暦国宣や保安院庁下文という江戸時代に偽作されたと考えられる文書の名があることから、江戸時代以降（元禄訴訟の前後ごろヵ）に偽作されたと考えられる。なお山田荘領地証文類写には、「禅林寺法皇綸旨之案文」として写されており、亀山法皇の綸旨と考えられていたようである。快秀遵行状写も、さきにみたように元禄訴訟に際して作られた文書である。

管領斯波義将施行状写は、さきにみた史料1の写しで、江戸時代に写されたものの一枚であろう。前述したようにその正文は、明治の中一里裁判によって証拠文書として使用され、その他の裁判書類とともに旧山田出張所に保管されていた。この写しは、荘園領主である六条八幡宮の本所である醍醐寺にも残されており、本来は荘園領主側に残されている文書が、何らかの事情により山田荘の現地に保管され、その写が荘園領主のもとに残されたのであろう。後述するように山田荘領地証文類写にこの文書のほかに施行状・遵行状が写されており、中世の段階で荘園領主に保管されている文書の正文やその写が現地の山田荘にもたらされていたと考えられる。

次に山田荘領地証文類写についてみていきたい。この文書には、八通の文書が写されている。①摂津国司宣写は、長暦三年（一〇三九）二月一〇日付で、この文書には山田荘の四至が記載されている。さきにみた伏見天皇綸旨写にみえる「長暦国宣」にあたる文書であろう。この文書も文言に違和感があり、偽作されたものであろう。②院庁下文写は、保安三年三月に六条尼公が山田荘丹生寺千手観音堂領の知行することを安堵したというものである。この文書にも四至が記載され、山田荘の領域を示す文書となっている。この院庁下文は、史料6にみえる「保安三年鳥羽院庁下文」、伏見天皇綸旨写の「保安院庁御下文」にあたる文書と推定される。おそらく、江戸時代の訴訟に際して、山田荘の領域をしめす文書として、偽作されて証拠文書として使用されたと考えられる。③・④・⑤の文書は、さきにみた文書の写である。さらに⑥管領畠山満家施行状写、⑦摂津守護細川満元遵行状写、⑧足利義持御判御教書写は、同文の文書の写が醍醐寺文書に残されており、これらはもともと荘園領主の手元にあった文書が、中世段階に正文もしくは写が現地におくられ、それが山田荘に保管されていたものと考えられる。この一連の写は、元禄訴訟に際して、証拠文書として使用されたものであろうと考えられる。

山田荘では、江戸時代の訴訟に際して、従来からある中世文書だけでなく、あらたに関連する文書を偽作したものと考えられる。こうした偽作した文書に関して元禄訴訟では、相手側から偽文書とする主張が見えないことから、一定の証拠能力を有していた可能性がある。このうち、応永五年四月五日管領斯波義将施行状は、明治の中一里裁判に使われ、さらに応永五年四月一一日足利義満下知状写も中一里裁判において、当初は証拠文書の一番として使用されており、明治期にも中世文書や偽作された文書が証拠能力を有すると考えられていた。

このように中世以来の文書、近世に作成された文書が、時代時代の山野争論に際して訴訟文書として使用されていたことがわかる。こうして作成された文書は、山田荘に勝訴をもたらした「正文」であり、山田荘の歴史と密接に関連した文書といえる。また、下司家であった栗花落家は、近世になっても中世以来の荘官としての伝統を引き継ぎ文書を保管する機能を有していたことがわかる。

おわりに

以上、山田荘と播磨国内の荘園・村落との山野紛争をみてきた。このように山野紛争と国境紛争は密接に関わっており、稲葉継陽が指摘するようにそれぞれの山野境が国境でもあった。そのため紛争は激化し、長期化せざるを得なかった。そして、こうした国をまたぐ紛争に関しては、律令制下の「国郡」という枠組みをこえて、鎌倉・室町・江戸幕府の権力は容易に裁定を下すことができなかったのである。あくまでも従来の裁許や、当事者の領有（当知行）に基づいて裁許を下すしかなかった。ただそのような国境の山でも、断続的な紛争の合間には、実際に用益が行われていたと考えられ、現地の地域社会では一定の合意の元で用益がなされていたと考えられる。こうした紛争や訴訟に際して、中世以来の荘官層の家に時代時代の文書が偽文書を含み込みながら蓄積され、その後の江戸時代、明治にいたっても証拠文書として使用された。このような旧荘官層の長期にわたる文書保管の意味と彼らの役割を改めて検討する必要があろう。こうした点は今後の課題としたい。

国境や山野紛争の問題が完全に解決していくのは、山野が用益としての存在を失ったときであり、現代社会になるまで待たなければならない。

註

（1）新修神戸市史編集委員会『新修神戸市史　歴史編Ⅱ　古代・中世』（二〇一〇年）以下、『神戸Ⅱ』と表記する。
（2）稲葉継陽『日本近世社会形成史論』（校倉書房、二〇〇九年）第一節第一章、第三章。同「戦国から太平の世へ」（坂田聡他編『村の戦争と平和』中央公論社、二〇〇二年）。
（3）藤木久志『豊臣平和令と戦国社会』（東京大学出版会、一九八五年）、同『村と領主の戦国社会』（東京大学出版会、一九九七年）、酒井紀美『日本中世の在地社会』（吉川弘文館、一九九九年）。
（4）森田竜雄「「山田出張所文書」の「管領斯波義将施行状」」（新修神戸市史HP、http://www.city.kobe.lg.jp/information/institution/institution/document/kobesisi/yamadashuttyoshomonjo.html、二〇一五年一月一五日閲覧）。
（5）管領斯波義将施行状案（「醍醐寺文書」76『兵庫県史　資料編　中世七』以下、醍醐番号で表記する）、管領斯波義将施行状案（「栗花落文書」2、『兵庫県史　資料編　中世一』、以下、栗花番号で表記する）。
（6）明治九年の中一里山争論に関しては福原潜次郎編『山田村郷土誌』（山田村、一九二〇年）、『補修神戸区有財産沿革史』（神戸市、一九四一年）に史料及び争論の経過が記載されている。なお、中一里山をめぐる争論については今後の課題としたい。
（7）「兼仲卿記紙背文書」（『鎌倉遺文』一二三六七）。
（8）『鎌倉遺文』三二四六三。
（9）市沢哲「南北朝内乱からみた西摂津・東播磨の平氏勢力圏」（歴史資料ネットワーク編『地域社会からみた「源平合戦」―福原京と生田森・一の谷合戦』岩田書院、二〇〇七年）。
（10）醍醐58。
（11）醍醐59。

(12)『神戸Ⅱ』六九四〜六九五頁。

(13) 森茂暁「赤松満政小考―足利義教政権の一特質―」(『福岡大学人文論叢』第四十二巻第三号、二〇一〇年)。

(14) 稲葉前掲註(2)著書参照。

(15)『神戸Ⅱ』六九八頁。

(16) 播磨国大部荘において、荘官層の一族が赤松則尚方について、自己の権益を確保しようとした事例がみえる。拙稿「百姓層と武家被官化と守護権力」(蔵持重裕編『中世の紛争と地域社会』岩田書院、二〇〇九年)。

(17)『兵庫県史』史料編近世2、山論五六。

(18) 同前、山論五八。

(19)「人皇七十四代　鳥羽院御宇保安四年四月六日条判官源為義この山田の庄の領主たりし時、夢想の霊威によって六条左女牛の八幡を洛陽より勧請す」(「摂州丹生山田六条八幡宮之縁起」、福原編前掲註(6)書五一頁)。

(20)『山田郷土誌』の「丹生山田庄の沿革」によると、史料6の文書と、史料7の文書をあわせて「右の証文は花折証文と称し、丹生山田庄四至牓示の根拠として後世境界論争のある度に証拠となりしものなり、然るに此の証文の原本は下司職たりし栗花落家に保管せしものなれども、元禄九年藍那村と播州との境界論山の際には原本を失ひ居たる旨本文中に見ゆ。」(六〜七頁)としている。

(21)「栗花落家文書」解説(『神戸市立博物館　館蔵品目録』考古・歴史の部31、神戸市立博物館、二〇一五年)を参照。

(22)「灘山田山論之次第」(福原編前掲註(6)書所収)。

(23) 前掲註(21)に文書目録が掲載されている。前掲の解説によると、平成一三年の明治古典会「七夕古書大入札会」に出品されたものということである。

[付記]「山田出張所旧蔵文書」は神戸市立文書館において、「神戸市立博物館所蔵栗花落家文書」は神戸市立博物館において、原本の閲覧・撮影を行わせて頂いた。両館ともに、ご多忙のなか閲覧させていただいたことを記して感謝したい。

神戸市立博物館所蔵『栗花落家文書』中世

【1―1】三宝院下知状写

「三寶院様御下知之写」（端裏書）
山田荘原野村下津中溝井林之事
右井林者、大瀧之箟依有申旨令下知處也、但於諸方根盡
者可被成敗者也、仍状如件、
安貞元〈丁亥〉年三月廿日　光清御書判

【1―2】伏見天皇綸旨

播磨国住吉上保与摂津国山田庄相論堺事
度々雖被申京極后、不被返進実検文書上者、任長暦国宣
並保安院庁御下文旨、四至可令領掌給候也、天気如此、
仍上啓如件、
正応四年十一月七日　春宮大進在判
謹上　若宮別当僧正御房

【1―3】醍醐寺三宝院下知状

「三寶院殿御下知」（付箋）
山田荘原野村中溝下津井之手林事
右彼井林事者、往古之任御下知領知無相違者也、雖然尚
諸方違乱内重所令下知者也、若尚異儀之輩出来者不日可
被處罪科、仍為後日沙汰下知状如件、
康応元年二月十八日　光済（花押）

【1―4】快秀施行状写

播州押部庄子生村令越境付而、所詮長暦守勅宣之旨為花
析境之由、細川右京大夫任下知可令領知者也、仍執達如
件、
応永五年四月五日　快秀　御判
摂州山田庄名主百姓中

【1—5】管領斯波義将施行状写

六条八幡宮領摂津国山田庄堺

限東野香　限西柱上
事
限北奈呉町　限南大津木

早任去十一月御下知可被沙汰付之由、所被仰下執達如件、

応永五年四月十五日　沙弥判

細川右京大夫殿

【1—6】下司聖岫田地宛行状

宛行　源次衛門跡田土事

右件田者依為闕所原野村人等領ニ宛處也、有限公事所当米ニ於者無懈怠可致其沙汰、然則任公方之書下之旨村人等宛行状如件、

応永七年二月十日

下司聖岫（花押）

【1—7】摂津国山田荘年貢米銭算用状

「摂津国山田□□□　銭算用状□」（端裏書）

摂津国山田荘御年貢米銭算用状事

合明応参甲寅

一　陸拾捌石六斗壱舛六合　谷上村　上下
一　捌拾貳石壱斗六舛五合壱夕八才　原野村
一　陸拾壱石六斗参壱合九夕　小部村
一　肆拾石柒斗七舛五合壱夕　中村
一　柒拾参石弐斗六舛弐合一夕三才　下村
一　拾参石四斗九舛弐合四夕四才　衝原村
一　拾貳石五舛貳合二夕　福地村
一　貳拾貳石貳斗参舛弐合七夕　藍野村

惣以上分米参百柒拾四石弐斗貳舛七合一夕五才内

五拾石内〈子細在之〉当免米

壱石四斗弐舛六合二夕　公事

以上五拾壱石四斗貳舛六合二夕

残御米参百貳拾貳石八斗壱合四夕五才

貳拾五石（柒斗七舛六合八才〔八斗二舛四合八才〕）内
　四石壱斗参舛参合三夕六斗七合ヨリ除之
残貳拾壱石陸斗（四舛弐合七夕二才〔九斗七夕二才〕）
幷御得米参百四拾四石（弐斗四舛三合一夕七才〔四斗九舛二合一夕七才〕）内
　貳石四斗七舛九合六夕　下司方前未進
残御米参百四拾（壱石七斗六舛三合夕七才〔二石一舛二合夕七夕（才）〕）内
一　諸立用
　弐斗　八幡宮正月三ケ日
　　　　御鏡米
　壱斗　同宮役膳米
　壱斗　同宮惣御神示米
　五斗　祇園殿祭礼米
　貳石　丹生寺高上米
　参石　井料免
　壱石　小部村井料免
　柒斗八舛　同村職事給
　四斗壱舛　押部押領公文方分
　捌斗五舛三合九夕　同之小河藤右衛門方分
　八斗六舛九合六夕　同人小河村大歳免
　六斗　押部押領式部方分
　六斗　庄ノ酒直
　壱斗　正月九日御弓始下行
　四斗壱舛　押部押領下司方分
　捌斗弐舛　庄ノ職事始
　参舛　同人正月御祝
　参舛　小部職事始同之
　捌斗　定使〔但白米〕下用〈十月十日ヨリ至十二月晦日〉
　貳石五斗　同給
　　以上拾陸石六斗三合五夕
残定御米参百貳拾（石壱斗六舛七夕〔五石四斗九合七夕〕）
　請加
拾玖石貳斗六舛六合六夕内　□□〔柒石八白米〕石物
弐斗　正月万名〔五日〕
幷御米参百四拾四石（六斗弐舛六合六夕七才〔八斗七舛六合六夕七才内〕）
参拾四石四斗（六舛〔八舛七合〕）　十分一

五石　　　　　　　　御節
弐石　　　　　　　　御倉付
壱石　　　　　　　　八幡宮 初参 但残之分除之
弐石六斗三舛六合　　下用九月廿五日ヨリ
　　　　　　　　　　十二月マテ
壱石九斗八舛八合　　同之 山相論付下用
五斗三合　　　　　　但小部村 下村 売米手米
壱斗五舛弐合　　　　同之
七斗九舛七合　　　　同之御倉納
四斗五舛七合　　　　大垣結下用
壱斗弐舛　　　　　　六条神主方下用
　　　　　　　　　　上下四人
以上四拾玖石壱斗（壱舛三合）四舛
残定御米貮百玖拾五石（五斗壱舛三合六夕七才）七斗三舛六合二夕七才内 内
貮拾捌石　分代弐拾五貫弐百文　卯月売之
　　　　　和市石別九百文宛
八拾石　分代六拾九貫六百文　二月ヨリ至三月
　　　　和市石別八百七十文宛
百八拾柒石（五斗壱舛三合五夕七才）七斗三舛六合六夕七才

分代百五拾九貫（三百八拾五文）五百七十五文〈二月六日
ヨリ十四
日マテ〉
　和市石別　八百五十文宛此内
　　　　　　拾石八亥年和市定
以上分米貮百九拾五石（五斗壱舛三合六夕七才）七斗三舛六合六夕七才
　分代貮百五拾四貫（弐百八拾五文内）三百七十五文
百五貫文　夫賃加之　二月十三日京進申
五拾三貫五百五拾文　夫賃加之　同十四日　京進申
四拾七貫文　夫賃加之　同廿三日　京進申
拾貫五百文内弐貫文夫残　十二月十七日福井
　方へ渡申
　残八貫五百文米代　夫賃加之
四百五拾文　五斗分　穂積方へ遣之
拾七貫四百文弐拾石分　六条神主方へ渡之
拾貫文　卯月十三日　御逆段入目 盛厳寺渡申
二貫文　卯月九日　私中間　上申
拾三貫文　四日　兵庫ヨリ宰符上申

以上貳百五拾六貫九百文内
　弐貫五百廿文　　当夫残出之

【1―8】桜本坊々具注文

桜本坊々具注文之事
　合
一椀　一束　同皿卅　　一折敷《但さしおき》□□
一鈴　同　五古　同錫杖　　一仏供一面　同打鳴
一釜一ツ　鍋大小四ツ　　ツホ大小
一おきかき　一ツ　　一かな輪一ツ
一桶　大小　十七　　一ちかひた□
一茶ツホ　二ツ　　一□一巾
一頭切三ツ　同□□　　一茶碗二ツ　□□□す
　　（裏花押）
一たたミ十帖　　一鑓一本　二間□定也
一大□　二□　　一茶磨　一ツ
一提　二ツ　　一唐蓋　一ツ
一せかひ盆　丁　　一のミ・かなつち□
一さひ《□□あか》しんしやく□□　　一硯一両
一よき一ツ　なた一ツ
　天文十一年〈壬寅〉正月廿七日　桜本坊　秀満（花押）
　　　　　　　　　　　　　　つゆ次郎左衛門　実□（花押）

【1―9】山田荘番頭職役高書上

三番《□□□》　五段目　（天文）■■■■年　未十一月十六日
　四十三歩　　御内より役上中屋大夫□
六番　九段目　天文十七年〈戊申〉十■月廿六日
　五十歩内　仏性ノ殿大夫役　御内永天寺ニ上
　十五歩二永天寺之
三番　七段目　天文十七年七月二日
　　　　田頭御内ニ上
三番《□□□ふん》《□□》　三段目　天文廿年辛亥二月十六日
　廿歩　下中屋より御内ニ上り
二番　八段　天文十八年〈己酉〉十一月廿六日
　五十歩　御内より西ノ森八郎衛門上り
三番　七段メ　天文〈己卯〉六月六日

八十歩　御内より役紀□郎上り

大介源朝臣在判

二番　八段メ　天文廿年辛亥六月廿日

六十歩　御内より　谷上□□トエ小次郎上り

四番　三段メ　天文二十年辛亥十二月十六日

五十歩　中村御内出九郎三郎より御内上り

【1―10】山田荘領地証文類写

①摂津国司庁宣写

廰宣　留（守脱カ）所

可早任先例停止空（牢カ）籠左衛門尉日家領山田庄

四至事、在八部

四至　限東野香峯　限南大角木

限西柱上　限北荵町

右彼家今月三日徱（解カ）状偁、件庄本公験焼失之後、

動以致牢籠、早任古之例定四至榜示被止監行矣、者任彼

榜示旨依代々之例令立券家名可榜示四至状所宣如件留守

宜承知敢不可違失之以宣、

長暦三年二月十日

②院庁下文写

院庁下摂津国在庁官人等

可令以六条尼公所知字山田庄丹生寺千

手観音堂領事

四至　限東野香　限南大津木

限西柱上　限北奈呉町

右件庄者、為彼尼公家所知無有他妨、仍為件堂領、可令

勤溢佛性燈油料之状所仰如件、在庁官人宜承知不可違失

以下、

保安三年三月日　主典代散位大江朝臣在判

別当大納言権兼民部卿中宮太夫藤原朝臣在判

判官代文章博士藤原朝臣在判

文章権大納言兼陸奥出羽按察使藤原在判

散位藤原朝臣在判

権大納言源朝臣在判

周防守藤原朝臣在判

権大納言藤原朝臣在判
肥後権守平朝臣在判
中納言兼右衛門尉日藤原朝臣
皇后宮兼大納言藤原朝臣在判
権中納言兼皇后宮大夫藤原朝臣在判
治部少輔兼権守平朝臣在判
宮内卿源朝臣在判
日向守高階朝臣在判
右兵衛尉日兼皇后宮権大夫藤朝臣在判
散位藤原朝臣在判
中宮亮藤原朝臣在判
左兵衛権佐越前守皇后宮大進高階朝臣在判
刑部卿藤原朝臣在判
右衛門権佐兼近江守藤原朝臣在判
内蔵頭兼播磨守藤原在判
勘解由次官兼信濃守藤原朝臣在判
大膳大夫兼伊予守藤原朝臣在判
民部大輔藤原朝臣在判
美作守平朝臣在判
武蔵守藤原朝臣在判
備中守藤原朝臣在判
修理佐宮城左中弁兼備前介藤原朝臣在判
右近衛権中将兼近江介藤原朝臣在判
前美作守藤原朝臣在判
右兵衛権中将権美作介藤原朝臣在判
右中弁兼文章博士越中権介藤原朝臣在判
左衛門権佐兼皇后宮大進藤原朝進在判

③　1—2　伏見天皇綸旨写のため省略

④足利義満下知状写

六条八幡宮領摂津国山田庄
　堺　限東野香　　限西柱上
　　限北奈呉町　　限南大津木　　事
右堺者、任保安三年鳥羽院庁下文等停止押部領淡河違乱
可令領知之状下知如件、

応永五年四月十一日
入道准三宮前太政大臣　御判

⑤　1―5　管領斯波義将施行状写のため省略

⑥管領畠山満家施行状写
六条八幡宮領摂津国山田庄堺
限東野香　　限西柱上　　事、去応永五年
限北奈呉町　　限南大津木
四月十一日被成御下知無其煩之処、畑田庄屏風村押部等
地下人越境致違乱処事、実者甚不可然早任以前御判旨可
被沙汰付社家雑掌之由所被仰下也、仍執達如件、
応永卅二年十二月廿三日　　沙弥御判
細河右京大夫入道

⑦細川満元遵行状写
六条八幡宮領摂津国山田庄堺事
今月廿三日御教書如此任去応永五年四月十一日御下知之
旨可沙汰付社家雑掌之状如件、
応永卅二年十二月廿五日　　御判

⑧管領畠山満家施行状写
六条八幡宮領摂津国山田庄堺事
去応永五年四月十一日御下知状分明也、爰於大杣山者、
為彼内之処同国八多庄屏風村押部淡河地下人等令押領
云々、太不然早先度御下知之旨可沙汰付社家雑掌之状如
件、
応永卅三年八月十三日　　御判
細川右京太夫入道

【凡　例】

＊文書番号・文書名は『神戸市立博物館　館蔵品目録　考古・歴史の部31』（神戸市立博物館、二〇一五）の「栗花落家文書」目録による。

＊忠損や文字が判読できない場合は文字数を推定して□とした。文字が上から消されている場合は■を示した。

＊割書き部分には〈　〉を記した。

＊1―10山田荘領知証文写の所収文書には、本文の横に読み仮名がふられているが、本翻刻では割愛した。

おわりに——まとめと今後の課題——

ここでは終章として、本書の成果をまとめた上で、今後の課題を提示しておきたい。

まず、序章で掲げた論点四を主に考察した本書第Ⅰ部では、第一章で山野紛争以前の問題を扱ったことが重要であろう。本書のテーマからも、紛争にばかり目が行きがちであるが、地域では常に紛争があったわけではなく、山野の利用が「平和的」に行われていた状況の方が、実は日常的であると考えることができよう。本来、山野の利用は、オープンで開かれたものであり、そこでは暗黙の棲み分けがなされていたのである。そしてそれに関係して、本来山に関しては「所有」という観念はなじまず、「習」による「相互利用」であった。

それでは、「習」によって「平和」的に共同利用がなされている山野が、なぜ紛争になるのであろうか。この点については、第一章で述べられているように、院宮王臣家・権門寺社などが土地の領域的所有を志向するようになると、山野利用は土地所有問題、つまり紛争として展開するようになるのである。それがいわゆる従来の研究の焦点となる領域型荘園の成立、ということになる。

領域型荘園の成立については、従来の議論ではそれを村落レベルの領域確保運動からとらえるか、また院・女院・摂関の近臣層の連携による立荘を重視するのか、という研究上の対立が存在した。その点に取り組んだ第二章では、山城国禅定寺荘を題材に検討し、立荘主体が院近臣層にあたる平等院執行一族ではなく、「寄人」とされる山野紛争の当事者であることに注目し、彼らは実際は「杣山」で活動する「杣人」としての地域住民であり、彼らが主体的に山野用益の利害に関わって、摂関家・平等院・禅定寺等を「選択」して寄人となることで、領域型荘園が成立したことを明らかにした。従来の研究の対立点を、「寄人」をキーワードとして接続させたのである。これは、本書の重要な成果であろう。

また、第一章で問題になった山野の「所有」と山野の「利用」ないし「用益」の認識の差異については、第三章で扱った光明山寺・古川荘紛争が関係する。そこでは、田畠開発・農業活動を通じての「所有」の論理と、「習」による山野利用を通じての「用益」の論理の二つの論理が、紛争当事者である光明山寺・古川荘それぞれの主張の対立やすれ違いという形で表現されているのである。「用益」の論理に、「所有」の論理が持ち込まれるときに紛争が起きるのである。そして「所有」の論理が持ち込まれることで、山野の「境界」をめぐる紛争となると考えることもできよう。

領域型荘園で展開する紛争については、第四章で伊賀国玉滝荘と近江国の山野紛争を扱い、山野紛争の解決の際には、荘園領主東大寺の調停機能が在地に呼び込まれる「五个一味」という神人の論理と、村落間での正当な手続きに則った合意形成のための「山之沙汰」という、二つの論理が存在し、紛争解決においてそれは絡み合って存在するとともに、鋭く対立することもあることを指摘した。

この神人の論理が、領域型荘園としての玉滝荘を支え、また「山之沙汰」が山野紛争と紛争解決の結果形成された、実態的な地域秩序であると考えられる。領域型荘園が形成する地域と実態的な地域社会は、完全に一致しているわけではないのである。この点は、この二つを同一視しがちな従来の研究に対して提示された、大きな成果であろう。

本書第Ⅱ部では、序章の論点五について、その基礎及び前提となる仏神について考察した。

第五章では、鎌倉期の山野紛争に関して、史料にその戦費と考えられる「兵乱米」の記載を持つ、山城国多賀郷における郷鎮守高神社の造替システムについて検討した。その結果、多賀郷には「殿原衆会」が存在し、彼らが鎮守造替の勧進の執行主体であり、日常的に郷鎮守を祭祀する集団（宮座）を構成して神社施設の維持・管理にも責任を負っていたとともに、郷運営の主体そのものでもあったことを指摘した。従来の研究で、殿原が山野紛争の際に、荘園や郷の侍身分として武力の中心として活動することが指摘されていたが、その身分が武力だけではなく、郷の祭祀や政治とも関わっていたことを明らかにした点は大きな成果である。殿原は、田村憲美も指摘しているように単純に荘園制に吸収されない、地域的な身分秩序なのである（序章註（22）参照）。

しかし、鎌倉後期になるとこの身分秩序が揺らぎ、鎮守の造替費用も「氏人上下諸人」による「奉加」という、殿原以外の郷の構成員全員からの徴収方式に変化する。そしてそれは、飢饉等の鎌倉後期の社会状況のなかで生まれた、下層民や富裕層の階層差による宮座の解体、再編の契機と関係する。この鎌倉後期の宮座と身分秩序の変化は、山野紛争における武力主体等の、中世前期から後期への変化を考える際の前提となるであろう。

なお、戦国期には高神社を中心とする身分秩序は、侍衆・おとな衆という形になる。鎌倉後期〜南北朝期の宮座の解体、再編の結果、新興富裕層を含み込む形で侍衆が形成されたと考えることも可能であろう。

第六章では、在地の鎮守や村堂等の寺社で行われている出挙について検討した。出挙そのものは古代から行われているが、一三世紀半ばから一四世紀半ばにかけての、中世前期から後期への移行期における、寺社の出挙の具体的なシステムを明らかにしたのは重要な成果である。そしてそのシステムは、寺社に存在した蔵が中核となり、実際にその管理・運営を行っていたのは寺社を紐帯とする在地の殿原層のグループである、宮座あるいは寺座だった。そして、その蓄積され増資される「財」は、「仏神物」の形で荘・郷・村の「共有財」となり、寺社修造等の「公共」の目的として利用されていたのである。なお、高神社では「兵乱米」として在地から徴収された米が、出挙の原資となっている。とするならば、逆に蓄積された「共有財」が山野紛争の戦費に利用されている可能性も考えることもできよう。

第七章では、村堂における「仏」の検討から、「仏物」としての「仏物田」（惣有田）の形成を浮かび上がらせた。「仏物田」の形成には、従来注目されていたような村民の経済的救済だけではなく、経済的強制を強いる側面があることを指摘した。第六章の「共有財」の形成とも関係する議論であり、従来主に武力・紛争を中心にとらえられていた「自力の村」を経済的側面から考察した点は、重要な成果である。

本書第Ⅲ部では、序章の論点六についての考察を行った。この点については、第一章で述べた、領域支配を目指す領主の指向性が国法的に体制化され、被支配の対象であった郡郷・荘園の住人にも影響を持った、という指摘は重要であろう。山野紛争に領主権力が介入すると、最終的には国法・国制の問題となるのである。しかもそれは、領主支配という上からの一方向なものに止まらず、その支配が在地社会からとらえ返される、双方向的なものでもあった。先に論点六で指摘したように、国家による紛争解決＝秩序形成と在地社会による紛争解決＝秩序形成は、対立するだけでなく、絡まり合って展開していたと考えられよう。

第八章でみたように、幕府・守護による地域寺院に対する寺領保全も、地域寺社側からの要求によってなされたとみることができる。当然その背後には、田地のみならずその周囲の山野に関する紛争が想定されよう。近江国における戦争状況のなかで、地域寺院が幕府御料所化までも含むような、様々な手立てで権力を「利用」しながら寺領の保全を図っていた点は重要な点である。寺社側が周囲の地域との紛争を、権力によって有利に働かせようとしたこともあったに違いない。

また、戦国期東国の山野紛争を扱った第九章で明らかにされたように、大名権力は在地の紛争について在地側の訴訟に応じて介入し、訴状の吟味や使者による実地検分などを通じて裁許を行っている。そして、一度出た裁許は先例となった。山の境界や入会山についても訴訟を通じて、当事者の主張を吟味した上で、大名権力が承認を与えている。

これは地域社会からみれば、山野紛争の解決について大名に保証を求めていることになる。

しかしそれは強制裁定というような専制的なものではなく、在地社会に形成された山野紛争の作法＝ルールを前提とする、調整・介入というものであった。これは、大名権力の裁定と地域社会との「合意」が形成されれば、とりあえずの紛争解決はなされるものの、それは強制的で永続的なものではなかったことを意味しよう。

第十章では、山野紛争が国境紛争として争われる、摂津山田荘・播磨国淡河荘紛争を検討した。この地域では、一五世紀中盤に、両荘の境界地域で村を焼き討ちにするという激しい武力衝突が勃発する。本来は山野の用益・利用に関わる紛争であり、当事者一方は「山之事ハ山にての沙汰にてこそあるへく候」と、第四章で指摘した「山之沙汰」と同様の在地社会で形成された紛争解決方法を主張していた。しかし結局、荘境＝国境の「谷」がどちらの荘園・国の領域に属するかという紛争に発展し、大規模な武力衝突となったのである。山野紛争に「国境」の問題がリンクすると、在地の紛争解決は無視され、紛争が激化・拡大していく。そして、両国守護はこの紛争に介入するものの、国境紛争ということで最終的には幕府に持ち込まれ、将軍による裁許ということになった。

その後近世になると、義満の下知状が偽作され、紛争地域の領有の正当性主張のために「室町幕府」権力が再生産されていく。地域住民にとって権力の存在意義とは、自己の権益を保証してくれる存在であった。

そしてこのような、権力と地域住民が対立しながらも「相互依存」ないしは「相互補完」する関係によって、ゆるやかに国制が変化していくと考えられるのである。

それでは最後に、五つの点から今後の課題について述べておきたい。

第一に、山野紛争に関する史料の問題である。中世の山野紛争関係史料は、前述したようにやはり訴訟関係の文書が多い。作成したデータベースでは、文書を中心に収集したため、そのほとんどは訴訟関係となっている。そのため、どうしても荘園領主や幕府・守護・大名権力の紛争解決の枠組みに規定されることになる。文書以外にも山野紛争関係の記録は意外に多いが、やはり訴訟のため、または後の支証のために作成されることが多い。それでも記録の方が、領主の枠組みとは異なる在地社会の紛争解決システムを表現している場合が多い。今後は文書・記録以外の荘園絵図や紛争絵図、さらには境界標識や境界を示す木札や伝承等、多様な紛争史料の発掘と位置づけが必要であろう。中世文書の近世における機能も含めて、「山野紛争の史料学」が大きな課題であろう。

第二に、本来棲み分け的に、周辺住民により山野がオープンで「平和」に相互利用されている状況のなかで、なぜ紛争が「勃発」するのか、という根本的な問題である。本書では従来のようにそれを領域型荘園の形成と結びつけて考察し、それは大きな成果があったが、それで止まっていいのかということである。ここにはやはり、従来の研究でも重視されていた生業と環境の問題を入れてこざるを得ないだろう。棲み分けというのはいかにも「平和」的だが本当にそうなのか、棲み分けていた用益そのものに、矛盾・対立が生まれる事はないのか。特に中世は、飢饉・災害等の危機の時代であることが最近の研究で明らかにされている。中世の山野開発による山野の破壊も、指摘されているところである。山野は危機の時の避難所でもあり、生きのびるための「場」でもあった。山野紛争の「勃発」について、より幅広い視点で考えることはやはり必要であろう。

第三にそれと関係して、本書の大きな成果でもある、山野をめぐる「利用・用益」と「所有」の二つの論理の発見を進展させ、山野の「境界」設定の持つ意味についてさらに考える必要があると思われる。どのような過程・論理によって、棲み分け的相互利用が境界を伴う山野の一円的領域支配に向かうのか、その際にはどのような紛争が勃発し、どのような紛争解決がなされるのか、さらに考察する必要があるだろう。

第四に、山野紛争とその紛争解決の結果形成される地域秩序の問題である。本書の書名にも関わる主要テーマでありながら、十分に解明されたと言うことはできない。

それでも、鎌倉期には「山之沙汰」といわれる在地の秩序形成と荘園領主ないし中世国家による秩序形成の二つが存在したことが明らかになり、また室町・戦国期においても同じく在地の秩序形成と幕府・守護ないし大名による秩序形成が存在し、両者が絡まり合いながら地域秩序が形成されていたことは、本書の成果から考えることはできる。しかし、中世前期と中世後期の地域秩序の質的差異や、国家的秩序を相対化する惣国一揆などの「一揆」の問題をここにどう組み込むのか、等についての議論は今後の課題とせざるを得ない。なお、ヨーロッパ史の方ではこの問題をコミュニケーションから考えているようであり、今後はヨーロッパ史の成果も取り入れていく必要もあろう。

第五に、山野紛争と国境紛争の相互関係をどう考えるか、である。山野紛争が国境紛争となる事例は多く、従来の研究ではこの問題から近世国制の成立が考えられていた。ただ、山野紛争と国境紛争が具体的にどう関係しているのか、国境紛争とその解決（国分け）の方からのアプローチも必要であろう。そのためには、作成した山野紛争データベースに国境紛争の事例を追加し、両者の関係をさらに考察していく必要があるだろう。

残された課題は多いが、本書が中世社会についての研究の進展に少しでも寄与できれば望外の喜びである。

なお、最後になるが、実施した現地調査では多くの方々にお世話になった。現地の方々のご協力がなければ、本書を成すことはできなかっただろう。記して、深く感謝したい。また、出版を引き受けていただいた同成社に心から感謝したい。

二〇一七年　霜月

小林　一岳

〔付記〕　本書は、平成一八～二一年度科学研究費補助金（基盤研究Ｃ）「日本中世における紛争と秩序形成に関する研究—山野紛争関係史料の収集と体系化—」（研究代表者小林一岳　課題番号１８５２０５１４）、及び平成二五年度～二七年度科学研究費補助金（基盤研究Ｃ）「中世後期の山野紛争データベースの作成による地域社会形成に関する研究—」（研究代表者小林一岳　課題番号２５３７０７９８）による調査・研究の成果である。

執筆者一覧（編者を除く。五十音順）

朝比奈　新（あさひな　あらた）
一九七四年生まれ
立教大学文学部兼任講師・博士（文学）
〔主要著作論文〕「伊勢神宮領荘園における寄進行為の実態―遠江国浜名神戸を事例として―」（『人民の歴史学』二一〇号、二〇一六年）

窪田涼子（くぼた　りょうこ）
一九六〇年生まれ
神奈川大学日本常民文化研究所職員・博士（歴史学）
〔主要著作論文〕「如法経信仰をめぐる財と村落―近江国蒲生郡を中心として」（『史苑』第七五巻第一号、二〇一五年）

蔵持重裕（くらもち　しげひろ）
一九四八年生まれ
立教大学名誉教授・博士（文学）
〔主要著作論文〕『日本中世村落社会史の研究』（校倉書房、一九九六年）、『中世村落の形成と村社会』（吉川弘文館、二〇〇七年）

櫻井　彦（さくらい　よしお）
一九六四年生まれ
宮内庁書陵部図書課文書研究官・博士（文学）
〔主要著作論文〕『悪党と地域社会の研究』（校倉書房、二〇〇六年）

徳永裕之（とくなが　ひろし）
一九七九年生まれ
早稲田大学教育総合研究所外部研究員・博士（歴史学）
〔主要著作論文〕「室町期の守護使節と使者―東寺領矢野荘を事例として―」（『人民の歴史学』一九四号、二〇一二年）

根本　崇（ねもと　たかし）
一九七四年生まれ
春日部市教育委員会（学芸員）

則竹雄一（のりたけ　ゆういち）
一九五九年生まれ
獨協中学高等学校教諭・博士（社会学）
〔主要著作論文〕『戦国大名領国の権力構造』（吉川弘文館、二

〇〇五年）、『動乱の東国史6　古河公方と伊勢宗瑞』（吉川弘文館、二〇一二年）

深谷幸治（ふかや　こうじ）
一九六二年生まれ
帝京大学文学部史学科教授・博士（史学）
〔主要著作論文〕『戦国織豊期の在地支配と村落』（校倉書房、二〇〇三年）

松本尚之（まつもと　たかゆき）
一九八七年生まれ
一橋大学大学院社会学研究科博士後期課程
〔主要著作論文〕「今堀郷における惣村の成立にかんする一考察」（『民衆史研究会会報』八一号、二〇一六年）

渡邊浩貴（わたなべ　ひろき）
一九八八年生まれ
神奈川県立歴史博物館（学芸員）
〔主要著作論文〕「崖線の在地領主―武蔵国立川氏の水資源開発と地域景観―」（『国立歴史民俗博物館研究報告』第二〇九集、二〇一八年）

日本中世《にほんちゅうせい》の山野紛争《さんやふんそう》と秩序《ちつじょ》

■**編者略歴**■

小林一岳（こばやし・かずたけ）

1957年、東京都豊島区生まれ

立教大学大学院文学研究科博士後期課程満期退学・博士（文学）

立教大学兼任講師を経て、現在、明星大学教育学部教授

主要著作論文

『豊島氏とその時代』（共編著）新人物往来社、1998年

『展望日本歴史10　南北朝内乱』（共編著）東京堂出版、2000年

『日本中世の一揆と戦争』校倉書房、2001年

『ものから見る日本史　戦争Ⅰ』（共編著）青木書店、2004年

『山間荘園の地頭と村落』（共編著）岩田書院、2007年

『日本中世の歴史4　元寇と南北朝の動乱』吉川弘文館、2009年

2018年4月25日発行

編　者　小　林　一　岳

発行者　山脇由紀子

印　刷　三報社印刷㈱

製　本　協栄製本㈱

発行所　東京都千代田区飯田橋4-4-8
（〒102-0072）東京中央ビル　㈱同成社

TEL 03-3239-1467　振替 00140-0-20618

ISBN978-4-88621-786-8 C3021